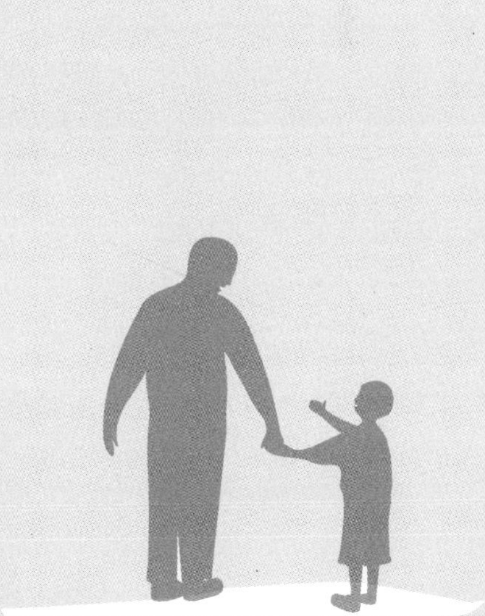

與孩子談心

26堂與孩子的溝通課

邱淳孝——著

Contents
目錄

〔推薦序〕一起努力，看到自己與孩子的「夠好」／周慕姿 006

〔自序〕在陪伴孩子的路上，也陪伴著我自己 009

Chapter 1 **親子這條路，你準備好跟孩子「共學」嗎？**

在親子教養這門功課上，父母要做的事情不只在「覺察」孩子的思考行為是否得當，更不在於「如何整治」孩子，而是身為父母的我們怎麼「站穩自己的腳步」。

|01| 父母先走出來，孩子才有希望 020

|02| 讓孩子成為父母的鏡子及導師 024

|03| 學習用孩子的角度去看、去聽、去感受 028

Chapter 2 **你真正「聽懂」孩子的心情嗎？**

教養重視的是觀念，而不是細節，而觀念就像是武功祕笈裡頭的「心法」，也像是在

教養之路上指引父母的一盞燈塔，幫助自己去理解孩子行為背後的困境與目的，才能「對症下藥」，找到對這個孩子及家庭最好的溝通方法。

Chapter 3 破解孩子狀況，教養之路不卡關

在清楚了解教養孩子時的一些觀念及心法後，接下來會針對目前常見的孩子狀況，做更具體的說明與解釋，以及明確的應對方法。相信透過這些反覆練習中，不但能解決你與孩子的問題，更看見你與孩子的潛能，重現家庭的和樂氛圍。

Chapter 4 因為孩子，才學會當父母

或許父母會反應說：看過哪麼多親子教養書，為什麼效果不好？或是實際跟孩子互動時，都容易情緒暴走呢？那先恭喜你，因為你有機會走一場「自我探索」的療癒之路，有助於你跟孩子、家庭、人際關係的提昇。所以，趕快來看看父母常常被卡住的議題，以及如何自我覺察及照顧、反思去做探討。

〔推薦序〕

一起努力，看到自己與孩子的「夠好」

這個年代，當父母是很辛苦的

有一次，我到附近的公園運動時，看到了一個畫面：

一個三歲大的孩子，在公園的椅子上站著，他不停哭叫，兩手張開，朝向站在她對面的媽媽，大哭著說：「抱抱、抱抱，媽媽抱抱！」站在對面的媽媽，看起來非常生氣，撥開他的手，很大聲的說：「不要！你哭什麼哭！做錯事還哭！你給我閉嘴！」小孩聽到媽媽這麼說，哭叫得更加大聲，不停地說：「媽媽，我要抱抱，媽媽！」然後，他張著手，一直要著媽媽的擁抱。

小孩的哭喊，以及媽媽生氣而痛苦的臉，令我印象深刻。事隔多年，仍然清楚地在我的腦海裡。

如何讓孩子不要哭鬧？如何更理解孩子？還有，在孩子失控時，我們要如何不失控，才不會變成糟糕的父母？這或許，是許多父母面對教養孩子的困難。

尤其在我們這個年代，當父母是很辛苦的。以前的年代，不用特別強調如何教養孩子，也沒有太多親職教養的知識；上一代的父母，用吼叫、用處罰、用權威，很多時候就可以讓孩子閉嘴聽話，達到父母的目的。

不過，這種權威管教的結果，造成了許多孩子的傷痕。這些孩子長大成人，決定不想讓小孩重複自己的苦痛，因此不願意再用同樣的方式管教自己的小孩；但在此同時，各種親子教養知識觸手可及，於是，我們不嫌資訊少，而是資訊太多。

要當一個好父母似乎要做到很多事：要體貼孩子的心情，但是又要幫孩子建立規矩、責任感、判斷力……，身為父母，突然變得很不容易。好似，到處都有各種資訊，提醒我們：「你可能是不夠好的父母」。

淳孝的這本書，體貼了這樣的父母的心情。

面對不同階段的孩子，有不同的解法

《與孩子談心：26堂與孩子的溝通課》，書中的主軸是親子教養，對於許多理論、實務方法都相當嫻熟的淳孝，用溫暖而清楚的文字，說明關於父母親職教養的基礎概念，並分享許多簡單可執行的教養方法。雖然書中使用大量的理論做為立基，但在淳孝清楚說明與實際與孩子互動下，使得這些理論不再艱澀難懂，而讓人覺得容易理解與靠近。

更重要的是：淳孝也不停的提醒父母在重視親子教養的同時，更需要照顧與理解自己的情緒。唯有能夠理解、尊重與接納自己的情緒，面對孩子的情緒與困難時，我們才能有更多的理解與接納，也才有機會做到尊重與包容。

畢竟，能理解到自己的困難，允許自己犯錯、不完美的父母，也才有能力去理解與包容孩子的困難，並且能夠允許孩子有犯錯或發脾氣的空間。身為父母，我們能允許自己有時「不夠好」，也才能相信自己「夠好」；那時，我們也才有能力，看到孩子的「夠好」。

淳孝一直是我個人非常欣賞的心理師，他的才華、努力與面對孩子的柔軟，在這本書中展現無遺。《與孩子談心：26堂與孩子的溝通課》涵蓋了面對孩子不同階段的父母，可能會遇到的教養問題與困難，並且提供許多可執行的解法。因此這本書，可說是一本有關親子教養的實用工具書。

誠摯推薦這本書，給每位，想更了解自己與孩子的父母。

心曦心理諮商所所長、《情緒勒索》作者　周慕姿

〔自序〕在陪伴孩子的路上，也陪伴著我自己

小時候的孤獨印象

在我的記憶中，我的父母非常的忙碌，印象中，幾乎都是低著頭在工作。而在我身邊的，幾乎都是那些照顧我的不同「阿姨」身影。

這些沒有血緣關係的阿姨，對我很好。但在我小小的心靈裡，可以清楚知道，阿姨「只是」來照顧我的：他們買東西給我吃、接我上下學，但不會跟我聊聊在學校發生什麼事，或者太在意我的開心或難過。

那時的我，非常孤單，但我並不知道。

印象中有一次颱風夜，我在爸媽的房間裡跟自己玩耍，我的媽媽打電話給我，並問我：「你自己一個人在家，會不會害怕？」我一派輕鬆地說：「不會啊。」而心裡想的是：「我一直以來都是一個人的，有什麼好害怕的？」

但當我回答後，電話另一頭傳來的，卻是一陣沉默。現在長大回想起來，或許那時我的媽媽，也在懊惱且自責著那個不能陪伴我的自己，但卻無話可說。

小時候的我，常被說「好乖」，我不懂那個「乖」是什麼？只是覺得，對這個世界沒有抱持著太多的期待。而我也時常感覺到「孤獨」，因為我不知道我的爸媽，他們會不會一直都在。而我那寂寞的心，又可以被誰理解？

大學的心理諮商，「練習」找回感覺

這樣孤單且寂寞的我，長大之後，跟身邊人的互動及關係總是「淡淡」的。大家基本上不會太討厭我，也會覺得我很好相處，但是只要靠近我多一點點時，就好像碰到了一個透明的薄膜，無法再接近了。

我曾因這種關係，而感覺到苦惱。因為我不知道該怎麼做，才能夠跟別人更靠近。

因為在我的經驗中，幾乎沒有被好好靠近的經驗。

在我念了心理諮商之後，感覺自己像是一個做復健的病人，開始「練習」找回我的感覺，找回自己跟其他人建立關係的方式。我開始「練習」去靠近我身邊的人，開始「練習」跟別人講心事，「練習」去表達感覺、去哭、去笑、去生氣。慢慢地，我感覺自己，一點一滴地，活了過來。

而這樣子的一個寂寞的「我」，在我姐姐的小孩出生之後，在我第一次變成了「舅舅」的時候，有些事情開始變得不太一樣……。

變成「舅舅」，感受被需要的關係

我印象很深刻，有一次跟我外甥的互動：那時外甥大概兩歲左右，我正從我的老家台南吃完最後一頓晚飯，準備搭車回台北。

當時我姐姐與姐夫幾乎全天候地待在孩子身邊，孩子還沒有太多「分離」的經驗。所以當我告知外甥，我要回台北的時候。孩子原本開心的神情，突然變得好難過、好難過。接著從抽泣變成了大哭。一邊哭著，一邊喊著：「舅舅……。」雖然話講得很不清楚，但我完全可以感受到，孩子希望我可以留下來陪他的渴望。

孩子的眼淚好像滴在我的心上，一方面讓我看得好心疼，但也因為那如此真誠、直接的眼淚，讓我感受到從來沒有感受過的：「原來我對一個孩子而言，竟然可以如此重要。」

而這種被在意的感覺，讓我那片原本麻痺、乾涸的心土，開始有了溫度，開始流動、活化了起來。

從那次的經驗之後，我發現跟孩子相處時，可以感覺到孩子總會提醒我很多那些早已遺忘許久的事：

他們提醒我慢下來，去看看天空的雲、地上的螞蟻；他們提醒我，可以不用害怕別人的眼光，只因為聽到一首喜歡的歌，就開始隨意地扭動身體，隨著音樂舞蹈；他們提醒我，可以毫不保留地表達在那個當下最完整的情緒，可以因為現在肚子餓或難過，而用撼動天地的力氣大哭，但又在下一秒鐘，因為有人的照顧與陪伴，發自內心地笑著。

他們好自由。看著他們，也懷念著在我身上，曾經有過的這些自由。

研究所的系統化理論，更理解孩子的心

在跟外甥開始慢慢培養感情的同一時間，我也在國立台北教育大學心理與諮商研究所，跟著曾端真老師學習阿德勒心理學。曾端真老師透過理論，以及跟小孫女互動時的故事，教我們：「用孩子的眼、孩子的耳、孩子的心，去認識孩子的世界。」──怎麼樣打從心底地去尊重並欣賞一個生命，讓一個孩子可以自主、自律、自由，同時能擁有挺得住挫折且面對困難的勇氣。

再接下來幾年，我讓自己在國小、國中、高中、高職、大學等，不同年齡層的學校、場

域工作與學習。我喜歡聽孩子說話，也喜歡聽父母說話。

我跟著趙文滔老師學習家族治療好幾年。這經驗幫助我更能夠去看見，一個家庭，如何影響孩子，又如何被孩子影響著。讓我能夠用一個更「系統、全面」的角度，去理解孩子的狀況。

我也跟著曹中瑋老師學習完形治療，增進我對情緒的敏感度；而心理劇的訓練，也讓我可以更自在地從父母或老師的位置，交換到孩子的位置，去理解孩子的脈絡。

帶著這些經驗，當我回到跟孩子的互動，能更體會到，自己對孩子的進退應對是很得心應手的。我深刻地體會到阿德勒所說的：「一個有行為問題的孩子，背後其實是個缺乏愛、充滿挫折、缺乏練習的孩子。」

學習欣賞孩子最真實的部分

更重要的是，我能夠跟孩子處得好，是因為，我能看見孩子的脆弱、孩子的需要，且總是能夠欣賞孩子最真實的部分。記得有一次我看見旁邊有兩個孩子在拌嘴，我自然地脫口而出說：「他們吵架的樣子真是可愛啊！」我常常在孩子難過、或生氣、或任性的時候，欣賞起他們自由的樣子。這份欣賞讓我不會過度地承擔孩子的情緒責任，也能夠很快地知道，我該怎麼跟孩子接觸、幫忙孩子。

長期與孩子相處的過程中，有一個感觸是：我在陪伴著孩子，試著去理解孩子、聽懂孩子時，其實「我」才是被孩子陪伴到的那一個人。他們是我的鏡子，是我人生的導師。

當我看見他們對我總是能夠真誠的流淚、生氣、耍賴，讓我感覺我是被他們信賴的；當我對他們的態度有一點點的不同，他們會馬上回饋給我，讓我知道我做對了；當我真的好好地去聽懂他們心裡面的話的時候，我也感覺，自己小時候那個「孤獨」的自己，好像也有一點點被了解。

而我，也在這條陪伴著孩子的路上，陪伴著我自己。

從四大面向切入，把教養力氣花在正確方向

所以，我寫下這本書，是希望能夠將我跟孩子互動時，那些快樂、自在的經驗，那些影響我至深的觀念，那些好用的小技巧，能夠有系統性地分享給身為父母的你。

我把書分為四大部分，分別為：

一、建構心態的「親子這條路，你準備好跟孩子『共學』嗎？」在一開始之前，將教養孩子的心態先建立，並聊聊可以用怎麼樣的立場與心情閱讀這本書。

二、觀念打底的「你真正『聽懂』孩子的心情嗎？」透過一些理論的說明，以及跟孩子互動時的一些大原則。依循這些大觀念，就像是在森林裡拿著指南針一樣，在親子教養的路上，不致於失去方向。

三、針對孩子問題去做探討的「破解孩子狀況，教養之路不卡關」，裡面會介紹一些教養孩子的具體作法與技巧。同時，也會穿針引線地引用第二章節的大觀念，讓父母可以前後呼應與對照。

四、回到父母的自我理解與自我照顧之「因為孩子，才學會當父母」。

在本書中，我會舉出許多故事與案例，協助讀者對於該主題有更立體、清楚的了解。而本書所有案例內容、人名，都是經過大幅編造，或是重新創作，如果雷同，是因為這些故事正發生在許多家庭的身上，許多人都跟你一樣有同樣的困擾。

此外，我也會佐以許多理論說明。

或許理論對有些讀者而言會比較生硬一些，但對我而言，學習親子教養不只要有對人性的關懷與理解，更需要心理學實證研究的支持。而在本書裡所寫下的內容，也是我親身使用過覺得有幫助的，才願意下筆分享給大家。

我希望透過這本書，不僅能夠在父母教養孩子的過程中，稍微省一點力，把力氣用在正確的方向上。更重要的是，希望各位父母也能跟我一起「享受」當父母、陪伴孩子的感覺。

你會發現，在教養孩子的過程中，那些辛苦與不容易，最終都會苦盡甘來，成為父母心中纍纍的果實。

楔子

養兒育女是一場讓人敬畏的冒險。
為人父母的所有階段都是一條有著神祕轉折的靈性之路。

伊莉莎白．萊瑟——《破碎重生》

Chapter 1

親子這條路，你準備好跟孩子「共學」嗎？

在親子教養這門功課上，父母要做的事情不只在「覺察」孩子的思考行為是否得當，更不在於「如何整治」孩子，而是身為父母的我們怎麼「站穩自己的腳步」。

|01|

父母先走出來，孩子才有希望

你是否常質疑自己：「我是不是哪裡做錯了？」「我不是一個好父母……」教養孩子不是一天就能達成，千萬別被自己困擾情緒及挫折給擊倒。

別被自己的壓力及挫折給擊倒

自己在跟很多家庭與父母工作的時候，常常感覺父母是很挫折的。那個挫折會讓父母懷疑自己：「我是不是哪裡做錯了？」甚至會責怪自己：「我不是一個好父母。」

許多父母，其實不是被孩子的問題行為給打敗，而是被自己的挫折擊倒。

我之前曾經在天使心家族社會福利基金會服務過一段時間，他們是一群為身心障礙家庭服務的基金會。服務對象包含：身心障礙孩子、健康手足、父母等這三個區塊。面對身心障礙的孩子，其實對父母是一個非常大的挑戰與困難，因為那是「再怎麼努力，也無法讓我的孩子，變得跟一般孩子一樣」的深深無力感。

而在孩子、手足、父母這三個區塊裡，我個人認為最關鍵的，其實是「父母」。我很認同天使心基金會裡頭的名言：「**父母先走出來，孩子才有希望。**」

我認為這句話，不只適合用在家裡有身心障礙孩子的父母，也適用在所有的家庭。

我常常看見在一個家庭裡，當父母的心情穩定了，才有辦法知道跟孩子相處的盲點在哪裡，而自己的困境又在哪裡，並進一步去調整時，親子關係與家庭互動往往能夠得到非常顯著的改善。

家族是整體，彼此會影響

我在學家族治療時，學習到一件非常重要的事情是：「系統的眼光」。

當我擁有系統的眼光時，在看待每個家裡的困難，便不會只用「孩子或父母有問題」的角度來看，而是「**將家族視為一個整體，每一個人都會彼此影響**」。舉例來說：

一個懶惰的孩子，可能是媽媽總是幫孩子把事情全部做好，孩子就不需付出。

一個愛頂嘴的孩子，可能是因為爸爸總是太過嚴厲、高壓管教帶來的反彈。

一個偷尿床的孩子，可能是因為感覺到弟弟出生了之後，失去了關注，所以藉此重獲父母親的關注。

而一個夫妻關係不和睦的家庭，也可能時常讓孩子蒙受很大的情緒壓力，甚至被逼得要選邊站，而讓孩子沒辦法好好專心在學校課業上。

當家裡的父母只把問題歸咎在孩子「頂嘴、不懂事、懶散」，而用更大的力氣壓抑孩子的情緒與聲音的時候，反而會造成更嚴重的反彈。然而若能夠看見「孩子的問題」與「父母的反應」之間的關聯時，自會理出一條出路。

當然這麼說並不代表，孩子有問題是「父母的錯」，而是孩子一定也在這過程中，扮演一個重要的角色，需要負起屬於自己的責任。只是父母是一個家庭的支柱，擁有很大的影響力。況且父母比孩子有更多的人生閱歷，也有更大的動機去改變。

我在實務工作中常常發現：「當父母願意做調整時，孩子的改變往往是非常振奮人心的！」

改變從父母開始，孩子才會跟著變

更重要的是，當父母的你必須把**改變的責任與權力，拿回自己手上**。

只要身為父母的你嘗試了本書中的一些方法，而且看見回饋與改變時，會對自己在教育孩子或跟孩子溝通時更有自信，甚至從中體會到：「原來我對孩子而言，那麼重要、有影響力！」而這些，都可以帶給父母莫大的鼓舞與信心。

所以我想對各位父母們說：**「孩子的改變，就從我們父母開始吧！」**

02

讓孩子成為父母的鏡子及導師

當身為父母的你，已經心力交瘁地將教養的焦點，從「怎麼改善孩子的狀況」，轉為「宣洩情緒、減低焦慮」時，其實這無助於長期的友善親子關係建立。

下手管教前請先思考：真的是孩子問題？或是你的？

在我的經驗裡，很多父母並不是沒有能力管教孩子，或者不知道該怎麼做才是真正對孩子好。而是很多時候，父母常常是「卡」在自己的議題上，失去了在管教孩子的彈性。例如：

習慣總是讓所有事情在軌道上、按部就班的媽媽，會很難接受孩子總是散漫，而會急著想幫忙把孩子的事情處理好，不小心變成了控制狂。

很沒自信的濫好人爸爸，可能為了讓孩子喜歡自己，而會變成一個沒有界線、無法管教孩子的父親，不小心太過「寵」孩子。

而總是相信著「人定勝天」、「如果失敗，一定是不夠努力」、「如果可以一次做對，為什麼要犯那麼多次錯」的爸爸，可能也會太快地要求孩子，馬上要「做好、做對」，而給孩子很大的壓力，甚至壓垮孩子。

面對夫妻衝突，不知道如何跟先生溝通的太太，則會把婚姻間未解的壓力，轉移到跟孩子的關係。

所以我想請各位父母想一想：「在我跟孩子的互動中，勾起了哪些我人生中未完成的功課？」

其實要思考這個問題是沈重的，畢竟我們有誰在直視自己的「缺點」時是舒服的？尤其父母用那些無效的老方法，往往是自己在過去生命經驗中，曾經有用的方法。例如：

縝密幹練的個性，讓媽媽在工作上能夠被主管讚賞。

濫好人爸爸可以透過配合別人，而感覺自己有一點點價值與存在感。

相信「人定勝天」的爸爸，也靠著此堅毅的信念而打拼出一番事業，或在最辛苦的時候，存活下來。

而自己無力跟丈夫溝通的太太，也是讓自己不要輕易受傷的最好方式……。

認清自己，才能跳脫跟孩子互動困境

父母對待孩子的習慣性模式，其實跟自己生命經驗是息息相關，也是根深蒂固且難以改變的。因此，當你能夠**「認清自己的樣子與習慣，是如何影響跟孩子的互動」**時，才能夠跳脫跟孩子互動的困境。

然而，我必須再次強調，當我說「孩子的狀況與父母有關」的時候，並不是要指責父母：「你的孩子有問題，都是身為父母的錯！」

我曾經聽過一個演講，他在演講的最開頭就說：「孩子的問題，有90％都是父母的錯！」聽得我真是冷汗直流。如果我也是為人父母，當下可能羞愧地想馬上離開現場。

我不認同這樣的說法，因為我認為這樣只會讓父母更挫敗：因為父母的羞愧、自責，不僅無法幫助到孩子，反而會成為教養孩子很大的阻礙。

為什麼呢？

因為當一個父母，有時候常常是為了孩子使出渾身解數。當身為父母的你，已經心力交瘁了、充滿罪惡感的時候，其實你的所作所為，有時候已經不在於「怎麼有效地對待孩子」，而會變成「宣洩情緒、減低焦慮」、「讓自己『當下』覺得好過一點」、「證明我不是個那麼差的父母」。

當父母對自己如此沒自信、挫敗時，教養的焦點反而從「怎麼改善孩子的狀況」，轉為「避開自己的焦慮與不舒服」。而這其實無助於長期的友善親子關係建立，還有可能愈來愈糟。

別當「一百分」的父母，而是與孩子共學親子這堂課

我發現很多父母在聽很多親子演講、看很多教養書籍的時候，第一個反應常常是：「我這個地方又做錯了、我果然還有很多做不到的地方。」而會有一種很大的疲倦感與挫折感，好像怎麼做，都做不到書中提到的那個「一百分」的父母樣貌。

也因此，我想提醒看這本書的父母，在閱讀本書的時候，可以這樣想：

把「當父母」，當作是一個「自我成長」的機會。而你的「家」，也是「修煉場」。而你的孩子，是你的鏡子，也是你的人生導師，幫助你面對你人生的功課。

有一個願意自我反思、調整、學習的父母，是孩子最大的福氣。而能夠跟孩子「共學」的父母，最後的大贏家，也是自己。

03

學習用孩子的角度去看、去聽、去感受

當親子衝突發生時，你站在什麼角色或角度看待呢？是大人的世界？或是馬上蹲下來以孩子的視角來看事情呢？在親子關係建立過程中，唯有父母真心地進到孩子的世界，才有辦法陪著孩子，做出不同的選擇。

從父母「換位」到孩子的立場

吳念真導演是個我很欣賞的導演，他曾經在一場訪談裡提到：「我們總是用自己的腦袋，去想別人的事。」而這是我們在人與人的互動之中，尤其是親子教養裡，最常犯的毛病。

奧地利心理學家阿德勒[1]（Alfred Adler）所創的「個體心理學」中，引用在親子教養這領域上，帶給我非常大的啟發——如何用孩子的角度去理解這個世界。

有一位父親，他非常地生氣，因為他覺得自己剛滿一歲的孩子，常常不讓自己抱，整天黏著媽媽，甚至只要自己一接近，孩子就哇哇大哭。這位父親為此還對自己的太太非常地生氣，說太太寵孩子，才讓孩子反應如此激烈。

但事實是如此嗎？在我細究之後，才發現事情的根源：原來這位父親，在工地裡多半做粗活工作，每次下班回家，拖著一身疲憊的身軀及濃濃的汗臭味。不過即使身體十分疲倦的他，還是想跟孩子多一點互動，卻因為太急著想要接近孩子，所以每次在接近孩子的床邊時，移動速度總是太快，再加上因為做工而鍛鍊出魁梧的身軀，在孩子眼裡，像是龐然大物突然逼近自己，而感到恐懼。甚至每次爸爸都是粗手粗腳地把自己從媽媽身邊或溫暖的床邊抱走，也難怪孩子總是嚇得哇哇大哭。

於是在過程中，我引導父親思考，猜猜看在孩子眼裡，看到了什麼？感受到什麼？這時父親比較能靜下心來思考並了解，孩子並不是不喜歡自己。而當我邀請這位爸爸放慢速度，在跟孩子說話的時候放低音量，甚至放低自己的身軀，讓孩子不覺得眼前這個「物體」如此駭人，孩子被嚇哭的情形也就少了許多。

舉出這個小小的例子，是想提醒父母，若在親子關係中「卡關」時，我們也很容易陷在自己的盲點裡，或者很快地就對號入座想著：「一定是孩子哪裡出了錯」，卻不會反向思考自己是否造成孩子的困擾。

因此，試著讓自己轉換立場，從父母「換位」到孩子的位置，是非常重要的。

三步驟轉換心情及看事情角度

父母可以試著用以下思考方式來幫助自己檢視：

①現在我很生氣或煩躁，先讓自己深呼吸、緩一緩高張或不舒服的情緒。

②想像一下，如果我是孩子的話，我在想什麼？我的感覺是什麼？我遇到了什麼困難？

③而我可以怎麼幫孩子的忙？

或許當自己冷靜下來或慢下來時，能夠更了解，孩子究竟發生了什麼事？而你們的關係又被困在哪？

當你真的進到孩子的世界時，你會發現，孩子所有做的事情，都是有道理的。

因為孩子總是用著他個人化的邏輯（阿德勒稱為「私人邏輯」）來理解與面對這個世界。

當身為父母的你進到他的世界，你才有辦法陪著孩子，做出不同的選擇。而不是站在孩子的對立角度，然後硬拉著孩子，變成父母心目中的理想樣子，而導致兩敗俱傷。

最後，我把阿德勒的這句名言，送給各位父母：

用孩子的眼去看、用孩子的耳朵去聽、用孩子的心去感受這個世界。

祝福你我。

1 阿爾弗雷德．阿德勒（Alfred Adler，1870-1937）生於奧地利維也納，是著名的精神分析學者、醫生，也是個別心理學的創始者。學說以「自卑感」與「創造性自我」為中心，並強調「社會意識」，並對後來西方心理學的發展具有重要意義。

Chapter 2

你真正「聽懂」孩子的心情嗎？

教養重視的是觀念，而不是細節。觀念就像是武功祕笈裡的「心法」，也像是在教養之路上指引父母的一盞燈塔，幫助自己去理解孩子行為背後的困境與目的，才能「對症下藥」，找到對這個孩子及家庭最好的溝通方法。

|04|

孩子種種行為目的，只為了克服自卑感

身為父母的你會陷入：「我沒有要求孩子要考高分！我都跟他說，只要盡力就好了！」或是「孩子你連努力都沒有，就放棄，很糟糕！」的迷思嗎？與其花力氣「找原因」，還不如去理解「孩子行為背後的目的及需求」，才能更柔軟地貼近孩子的心。

從自卑感到優越感，是孩子成長的動力

安均在班上，總是名列前茅，常常上台領獎。安均非常非常認真，做許多事情都一絲不苟，有時候甚至會因為自己一個題目不會，而情緒低落好幾天，甚至常常在班上暴走發脾氣。

佳文則是在另外一個極端，考試常常不及格，作業時常缺交，偶爾會看見佳文上課拿起課本，可是不到十分鐘，馬上就打起瞌睡。如果老師叮嚀他要多努力，佳文也只是一派輕鬆地說：「沒差啦，反正我也念不起來。」

兩個孩子看起來的表現風格完全不同：一個「過度努力」、一個「放棄努力」，但可能

在心底深處，有非常驚人的相似性：「自卑感」。

就阿德勒的心理學來看，由於孩子在幼年時期的認知不成熟，加上生理上的弱勢，因此在主觀的知覺中，必然會有自卑感，於是所建構的人生原型總是朝著克服自卑或補償自卑的方向前進。因此產生「自卑感／優越感」、「自卑情結／優越情結」、「人生風格／虛構目的」這幾個面向，所共同建構的架構與視角來窺得孩子的樣貌，進而幫助父母去客觀理解孩子心態發展的重要觀念。

首先，要來了解什麼是自卑感及優越感？

一、自卑感

「自卑感（Inferiority）」比較適切的翻譯，應該是「自覺不足」。阿德勒認為，人從一出生，就是在一種「無能為力」的狀態下來到這個世界上，因此擁有很多的缺點、不足，而感覺到自己有這些不足，就是「自卑感」。每個人的自卑感可能有所不同，例如成績不好、長得矮、害怕沒朋友、渴望被愛等。如果用白話的方式解釋：自卑感指的就是孩子的「痛點」，一旦戳到，就會容易讓孩子感覺非常「不舒服」。

二、優越感

與自卑感成對的概念就是「優越感（Superiority）」。生而為人，自然會有一股「讓自己變好」的趨力，也就是阿德勒說的「追求優越感」，所以我們會努力念書、去打籃球、參加社團交朋友等。而自卑感則是在這個追求優越感的過程中，提醒我們還有哪裡還需要改進的指標。

三、從自卑感到優越感

阿德勒認為，自卑感是每一個人都會有的，因為我們每個人都是不完美的，而這個從自卑感到優越感的過程，是一個健康的過程，因為那讓我們成長、進步。而我們人類進步的動力，也都跟這個從自卑到優越的過程有關。

以安均的案例來說：當他考試考差了，不滿意自己的成績，就會好好認真念書，而「認真念書」就是一種「克服自己自卑感，追求優越感」的過程，是一件好的事情，是具有積極建設性的。

自卑情結與優越情結

不過，從自卑到優越的過程中，很容易陷入二種情況：「自卑情結（Inferiority Complex）」

與「優越情結（Superiority Complex）」。

一、自卑情結

當一個人想要擺脫自己的自卑感，但自我價值、勇氣不足，或自我過去所累積的經驗無法幫助他配備好面對困境的能力時，可能會因努力的方向錯誤，導致徒勞無功，因而變成很深的自卑情結，進而選擇逃避的方式當作藉口。例如很多人會透過「放棄努力」，讓自己避開「我盡力了，卻還是做不到，所以有更深的挫敗感」的感覺。

而自卑情結很深的人，會常常感覺到「我沒有能力、我很失敗、我很差」，例如上述例子中的佳文與安均，對於自己的成績表現不好時，對自己有很負面的感覺。而這種「逃避」的方式，並不能真正讓自己變得更好。

二、優越情結

而有的人會從自卑情結發展出「優越情結」。

舉例來說，有的人明明是很沒自信的，但卻很習慣把自己講得很厲害，不斷向別人自誇；有的孩子心裡很難接受成績不好的自己，就會幫自己訂一個「我一定要考全班或全校第一名」

的目標；或是一個非常害羞的孩子，會認為自己必須「跟所有的人自在地打成一片」，才算是融入人群。

而優越情結就是這種「過度補償」的傾向，就是俗語所說的：「打腫臉充胖子」，或是「好高騖遠」。

優越情結很深的人，看起來很努力、目標訂定得很漂亮，但其實也是一種用來「保護過度自卑感」的保護罩。

虛構目的論，探究孩子行為背後的「目的」

阿德勒認為，人的行為是有目的的，因此稱之為「虛構目的（Fictional Goal）」。而「虛構」兩個字，代表這個目的是個人虛構、想像出來的產物，也就是人們在自己的腦海裡，默默給自己設下一個用來解決自己問題的隱形標竿。

因此在面對親子溝通時，身為父母的我們要不同於過去「找原因」的習慣，不再一直追問孩子：「為什麼你會做出這樣的事情？（問原因）」，而是要去思考：「孩子這麼做，達成了什麼目的？或滿足了孩子的什麼需求？（問目的）」。

舉例來說：過去父母會認為，因為自己一氣之下，所以打了孩子，好像「情緒是因，行為是果」。但阿德勒卻認為，我們是為了達到某種目的而「利用」情緒。換句話說，父母會打孩子，是因為「打孩子可以讓孩子聽話，因此『利用了憤怒』」。

過去，身為父母總認為：「一定有什麼原因讓孩子不去上學」，並試圖去找原因；現在了解到這種思維模式後，身為父母的我們要轉化思考：「『不去上學』可以滿足孩子的什麼目的？」例如，不上學可以避開在學校的人際衝突？或是可以留在家裡面，守護著爸爸媽媽的婚姻？

這是一個非常突破性的觀念轉變，讓我在跟孩子互動時，**父母可以不要把力氣花在「找原因」，而是更能夠去理解「孩子行為的目的」，去思考「為什麼對孩子而言，要放掉問題行為是如此困難的」**，因為會有此問題行為，是符合孩子心中的虛構目的。

自卑感愈深，虛構目的愈不恰當

回歸到前面提到的自卑感。一個自卑感太深、或有自卑情結的孩子，會訂出一個「過高或不適當」的目標，用來克服心中那個很深的自卑感。

以安均與佳文的例子來說：他們在外在表現上，是非常不一樣的：一個名列前茅，一個卻連作業都交不出來。可是他們的內在，卻有同樣很深的自卑情結。

安均深怕自己不是「好學生」，甚至覺得如果不是好學生就沒有人會喜歡自己，所以他在內心訂出了一個「過度努力」、「我一定不能犯錯」的虛構目的，讓自己一直在那個好學生的優越位置。但他的內心深處其實有個很深的自卑情結：「我沒有辦法接受那個可能會表現不好的自己」。

佳文未嘗不希望自己能夠當個「好學生」，只是過去的學習不順，跟長期的挫敗累積，讓他訂下「我不要讓我自己太努力」的虛構目的，去面對他的自卑情結。雖然這個目標對於他的成績精進沒有幫助，但放棄努力有個很大的好處是：「如果我從一開始就放棄，就不會經歷『努力了卻還是做不到』的挫敗感」。而以孩子的角度來看是很有道理的，因為那是一個最容易可以維護自尊，讓自己感覺沒那麼糟糕的方式。

安均的過度努力跟佳文的放棄努力，只是他們的設下了不同的虛構目的，但其實都是用來克服自卑感的方式。

進到孩子「生命風格」與「私人邏輯」的主觀世界

但為什麼兩個孩子，會用不同的方式、不同的虛構目的面對他的自卑感呢？一方面跟孩子的天生氣質或個性有關（詳見第88頁），一方面也必須回過頭看他們的過去經驗。

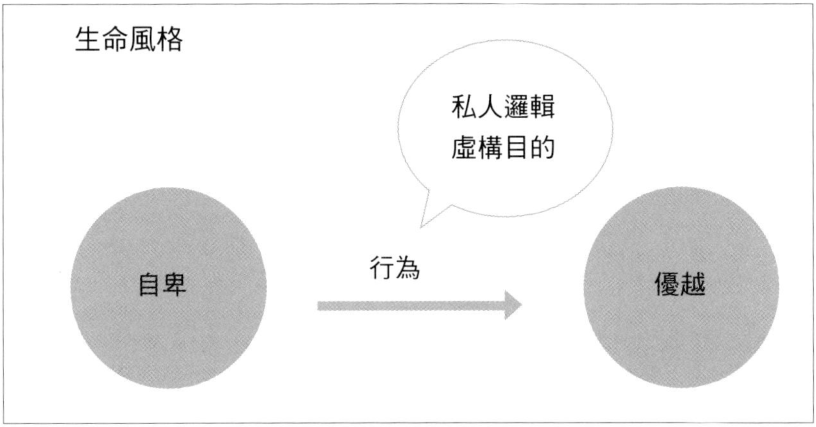

阿德勒的生命風格形塑架構

舉例來說，安均的爸媽都是老師，他們從小就對安均期待甚高、要求甚嚴，大多數的時候，安均都做得到這些要求，所以他對於挫折的自己很陌生。同時，在安均的家裡，哥哥、姐姐都是學業上的第一志願，看著爸媽為哥哥姐姐的好成績而驕傲的表情時，讓他認為「我必須要表現得『這麼好』，才能夠被父母所愛」，討厭著那個在成績上表現不好的自己。

而佳文從小就常常被身邊的大人有意無意地貶低。佳文還記得在他小的時候，興沖沖地想要幫媽媽拿東西時，不小心手滑讓東西碎了一地而招一頓罵；同樣在課業上，佳文的努力不僅沒被看見，一旦考得不好，爸媽會冷嘲熱諷：「反正你也不是個讀書的料」。這都讓佳文學到「當我試著想努力時，也只會遭來不好的後果」，寧可選擇設下「放棄努力」的虛構目的，讓自己感覺好過一點。

孩子表面的問題行為，就像冰山下的一角，如果只針對表面的問題行為處理，是很容易困住的。重要的是孩子在冰山底下的信念、感受、價值觀、自我概念。

因此我們需要從過去經驗、社會脈絡，去理解孩子的（問題）行為，背後所隱含的「生命風格」與「私人邏輯」，去了解安均與佳文的過度努力跟放棄努力是怎麼來的。

尋找孩子心中個人獨特的想法

但有的父母會說：「我從來沒有要求他一定要考那麼好啊！我都跟他說，你只要盡力，那就夠了！不需要給自己太大的壓力。」

只是父母需要了解一件事是：孩子相較於大人，是更為矮小瘦弱的，因此孩子會更傾向用他自己小小的眼睛去理解這大大的世界。例如：當我回想小時候的爸媽，會覺得爸媽就像是巨人一樣高大強壯，而那種屹立不搖的形象則深植我心中。或者小時候以為那條無止盡的漫漫長路，其實只是一條小小的道路；而童年記憶中的某片大草原，很可能只是公園裡的一個小小角落。

孩子身體與心智上的限制，都容易讓他們認定自己是沒有能力去面對與處理眼前的困境，因此會用非常「狹隘」的方式來理解事情。

這就是為什麼孩子常常會用自己獨特的「私人邏輯」，也就是孩子自成一套專屬個人的主觀理解世界方式，訂下自己的虛構目的，克服他獨有的自卑感。

用一個隱喻來形容，私人邏輯就是孩子在過去經驗中，所學習到如何看待事情的方式，就像是在眼睛前面戴上一副墨鏡。而父母需要做的，是先去理解：「對孩子而言，是怎麼知覺這個世界？是戴上了什麼樣的墨鏡去看這個世界？」舉個例子：

有個總是搗蛋的孩子，可能一直在牢記著一個畫面：「有一次，妹妹哭得好大聲，媽媽卻丟下我一個人，跑去照顧妹妹。」而孩子就自己解讀成：「不管我怎麼努力，妹妹就是比我可愛，媽媽就是會忽略我。」但當這孩子出現調皮搗蛋的行為，被媽媽管教時，孩子就會解讀成：「只有我不乖，媽媽才會注意到我。」因為對這個不安的孩子而言，這是唯一能夠得到媽媽注意力的方式。

媽媽很有可能，並不是真的比較愛妹妹，但對這個孩子而言，在心中烙印下了這個畫面，就深深地覺得自己不如妹妹可愛，甚至以為只有調皮搗蛋，或惹麻煩才能換得一點點媽媽的關注。而這是在孩子年紀小時，所創造出來的一份屬於他獨特的私人邏輯。

由此可知：愈是沒有足夠自我價值與正向經驗的孩子，就愈會「創造」出某些問題行為。這些問題行為是用來克服自己的自卑感，所產生出來的因應方式。

也因此，當父母看到孩子有一些令自己頭疼的行為時，可以馬上問自己：「孩子的這個問題行為，背後的需求與目的是什麼呢？」

接下來的篇幅，也都會用同樣的概念，協助父母們了解：孩子表面的問題行為背後，可能是怎麼想、怎麼感受的。因為當我們看見孩子問題行為背後的信念、價值觀、過去經驗時，才能夠幫助父母在面對孩子的問題行為「對症下藥」。

♥心理師與孩子的暖心互動

而阿德勒的學說，帶給我怎麼樣的影響呢？

阿德勒「從自卑到超越」的理論，讓我相信：人本身就有一個向上，也就是超越自己的動力，讓我對孩子有一個基本的「信任感」，並且願意給孩子多一點的空間。

而「覺得自己不夠好」的自卑感，並不是一件壞事，反而會成為一個人進步的動力。

但是當一個孩子，他過去的經驗不好，或是沒有配備好克服困難的勇氣與能力的時候，他就會有比較深的自卑情結。隨之而來，就會給自己設立一個「錯誤或不恰當的虛構目的」，反而把自己困在一個負面、對自己無益的循環。

因此我如果要幫忙一個孩子，我要做的，就不再是「改變孩子的問題行為」，而是耐心地先去理解孩子：

「孩子的問題行為，可以滿足怎樣的目的或需求？」

「孩子是帶著什麼私人邏輯或戴上什麼墨鏡，來理解這個世界、面對當前的困境？」

而當我夠理解孩子時，便會對孩子有更柔軟的心。

先看清楚孩子卡在哪，再來才會是想辦法幫忙孩子——如何讓孩子可以用比較「有建設性的方式去滿足他的目的」，以及「訓練或配備好孩子面對困境的能力」。而這個部分，將在後面章節裡說得更清楚。

父母反思小練習

俗話說得好：「我們是有了孩子，才開始當父母的。」因此，在面對孩子的行為問題時，身為父母的我們也是要透過不斷地練習及轉換成孩子立場，才能尋找到問題點，而對症下藥。其中，把問題紀錄下來，是很好的方式。這裡針對「父母如何覺察孩子的痛點」做反思練習。

一、孩子出現反常行為時，是用什麼方式凸顯他的自卑感呢？

（例如：一直用吵鬧、生氣、吸引注意力的方式，有時也會欺負弟弟。）

二、你跟孩子談過後，覺得孩子的痛點或自卑感是什麼？

（例如：孩子常常會說我比較愛弟弟，比較不愛他。）

三、你覺得孩子背後的心情與需求是什麼？

（例如：我好害怕媽媽只愛弟弟、不愛我，或是我想要爸爸關心我。）

四、我可以怎麼幫忙孩子？如何用更妥當的方式，滿足孩子的需求，安撫孩子的痛點或自卑感呢？

（例如：我會告訴哥哥說：「我知道你很怕媽媽愛弟弟不愛你，可是媽媽想讓你知道，不管怎樣，媽媽都還是很愛你。你願意過來讓媽媽抱一下嗎？」）

|05|

辨識孩子常見四種不良行為的背後目的

孩子只要跟父母分開一下就大哭大鬧？老是愛頂嘴？不高興的時候就動不動摔東西？會動手打人？對什麼事情都提不起興趣？考試不及格也無所謂？……這些都可能是孩子保護自己的「武器」。想要讓孩子放下武器，不是硬性制止，而是先理解、辨識他們。

幫孩子放下他手上的武器

阿德勒不同於過去著名心理學家西格蒙德·佛洛依德（Sigmund Freud）所主張的「決定論」說法，反而提出「目的論」的論述（見左頁「決定論與目的論的差異」圖）。所謂的目的論，指的就是，當一個人在從「覺得自己不夠好」的自卑感，到「努力去讓自己變得更好」的優越感過程中，其實是目標導向的。所以各式各樣看起來糟糕的行為，其實孩子都透過這些方式來滿足自己「主觀」上的一些需求或是目標。

與阿德勒密切合作研究家庭與兒童諮詢的美國兒童心理學家魯道夫·德瑞克斯（Rudolf Dreikurs），他曾指出兒童常見的四種不良行為的錯誤目的，分別為獲得注意、權力鬥爭、尋

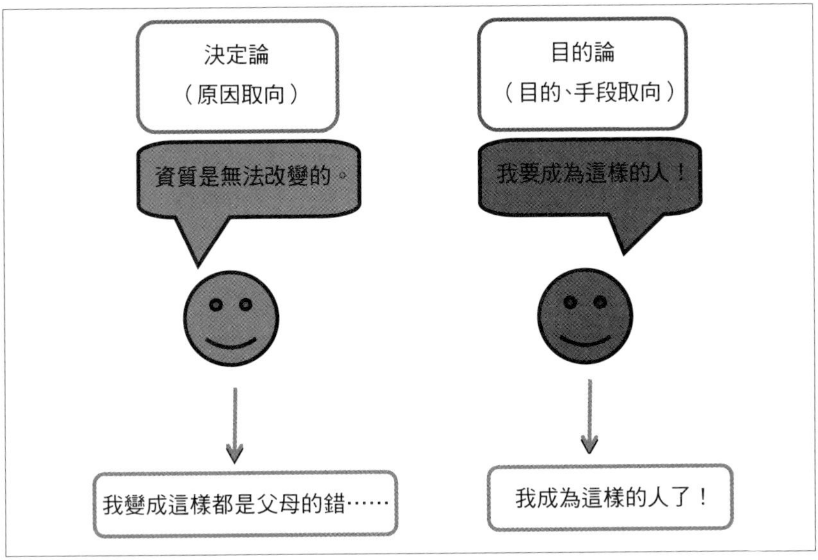

決定論與目的論的差異

求報復、表現無能。

而身為家長的我們需要做的，不是制止或改變表面上的行為，而是能夠辨識出孩子的錯誤目標，協助他們用一個更正向、有效的方式，去滿足目標與需求，進而改善行為。

因為假設孩子的不良行為是一種「武器」，而身為大人的我們必須去理解孩子拿著武器時，他想保護的是什麼？想捍衛的是什麼需求？然後幫助孩子放下他手上的武器。

兒童常見四種不良行為的錯誤目的

以下簡單介紹孩子會出現這四種不良

行為，其背後所隱藏的錯誤目的。

一、獲得注意

為什麼孩子那麼重視被「關注」呢？誇張一點說，因為如果沒有被關注，是活不下去的啊！為什麼我會這麼說呢？

從孩子一出生是非常脆弱的，「哇哇大哭」是一個本能反應，雖然有時惱人，卻也會吸引大人過去幫忙餵奶、幫忙照顧。**如果一個不懂得獲得注意的孩子，是無法好好活下去。**

也因此，很多孩子被父母忽略的時候，心中的恐懼是非常巨大的，他們會極盡所能地，即便是被父母討厭，也要做出不合理的行為，以爭取「父母是在意我的」的感受。以下便是孩子常見的四種想要獲得父母注意的案例及反應：

仁駿常常在學校闖禍，讓父母需要常常跑學校道歉。雖然常常挨父母罵，甚至被痛毆。但在被責打的當下，仁駿卻好像閃過一絲快樂的表情。

國庭動不動就因為一件小事情而呼天搶地大哭，父母都很疑惑：「前一秒鐘明明就好好的，而且分明就是一件小事，為什麼他的反應總是那麼大？」

嫵妮原本是懂事的小女孩，但自從弟弟出生之後，突然開始變得任性了，偶爾還會尿床，讓父母都嘆氣說：「不知道嫵妮到底怎麼了？」

婕予一直都是被長輩讚譽有加的乖小孩：安靜、聰明、總是班上的第一名。但不知怎麼地，婕予在被誇獎時，常常閃過一絲憂慮的神色，並且一直看著父母，似乎害怕著萬一有一天失去父母這樣的喜愛與讚美。

這些孩子，或多或少，都用他們的方式去爭取父母或大人的注意，感受到自己的價值感或重要性。

這會讓孩子「不得不」做一個乖小孩或壞小孩，成為那個在父母眼中，能夠一直被喜愛或擔憂的孩子。

舉阿德勒曾在兒童諮詢中心處理過一個很著名的案例：

一位母親帶著女兒來諮商，因為他的女兒不知道為什麼，不肯吞下口中的食物。當所有人都問她為什麼、要求她吞下去，孩子也只是無動於衷。

而當阿德勒跟母親面談完之後，孩子被帶了進來。

阿德勒跟孩子說：「聽媽媽說，妳總是把食物含在嘴巴裡頭，大家都很傷腦筋呢！」「妳知道有一個更棒、更能夠引起大家注意的方法嗎？就是把嘴巴的食物吐到桌子上，大家就會更傷腦筋、並且談論妳的事情唷！」阿德勒幽默地說。

女孩聽到阿德勒這樣說，就會心一笑。自此之後，女孩開始願意把食物吞下去了。

因為女孩知道：阿德勒「懂」她想吸引注意力的目的，而當目的被辨識出來時，她也可以不再繼續堅持用這種方式吸引注意力了。

二、權力鬥爭

永政是典型的「刺蝟男孩」，只要有人不順他的意，讓他感覺到有一點被否定，便就會很激烈地反駁對方，常常一言不合，三字經就說出口，有時也會公開嗆老師。在同儕間，他是個有領袖魅力的風雲人物，走在路上常常有很多小跟班在身邊，但違法、暴力的行為層出不窮，是學校的頭痛人物。

翰豐是個堅持度很高的孩子，同一件事情總是要重複地說好幾次，要他洗澡、吃飯、看電視，如果他不想，就會死命地待在原地或者裝傻，可能什麼話都不說，眼神堅毅如石。有時候爸爸常常氣到：「我是你爸，你那什麼眼神！」翰豐有時乍看之下沒反應，有時突然會反嗆：「你們每次都這樣！我恨你們！」就衝回房間去，但憤怒的同時是淚眼汪汪的。而面對這樣的翰豐，父母也只是充滿困惑，並且就此罷手。

孩子若無法得到父母的關注，又長期在一個被批評、壓制的環境下長大，他們將學會「權力鬥爭」，因為權力鬥爭可以讓孩子獲得主觀感覺中的「地位」，得到安全感。

也有一種權力鬥爭，不是用反嗆等方式正面起衝突，而是面對高壓的父母，孩子會用一種「我知道你要我聽你的話，我沒有辦法反抗你，所以**最簡單的方式，就是我不要照你的話去做，我就『贏了』！**」

當孩子跟父母權力鬥爭時，許多父母會更強硬地打壓孩子的需求、更劇烈地否定孩子、更嚴格地要求或規範，因為父母覺得孩子「不聽話」、「必須要教孩子一些規矩」。但父母的反應，讓孩子即便在當下順從了，他們內心更會覺得自己沒有價值、不被愛；即便當下看起來平息了，但孩子會想辦法用更激烈的方式，在下次反撲時，提高「堅持」的強度。

可是，哪有孩子不希望被愛、被疼惜、被當成是好小孩的看待呢？在那個權力鬥爭的背後，其實是隱藏著一種：「我得不到你的注意力跟愛，至少，我不能『輸』。因為，我不能連我自己都失去了」的哀傷情緒。

三、尋求報復

佳馨的父母從小對她就有很高的期待，在佳馨犯錯的時候，父母總會大吼：「不是跟你說過了，這種小錯不要再犯，跟你講過幾百次了！」讓佳馨壓力很大。事實上，資質不錯的佳馨在求學路上並不難過關斬將，也可以拿到很好的成就表現。但佳馨一直以來都覺得自己只是被用來滿足父母虛榮心的工具，也常常在父母說：「我是為了你好」時，感覺到一種很矛盾的反感。有一天，佳馨像是個壞掉的時鐘一般停擺了，成績一落千丈，甚至開始蹺課、做出許多違規行為。因為她知道，父母對她的失望，是她用來表達抗議、報復父母最佳的武器。

阿力在一個家暴中的家庭長大，小時候，爸爸在喝醉酒之後，常常會醉醺醺地拿阿力出氣，宣洩他在人生中的挫折。當時在一旁的媽媽曾經試著阻止，但最後也只能無力地哭泣。最後爸爸因為意外過世了，阿力覺得對爸爸的恨，突然之間不知道要往哪擺。進入青春期的他，常常在學校打架鬧事，媽媽都需要放下手上的工作，來學校處理孩子的事。每次媽媽來學校，總是非常地痛苦。她最常對阿力說的是：「你知道你這樣，讓我有多痛心嗎？」阿力聽了，知道自己又讓媽媽失望，可是肚子裡同時有一股莫名的痛苦與憤怒湧上，阿力好想對著媽媽大吼：

「你呢？你又對我做了什麼？」

尋求報復型的孩子可能因為遭受一些身體、性、心理上的虐待或忽略，而感受到巨大的痛苦。我們可以想像，這樣的孩子透過傷害別人、讓別人感覺到痛苦，去讓身邊的人體會到：「我究竟有多痛苦」；有時孩子也透過報復，感覺到自己對其他人是有影響力，藉此體會到自己的重要性。

尋求報復的孩子，常常讓我有一種抱著炸彈同歸於盡的感覺。但那個**同歸於盡的心情，其實是非常絕望，痛苦指數是非常高的。**

四、表現無能

安欣是個不多話的孩子，做什麼事情都猶豫不決，事情交辦給他，也總是會搞砸。在人際上也常常退縮不前。久而久之，同學也覺得跟安欣說話自討沒趣，因此他朋友也愈來愈少。安欣有時也很想讓自己振作起來，但每次當他愈想要努力，他反而就把事情搞得愈糟糕，讓他愈來愈不敢嘗試。

表現無能的孩子常見的行為包括：退縮、迷糊、總是令人擔心，甚至害怕在最後關頭發生一些緊急狀況導致表現失利，而表現出「我做不到！」

因為表現出無能或放棄最大的好處就是：「我可以不用去面對挑戰與困難，更不用去面對那個什麼都做不到的自己。」

矛盾的是，當孩子把「無能」當成是自己的盾牌時，看似可以避開那個做不到的自己。但實際上，孩子每次的放棄，都會讓他心裡更深信自己「果然是做不到的」，反而更沒有自信，做事也更不容易成功，孩子也會更緊抓著「表現無能」這個目的。

如何「辨識」孩子是哪一種錯誤目的？

其實同一種問題行為，可能有不同的錯誤目的，甚至有一種以上的錯誤目的。有時不是那麼容易能夠完全辨識清楚：會引發孩子行為異常的最主軸錯誤目的是什麼。

舉例來說：一個調皮搗蛋的孩子，究竟是為了吸引你的注意力？還是要跟你權力鬥爭？是為了讓你感覺痛苦而尋求報復？還是因為在功課上感覺自己無能，才轉由到其他管道宣洩？

一個不上學的孩子，究竟是為了想留在家裡被父母注意到？是要抗議平常父母對他的嚴格管控，心中覺得「父母要我上學，我偏不上學，我就贏了」？是故意要讓體面的父母「丟臉」，藉此報復？還是因為他覺得自己沒有能力應付學校的挑戰？

最好的判斷方法，就是父母的「內心感覺」，以及當你制止孩子之後，孩子的反應是什麼。

線索一：用父母內心感覺去判斷

身為父母要先觀察孩子的行為，並試著辨識出自己內在的感受，或許更能夠理解及辨識出這個孩子到底屬於哪種問題行為。

①尋求關注的孩子類型：尋求關注的孩子，對愛與關注的渴求像是難民，是個永遠沒有吃飽的孩子，會不斷地跟你討愛、討關注。所以父母常常會有一種被掏空、厭煩。**父母心中的OS會是：「我已經很累了！這樣夠了嗎？」**或是會因為自己沒辦法滿足孩子的期待，而感覺到「內疚」。

②權力鬥爭的孩子類型：權力鬥爭的孩子，像是鬥牛士一般，所以會讓父母感覺到被威脅，常常有種被打敗，或是在溝通過程中，很容易愈來愈生氣的感受，因為孩子跟你一樣想要拿回主導權，導致自己陷入跟孩子「爭輸贏」的錯誤循環中。因此孩子常常會有語言或行為上的挑釁行為，像是頂嘴或對嗆，嚴重還會動手摔東西等等，**父母心中的OS會是：「我是你爸或你媽，你那什麼態度！」**而反嗆回去。

③尋求報復的孩子類型：尋求報復的孩子，像是自殺炸彈客，想跟你同歸於盡，因此他的行為表現具有積極破壞性，例如暴力、偷竊，或消極破壞性，例如勉強、被動等行為。所以父母常常感覺到很切心（台語失望的意思）、失望透頂、難以置信，導致**父母心裡的OS是：「我這麼努力想要當一個好爸媽，你怎麼能夠這樣對我？」**

④表現無能的孩子類型：表現無能的孩子，像是大嬰兒一樣，永遠覺得自己都做不好、永遠都不會。所以父母常常會有種「挫折感」，好像怎麼教、怎麼做都幫不上忙，甚至演變成「無助」或「絕望感」。**而這類型孩子的父母心裡OS是：「我到底還可以怎麼做，才能夠幫到孩子？」**

線索二：當父母制止孩子時，觀察孩子的反應

接下來，就是回到跟孩子的互動，尤其當身為父母的你制止孩子的不良行為時，孩子的反應是如何？或許更能夠了解，孩子問題行為背後的錯誤目的是什麼？

①尋求關注的孩子反應：孩子會稍微在父母或大人關注他的時候，稍微停下來一會兒，但很快就又會重新開始原本的行為，或轉而用其他方式引起你的關注。

②權力鬥爭的孩子反應：孩子會開始跟你頂撞、或消極抵抗，各持己見，最後甚至會升

級為你跟孩子的攻防戰。

③尋求報復的孩子反應：孩子會用一些破壞性或傷害性的話語來反擊，甚至升級為你和孩子之間互相報復的循環。

④表現無能的孩子反應：這類自暴自棄的孩子反應往往很消極，希望你放棄努力、別再打擾他，甚至會故意出糗或犯錯，來掩飾自身的挫敗感。

透過以上兩個指標與線索，有助於我們判斷，孩子的不良行為背後，實際上是採取什麼樣的目的。

父母該怎麼做呢？針對不同的錯誤目的對症下藥

為什麼要辨識出孩子是哪一種錯誤目的呢？因為當父母了解孩子問題行為背後的錯誤目的時，才能「對症下藥」，所以四種錯誤目的的處理方式，是截然不同。

一、尋求關注的孩子——給予正向的關注

對於尋求關注的孩子，父母最重要的一件事情是**「給予正向的關注」**，力求讓孩子可以體會到：「即便我不用這種方式尋求關注，我還是能夠相信爸媽是會關注我、愛我的。」

例如對於一直在旁邊調皮搗蛋或哭鬧著要人陪，或者父母不在就很不安的孩子，身為大人的我們或家長可以這麼說：「我知道你很怕媽媽不見，或是很想跟媽媽說話，媽媽聽見了、知道了，我會在這裡陪你。」

至於對於力求表現優異，害怕讓爸媽失望的孩子，父母可以這麼說：「看到你表現好，我很替你開心。但不管你的表現如何，我都會為你感覺到驕傲。」

而孩子過度的尋求關注，大多數的時候也跟孩子與父母親建立的「依附關係」不夠穩固有關，關於這部分可以參考本書下一章節「06從依附關係中，建立親子間的安全感」（詳見第68頁），有更詳盡的介紹。

在孩子有需要的時候，正向地回應孩子的情感很重要。但更重要的是，在某些時候無法滿足孩子時，父母可以試著有界線、溫和而堅定地回應孩子。

例如，可以試著讓孩子知道：「媽媽現在正在處理很重要的事情／正在跟阿姨講電話，五分鐘之後，我就會去找你。可以嗎？」通常好好地跟孩子說，孩子多半會同意的。

這麼做的目的，是讓孩子可以在這五分鐘之內，練習跟「媽媽沒辦法『馬上』陪我」的失望感共處一下下，也就是讓孩子練習「延宕滿足」。而當五分鐘結束之後，媽媽依約去找了孩子，孩子心中反而會有個安全感是：「媽媽說『現在』沒辦法陪我，可是媽媽不會因此消失不見。」

甚至可以讓孩子在情緒比較和緩時，練習「直接表達需求」，而不是用哭鬧的方式。例如媽媽可以跟孩子說：「下次如果你想要媽媽陪你的話，你直接告訴我『媽媽我希望你可以陪我』，這樣我就會知道了，好嗎？」

這麼一來，可以**幫助孩子練習，並用比較和緩、理性的方式表達。**而當孩子「好好說」的時候，父母也真的能夠反應並給予孩子的需要。反覆幾次下來，孩子自然就不需要透過情緒化的方式要到關注。

二、權力鬥爭的孩子——不要跟孩子豎起戰旗

面對權力鬥爭的孩子，父母最重要的一件事情是**「不要跟孩子豎起戰旗」**。

我在學校工作，面對孩子最常講的一句話是：「剛剛你們太吵鬧了，其實我感覺很不舒服，也很生氣。但是我不希望對你們發脾氣，因為那對我們雙方都不好。」我同時表達我的不舒服，但也示範，我如何不被情緒控制，不用老師的權力壓制他們，讓他們閉嘴。

另外，我也常常會在表達我的意見之後，在最後面跟孩子補充一句說：「這件事情，我的看法是這樣。但因為是你的人生，我只能提供給你建議，最後，你決定怎麼做，我會只能

尊重你。」

我發現，當我不是站在孩子的對立角度時，孩子是感受得到的，因此便不需要擺出戰鬥的姿態跟我對抗。

而在過程中，我也會不斷地提醒自己，要拿出「我的脆弱、我的柔軟、我的感受」，**尊重孩子也是個有感覺、有思考、有判斷的獨立個體，用這樣的態度來跟孩子互動。**

因為我相信，當我愈尊重孩子，把權力與自主權還給孩子，孩子就不需要花力氣跟我對抗。而且我也相信，要教孩子放下武器，就要讓他知道，表現我的脆弱與柔軟，不是一件危險的事情。

三、尋求報復的孩子——道歉並修復彼此關係

尋求報復的孩子，過去往往受了極大的傷，對人有極大的不信任。因此父母最重要的一件事情，是**「修復關係」**。

父母可以想想，在過去的經驗裡頭，是否有起過很大的衝突、打過孩子、重要親人的突然離去等。當孩子這些受傷的感覺沒有被消化的時候，這些「傷」會不時地重複出現在父母跟孩子之間。

因此一開始面對尋求報復的孩子，身為父母的你可以跟孩子說：「當你做了這些事情的時候，其實我很難過，也很受傷，但我在想，你一定同樣也不好受。」

當孩子感覺被了解的時候，他便會慢慢地願意吐露心聲，而你就可以繼續往核心了解：「你願意讓我知道，你經歷了什麼？是什麼讓你那麼痛苦、那麼放不下的嗎？」

最後，有些孩子會願意說出他的感受，例如：「每次你都很堅持要我聽你的話，每次你都常常生氣、對我很兇！」這時父母千萬不要覺得孩子在攻擊或否定自己，不要防衛起來，反而要很開心，因為孩子願意跟你吐露真心話。

當父母發現孩子的受傷是自己造成的，或許可以**針對那次的受傷，給孩子一個真摯地道歉，好好修復關係**，例如：「謝謝你告訴我這件事情，否則我不知道那次你有多受傷。當時我太想要教你一些事情。」或是「當時在你一個人面對困難的時候，我卻離開你，沒顧慮到你的心情，我很抱歉讓你有這些很受傷感覺。」

當孩子心中的傷放下了，痛被撫平了，也就不需要一直用「報復」的方式，告訴父母自己內在有多痛苦。

四、表現無能的孩子——了解困難、提供協助、陪伴練習

而表現無能的孩子，其實內在的心智年齡是跟不上實際的身體年齡，可能沒有足夠的信心或能力，去面對現在現實生活中的挑戰。所以我們需要去**了解孩子的困難、給予適當的協助、讓孩子有練習與成長的機會。**

舉例來說，一位不願意寫作業的孩子，需要去了解他現在的程度，並且找資源，從最基礎的部分開始教起。

一位不敢跟陌生人講話的孩子，需要陪著他，先慢慢地從願意跟熟悉的人說話開始，在尊重孩子步調的前提下，慢慢地讓孩子有機會可以練習開口說話。

在這個「陪」的過程，重點要細、要慢，要一方面接住孩子的害怕與挫折，一方面溫柔而堅定地鼓勵孩子去嘗試，藉此慢慢地培養孩子面對挑戰的勇氣、提昇孩子的自我價值，是協助表現無能孩子的最佳良藥。

幫助孩子找到歸屬感及價值感

大家有沒有發現，其實這四種孩子的不良行為核心，在於缺乏被愛的「歸屬感」與被大家認同並感覺自己是好的「價值感」。孩子會有這些不良行為的表現，只是為了用來保護自

己，避開自己自卑感的武器而已。

如果父母能夠看見孩子不良行為背後的錯誤目的，基本上面對孩子的問題，就能夠直搗黃龍、以智取勝。

父母反思小練習

同樣一個表面行為，背後其實有很多不同的可能性，以及不同的錯誤目的，所以有時候用「腦袋」去判斷孩子不良行為的錯誤目的，會因為一些先入為主的想法而容易失準。但別忘了，父母跟孩子其實是互相影響的，父母像是一個接收器，在與孩子互動的過程中，也是一個活生生的、有感覺的「人」。因此透過檢視父母自身感覺，即能了解孩子問題行為背後的錯誤目的，並針對不同錯誤目的對症下藥。

一、你跟你的孩子有不愉快時，最常出現的感受是什麼？

______

______

二、你認為你的孩子的不良行為，背後是什麼錯誤目的呢？

______

______

三、你覺得孩子需要什麼回應或協助？你願意做怎麼樣的調整？

______

______

四、如果你常常跟孩子掉入同樣的不良互動中，想想看，你跟你孩子之間發生了什麼事，怎麼樣激發彼此，共同塑造一個負面的互動循環，讓你們雙方都被困住？

06

從依附關係中，建立親子間的安全感

為什麼我的孩子表現得如此焦慮、不安？為什麼我孩子的人際關係不好呢？如果父母要讓你的孩子未來能夠交到對他有益的朋友、理想的伴侶，最好的方式就是，現在好好地去經營你跟孩子的關係！

什麼是「依附關係」？

如果要用一個比喻來形容志宏，我大概會說志宏是個「幽靈」般的存在吧。剛開學的時候，同學們會開心地想交新朋友，但是當同學很熱情地跟志宏打招呼的時候，志宏面無表情、頭也不抬，最後同學自討沒趣，也漸漸不理他。

後來老師發現，志宏生在一個隔代教養的家庭，平時是阿公、阿嬤在照顧，爸媽離婚，平常媽媽會寄生活費回來，但一個禮拜頂多只有一天會撥空跟志宏見面。而阿公、阿嬤因為年事已高，除了準備三餐，也沒有太多時間可以陪伴志宏。

在那個面無表情的志宏內心深處，常常覺得自己像是個沒有靈魂的空殼一般，只是在這世界上苟活。

莉姍剛上國中一年級，個頭比一般孩子還要小，每天上學，都需要跟媽媽在門口拉拉扯扯將近兩個小時，進行一場折磨人的消耗戰，總是讓媽媽疲憊不堪。

前一天晚上，媽媽會跟莉姍講好，明天要乖乖地去上學，莉姍也答應。可是每當愈接近上學的時間，莉姍愈是不安，愈是哭哭啼啼。到校門口的時候，媽媽好言好語地說：「好了，媽媽要去上班囉！」這時莉姍「哇！」的一聲大哭，一把鼻涕一把眼淚地說：「媽媽，不要走。」媽媽心中挫敗地想著：「又來了！」但嘴巴還是好聲好氣地安撫著莉姍。但安撫沒用，莉姍哭到連呼吸都喘不過來。

兩個小時過後，媽媽忍不住，還是跟學校請假一天，帶著孩子回家。有時媽媽也覺得自己這樣太寵小孩，但是一當想到孩子哭得聲嘶力竭的樣子，又覺得自己好殘忍。

原來莉姍跟爸爸感情很好，但是幾年前，爸爸因為生病過世，莉姍被嚇傻了，小小的心靈裡，有很多說不出來的感覺，而內心有個很深的害怕是，媽媽會不會有一天也離開了自己。

依附關係是親子之間一種雙向「愛的關係」，是嬰兒對主要照顧者會產生一種依戀的情感，同時母親也會對嬰兒產生一種母愛的本能去照顧孩子。

親子間的「彈力繩」

如果用一種視覺化的方式來比喻的話，當我們還是以胎兒的型態在媽媽肚子裡頭的時候，是用臍帶跟媽媽連結在一起的。當孩子脫離了媽媽的肚子，媽媽與孩子中間還是有一條隱形的「線」，像是臍帶般地牽繫著彼此。而這條線就是「依附關係」。

因為有了依附關係，讓我們在還不會講話的時候，就會有一種本能的反應，想要尋求媽媽的乳頭，吸吮奶水以餵飽我們，而媽媽也會有一種本能的反應，想要照顧生下來的孩子。

而隨著我們年紀愈來愈大的時候，依附關係從具體的臍帶，變成生理上的照顧，慢慢變成一種在情感上，像是「彈力繩」的關係。

觀察一下，在公園裡父母與孩子的互動。有許多孩子一到公園，會很開心「哇！」地往前衝，去探索這個公園及這個新鮮的世界。但到了一個時間點，孩子會回過頭叫一下爸爸或媽媽，或是跑回父母身邊撒嬌一下，像是在確認爸爸、媽媽還在不在。而這時爸爸、媽媽就像是個「充電站」，孩子充飽了電，又可以跑出去探索。

當孩子對爸爸、媽媽愈有安全感，依附關係愈好，這條彈力繩就愈強韌。孩子可以在外「探索」的時間愈長，而回到爸媽身邊「充電」的速度也會很快。因為孩子相信爸媽不會輕易地消失。

如果把公園的比喻，拓展到孩子的成長歷程，其實也是如此：當孩子在家中父母身上得到足夠的愛跟安全感的時候，他就會更願意去外面探索，例如在學校交朋友、上課、學習。因為孩子內心相信著，即便他在外面追求自己的人生，回到家中，爸媽永遠在那裡，不會消失。

現實的爸媽vs.內在的爸媽

這時可以發現一件事情：一個擁有安全且健康的依附關係，孩子是有安全感的，他反而不需要爸媽一直在身邊陪著自己，而是可以帶著爸媽給自己的安全感去外面闖闖。因為在孩子心中，會覺得好像爸媽一直在身邊陪伴著，而這就是所謂的「內在的爸媽」。

其實當我們還是小嬰兒的時候，是非常需要爸媽在身邊的。當爸媽在身邊時，我們就會安心；當爸媽不在時，我們就會心慌、會大哭。因為對小嬰兒而言，只有這個「現實的爸媽」在身邊，才會有安全感。

漸漸地，開始有一些短暫的分離經驗，例如爸媽去泡牛奶的時候，孩子會暫時看不到，這時雖然會心慌，但是透過爸媽的安撫：「爸爸或媽媽等一下就會回來囉！」孩子會慢慢地去安撫自己：「雖然爸媽現在不在，但他們等一下就會回來了。」同時，在心中會形塑出一種內在爸媽的形象。

但人是立體且豐富的，每個人在心中所認識的內在爸媽，跟現實爸媽絕對不會是一樣的。孩子會根據過去跟爸媽相處的經驗，在內在產生一些對爸媽的形象，並且存放在心中。例如：爸爸是可靠的、媽媽是溫柔的；爸爸是好玩的、媽媽是囉嗦的。

慢慢地，孩子就可以不再需要現實爸媽一直在旁邊，而是有一個內在爸媽可以在心中讓孩子依附。

但為什麼要提出「現實的爸媽」與「內在的爸媽」的不同的？

因為有的父母會認為：「我陪了孩子這麼多時間，為什麼他還是覺得很沒有安全感呢？」這是在建立孩子跟父母的依附關係過程中，重點不只在於「父母做了什麼」，而是「孩子怎麼知覺你做的事情」、「孩子有沒有透過這個過程把爸媽放在心裡」。

親子的依附關係有哪些？

依附關係的相關理論研究非常多，現代的心理學家也發展出更多精緻的理論，但最開始的經典實驗，是一位美國心理學家瑪莉・安斯沃斯（Mary Ainsworth）所做一個「陌生情境實驗（Strange Situation Test）」。

他們將一至十八個月大的嬰兒與他們媽媽做實驗。

① 原本母子同處一個房間。

② 一開始先請母親離開，留嬰兒在房間裡。

③ 陌生人進到房間裡，獨留嬰兒跟陌生人在房間裡（觀察重點一）。

④ 陌生人離開，母親回來，讓嬰兒與母親重新相聚（觀察重點二）。

並在過程中觀察嬰兒的反應，然後依據嬰兒的反應，分出四種不同的類型：分別為：安全依附型（Secure Attachment）、不安全依附型（Insecure Attachment）的「迴避型」、「焦慮／抗拒／矛盾型」、「迷失／混亂型」。

一、安全依附型

安全依附型的嬰兒，當母親離開時，可能會難過沮喪，因為比起陌生人，他們更希望母親可以待在自己身邊。重點是，當母親重新回來的時候，嬰兒會停止哭泣，並且很快地感覺到安心，並恢復跟母親的連結。有大約60％來自北美中產階級家庭的嬰兒有如此表現。

二、不安全依附型「迴避型」

迴避型（Avoidant Attachment）的嬰兒反應，是當母親在場時，好像無視母親。即使母親離開也不會哭，或產生明顯失望的表情，他們與陌生人的互動甚至和他們的母親一樣多。重點是，母親重新回來時，嬰兒也不會特別去尋求母親支持，甚至會逃避。有15%來自北美中產階級家庭的嬰兒有如此表現。

三、不安全依附型「焦慮型」

焦慮／抗拒／矛盾型（Resistant Attachment）的嬰兒，則在母親離開時，會非常焦慮，對陌生人也會害怕，對環境也很少探索。重點是當母親回來時，會尖叫踢打且非常難以被安撫。有10%的北美中產階級家庭嬰兒有如此表現。

四、不安全依附型「混亂型」

出現迷失／混亂型（Disorganised / Disoriented Attachment）反應的嬰兒，通常沒有特定的反應模式，但大多數會對母親的離開又重新回來感到困惑，臉上常有發楞、困惑的表情。有15%的北美中產階級家庭的嬰兒有如此表現。而這個類型是由瑪莉．安斯沃斯的同事瑪麗．緬（Mary Main）所提出來的。

為什麼不同的嬰兒，會發展出這四種不同的類型呢？其中一個因素，是下一個章節會提到的「孩子天生氣質」（詳見第88頁），另外一個因素，則跟父母的教養方式有關。因此，接下來會提到如何養出一個有「安全依附感」的孩子。

依附關係的重要性

依附關係為什麼那麼重要？有二個重點：一是在成長過程中，若缺乏穩定的依附關係，孩子在情感上容易變得冷漠且無法與人建立關係。其二，早期依附關係會大大影響成年後的情感關係。

缺乏依附關係，孩子是會「死掉」

這是有科學依據的。一九三〇～一九四〇年代間，有研究者發現一個現象：美國醫院有許多孤兒集體死亡。這些孤兒雖然有生理上的照料，但是因為他們缺乏身體的碰觸與情感交流，所以死亡率非常地高。而存活下來的那些孩童，雖然身體健康，卻在情感上變得冷漠、無情且無法與人建立關係。

一九三七年，美國心理學家李維（David Levy）在《美國精神醫學期刊》的一篇文章中提出他的觀察，將這種現象稱之為「情感的飢餓」。

而英國發展心理學家約翰・鮑比（John Bowlby）在一九五〇年代提出依附關係理論時，認為依附關係是演化上留存下來的產物：小孩子一出生就會去依賴身邊的重要他人（通常是媽媽），藉此得到照料，並保護自己免於受到外在的威脅。而瑪莉・安斯沃斯的實驗便是依據此理論而來的。

所以我常說，為什麼父母對孩子而言如此重要？為什麼當父母跟孩子說：「我不要理你了」、「你不乖，你不是我們家的孩子」這些話時，孩子會呼天搶地地哭喊著？因為對孩子而言，父母不理自己，是真的會死掉的。所以為了活下來，孩子當然要使盡渾身解數地求救。即便當孩子年紀漸長，這種「父母對我們來說好強大、好重要」的感覺，也會深深地刻印在心中。

早期依附關係，會影響成年後情感關係

約翰・鮑比將依附關係這個系統稱為「內在運作模式（Internal Working Models）」，指的是我們會和他人的互動過程中學習，漸漸地形成對自我和對他人的理解，並作為未來和外界環境或其他人互動時的參考。

之後，美國丹佛大學的辛蒂・哈珊（Cindy Hazan）與飛利浦・薛佛（Phillip Shaver）

兩位心理學家，更具體地將依附理論拓展到了成人的世界當中，發展出「成人依附理論」。他們認為：大人世界中我們和他人互動的方式，就是嬰幼兒時期和父母互動關係的延伸。如果成人依附關係套用在戀愛關係之上，就是現在許多愛情理論中提到的四種依附風格：「安全依附、焦慮依附、逃避依附、矛盾依附」。

成人依附的內容在這邊不再多提，但簡而言之，如果**孩子早年跟父母的情感經驗、依附關係是正向的，會讓他們對人比較有信任感，在未來跟朋友相處，與伴侶交往的時候，就比較能感覺到安全感**，認為自己是個值得被愛的人，也比較容易可以發展出健康正向的親密關係。反之亦然。

因此，我常強調：「如果父母要讓你的孩子，未來能夠交到對他有益的朋友、理想的伴侶，最好的方式就是，好好地去經營你跟孩子的關係！」

如何養出一個有「安全依附感」的孩子

所以可以知道：當孩子在早年經驗裡，如果跟父母可以發展出安全的依附關係，對孩子未來的自信、在學校是否適應良好、是否可以跟未來的伴侶發展出良好的關係，都會有非常正面的影響。

但我們要怎麼發展安全的依附關係呢？

父母對孩子建立依附關係，最重要的三個因素是：可得到的（available）、**敏感的**（sensitive）、**支持的**（supportive）。也就是當孩子有需要的時候，能夠在身邊、給回應（可得到的）、能夠知道孩子真正需要的是什麼（敏感的）、能夠讓孩子感覺到正向回應、感覺被支持的（支持的）。

簡單來說，要建立依附關係，最大的施力點就是要「**知道孩子真正的需要，並且『給』在孩子的需要上。**」

在孩子一歲之前，絕大多數的哭泣都是跟基本的生理需求有關，因此父母可以盡可能地滿足孩子的需要。而當年紀愈來愈大，會有愈來愈多生理需求之外的心理需求。孩子同時在「獨立」與「親密」取得平衡，父母也要在「照顧」與「放手」之間謹慎拿捏，而這就是為人父母的智慧了。

滿足孩子生理需求，但不能當成「賭氣」工具

在孩子肚子餓的時候，可以準備三餐飯飽照顧孩子；當孩子睡覺的時候，可以給孩子一個安靜、安全的環境；當孩子尿布濕了，可以換上乾淨舒爽的尿布。

這也是為什麼電視廣告上，出外的遊子回到家裡，吃到老媽媽煮的一碗簡單湯麵，會眼眶泛淚。因為這讓孩子感覺到一種很安心、被珍惜的感受。

不要以為照顧基本的生理需求是很簡單的，在一些虐童的案例裡，或是當父母在跟孩子賭氣時，其實是會忽略到孩子的生理需求的。

我遇過很多當事人的「童年創傷」，是發生在父母在賭氣之下，被「不准孩子吃飯」、「不准進家門」等拒絕指令所深深傷害，或留下刻骨銘心的痛苦記憶，而這些都有可能造成「依附創傷」。

所謂的依附創傷，就是這個給你傷害的人，其實是本來應該是要提供你安全依附關係的對象。而依附創傷有可能會讓孩子在未來面對重要的親密關係時，內心會產生矛盾感：既想親近、但又害怕受傷。

透過「孩子，我懂你的心」的情感連結，滿足心理需求

而心理需求更複雜了。回想看看，你在什麼時候，會感覺跟一個人很靠近、很親密、很安全？大多是當你能夠被傾聽、被了解、被懂的時候，孩子也是如此。

孩子與生俱來，也會有一些心理需求。最簡單的就是，當孩子一出生，就會渴求媽媽的

懷抱，而當媽媽回應孩子的時候，那種肢體接觸，就是一種很重要的安全感來源。

在學齡前，孩子慢慢地有「被回應」的需求。例如孩子伸手要拿積木的時候，媽媽回應：「寶寶，你想玩積木是嗎？」甚至跟孩子一起玩，這時媽媽就像是鏡子一般，映照出孩子的樣子。

尤其上了小學之後，孩子語言能力漸漸建構起來，開始有「被聽懂」的需求。這時候如果親子關係不錯，孩子回家會自動跟爸媽分享學校很多大小事，這時父母親如果能用孩子的眼光去回應：「所以今天你遇到一個新老師，覺得很新鮮」、「今天你跟某某吵架了，你很氣他，是嗎？」孩子就能夠覺得你是懂他的。

而這些情感的連結、貼近孩子的回應，都是增進依附關係很重要的元素。

給的愛，真的是孩子需要？還是父母焦慮？

而且我覺得在「給愛」的這件事情上，最重要的一件事情是：「你給的愛是不是真的貼近孩子心靈層面的需要呢？」如果說愛是一份禮物，那孩子是否喜歡你這份禮物呢？

舉個例子：如果有一天你收到一份禮物，是一個非常精美的花瓶，雖然價值不菲，但是你沒有插花的習慣，放在家裡佔位置，擺出來又很怕會打破，你會不會覺得困擾？甚至是，如果你朋友送你一條大蟒蛇給你當禮物，送你的人說「養蛇可以招財唷！」但其實你非常的怕蛇，但你又知道那是對方一片好心，所以不好意思拒絕對方。當你真的狠下心婉拒對方，對方又會說：「你不喜歡我送你的大蟒蛇，我好難過……」，這會不會讓你覺得很有罪惡感？

雖然上面的比喻有一點誇張，但有些父母是用這樣的方式對待孩子，當孩子感覺不舒服或拒絕時，父母反而感覺：「我對你這麼好，為什麼你都不領情？」

我見過很多父母，每個父母堅持的價值觀與信念往往非常不同：有的父母認為念書可以出人頭地；有的父母認為書念不好沒關係、但做人做事絕對不能麻煩別人；有的父母認為以和為貴、絕對不可以沒禮貌。

父母的價值觀大多是很有道理的，但很多父母會直接把這些價值觀套用在孩子身上，甚至強加在孩子身上時，父母的好意也會變成一種壓力，禮物也會變成一種鞭子。

所以最好的方式是，在年紀小的時候，父母可以盡可能地照顧孩子生理與心理的需要，尤其是在三歲以前。當孩子年紀大了，父母可以多問：「你需要爸或媽幫忙嗎？」或是「我可以怎麼幫忙你？」

讓孩子練習直接把他的需要告訴你，父母便可以跟孩子站在同一陣線地去面對困難。注意！**重點在於「共同面對」，而不見得是「解決」**。因為人生中許多困難是無法一起解決的，但當你願意跟孩子一起面對的時候，親子之間的依附關係，自然就會好。

建立是雙向且良好的依附關係

前面談了很多父母要怎麼「給」孩子關愛及回應需求，可是依附關係是「雙向」的。所以，如果放掉發展心理學的「理論」，放掉那些「應該怎麼做」的框架，培養親子之間擁有安全依附關係的最容易判斷方法，就是很直覺地思考：「有什麼事情，是我跟孩子都會覺得開心、滿足的？」

例如：當你抱著孩子的時候，聞著孩子身上的味道，心中會有一種油然而生的安心與滿足感。

例如：當你跟孩子一起在公園玩的時候，看見他笑得很開心地到處玩耍，那種天真自然的感覺，會覺得孩子好可愛。

例如：當孩子很難過時，你陪著他，看著他慢慢地快樂起來，也會有一種成就感。

而這種**「對雙方都是加分」的活動，往往就是能夠增加依附關係的行為。**

我必須強調依附關係是「雙向」的原因，有時父母開始想要改善親子關係並費力地做一些調整時，其實很容易有「挫敗感」，覺得「我調整了這麼多，孩子好像也不見得有看見我的努力」。

但很多時候，孩子其實是有感受到爸媽的改變，但是因為前面負面的經驗太多，因此孩子會「再觀察一下這個新的爸媽」，甚至「持續用舊的負向行為測試爸媽」，這時候爸媽千萬別被嚇退、又回到原本的樣子。因此，此時我特別邀請父母可以觀察：「當我做一些調整時（例如我減少碎念，或是我開始去肯定孩子的努力時），孩子的表情以及反應是什麼？」甚至直接問孩子：「你喜歡我這樣子的改變嗎？」

如果原本父母跟孩子是有很多衝突，很容易一言不合，或是孩子常常封閉自己，當父母開始做一些調整，開始多關心孩子時，會發現，孩子會減少跟你的頂嘴；會漸漸地比較願意跟你待在同一個空間裡；或是表情與肢體會稍微放鬆一點；甚至一邊耍賴鬧脾氣，表情卻是很開心的。**而這些小細節是需要父母睜大眼睛去觀察的。**

當父母透過孩子的表情與反應，感受到孩子其實是喜歡自己的調整時，父母也會更有信心的繼續往這個方向調整下去。

♥心理師與孩子的暖心互動

有的父母會擔心：「孩子明明就有做錯的地方，我沒有去糾正他，還去對他那麼好，那他之後出了社會，不就很容易碰壁？甚至變成危害社會的人？」所以父母會急著管教，而跳過了前面的情感連結、培養依附關係的這個階段。

在阿德勒正向教養裡有一句名言叫做：「Connection before Correction」，翻譯成中文就是：「在糾正孩子之前，要先跟孩子保持連結」，或是我自己用更本土化的翻譯，我們老祖宗有一句俗諺是：「有關係，就沒關係」，其實都是一樣的道理。

你有沒有一種經驗：同樣一句話，不同人講，就有不同的效果？

如果是討厭的人，就算他講的內容是對的，但你也會很想摀起耳朵、逃離現場。如果是好姐妹或好兄弟跟你說，就算開你玩笑、揶揄你：「你真的白痴欸！」你都覺得他是站在你這邊的。

在我們做心理諮商的過程中也是如此，常常有人跟我說：「這些道理我平常就有跟他講過，不知道為什麼心理師你跟他說，他就特別容易聽得進去。」

其實並不是我們講話特別厲害，而是我們講話會「挑對時機講」。有些話我知道我們「關係還不夠」，就算說了，他也聽不進去；反過來，如果信任感夠了，即使心理師講得比較直接或有些不客氣的話，對來諮詢的人也會感覺心理師是在幫助自己的。

回到跟孩子的相處上，其實依附關係平時需要花時間去好好經營，能夠讓孩子感覺到，父母是願意聽孩子分享他的開心與困境，能夠在他有需要的時候，適時提供幫助，孩子才會覺得「你是站在我這邊的」。

所以當父母要拿出比較嚴格、有規範、甚至糾正孩子不對地方時，孩子也比較願意接受。甚至父母直接跟孩子說：「你知道嗎？媽媽不喜歡你亂打人，因為那也會讓我好受傷。但媽媽還是愛你的。」這時在孩子心中也會產生信任感，認為：「雖然我的行為被糾正了，但我還是一個很棒、值得被愛的孩子。」而父母的管教，也才會變得更加容易。

父母反思小練習

你平時就跟孩子建立好依附關係嗎？還是你會急著管教，而跳過了前面的情感連結、培養依附關係的這個階段。其實，教養不能急，必須一步一步來，才不會破壞了親子之間的情感。以下有四個練習題，幫助身為父母的你，開始回想平時是如何跟孩子建立安全而美好的依附關係。

一、上一次你跟孩子處得很愉快是什麼時候？

二、你最常「給愛」的方式是什麼？例如：煮東西、陪孩子玩……等等。而孩子可以感受到嗎？

三、孩子最能「感受到愛」的方式又是什麼？例如：擁抱、陪他玩球、睡前故事。

四、邀請孩子做一件，你們雙方都覺得很愉悅、滿足的事情。

（可以做之前做過的開心事，或是可以詢問並參考孩子的意見。）

07 摸清孩子的天生氣質，找「對」方法帶孩子

孩子很難帶？說不一定是你沒有發現孩子的「天生氣質」。只要搞清楚孩子不同的天生氣質進而因材施教，找到適當的方法對待孩子時，相信磨娘精也會變成小甜心。

何謂「天生氣質」？

小玲跟小萍是姊妹，雖然兩人只相差一歲，長相也很相似，但兩個人的個性卻截然不同。

小玲從一出生，體型就特別壯碩，連醫生都說，小玲的哭聲比其他嬰兒還要響亮。小玲的情緒起伏像龍捲風一樣，一件小事情不開心，馬上「哇！」地一聲就大哭起來。但是一旦滿足了，臉上滿足的笑容，卻也讓人的心馬上融化。對於小玲想要做的事情，總是馬上即知即行，甚至到有點莽撞的程度；但小玲對於搞砸了什麼事情，好像也不是太在意，好像每天都是新的一天。小玲這種敢愛、敢恨的性格，讓人感覺像是個現代版的俠女。

而小萍則跟他的姐姐大不相同，小萍大多數的時間看起來總是安安靜靜地，如果不特別注意，有時會忘記她就站在旁邊的那種安靜。小萍個性不像姊姊一樣冒失，從很小的時候，就可

以獨自畫畫、拼拼圖，度過一整個下午。有時候問小萍在想什麼，她總會想很久才擠出一點點的回應，但是仔細看進那雙圓滾滾的眼睛，咕碌咕碌地轉著，像湖裡的星星閃亮著，彷彿藏了很多心思。

小玲跟小萍的差異，讓爸媽常常摸不著頭緒地想：這兩個孩子不都是在我們家長大的嗎？怎麼會差那麼多？

關於小玲與小萍的差異，在心理學上，稱之為孩子的「天生氣質」。而這裡所說的「氣質」，並不是指要像公主般優雅的那種氣質，而是一個人先天的人格特質，包含內向、外向、勇敢、堅持、易感等等。

由美國成人精神醫生湯姆斯（Alexander Thomas）和兒童心智醫生闕斯（Stella Chess）所提出的「氣質理論」，將嬰幼兒特性分為下列九大氣質表現：活動量、規律性、注意力分散度、趨避性、堅持性、反應閥、適應性、反應強度、情緒本質。

一、活動量

這裡是指孩子在全天活動中，所表現的動作節奏快慢與活動頻率多寡。

一般來說，活動量太大的孩子，則像是個精力過剩的小猴子、停不下來的陀螺，如果沒有適當的引導，很容易出亂子或干擾到別人。而這樣的孩子需要讓他花時間去培養穩定且安全的運動習慣，以宣洩孩子的精力。

另外，也有像我自己一樣，是個活動量比較低的孩子，從小白淨瘦弱，也體弱多病，甚至三不五時就要跑醫院打點滴，這是因為天生活動量低，再加上後天又沒有養成讓我活動機會所導致。

二、規律性

這是指孩子的生理機能、睡眠、清醒時間、飢餓與食量的規律性。

我曾聽說有一位媽媽，可能是抽到老天爺的好籤。一般新生兒總需要半年或一年的時間，才能夠慢慢地將作息穩定下來，但這位媽媽的孩子，完全就是好吃、好睡、好生養：不但進食量穩定，不會過多或過少，睡覺也睡得安穩、很少醒來，才兩個月大，幾乎就可以一覺到天亮，讓很多曾為人父人母的爸媽們都非常羨慕。

三、注意力分散度

這是指孩子是否容易受到外界刺激的干擾，而改變他正在進行的活動。

注意力不容易被分散的孩子，是比較能夠適應現在「唯有讀書高」的教育大環境。像我自己本身就是屬於比較能專心的孩子，所以從小開始，只要專心做一件事情，很容易會忘記周遭環境的人、事、物，甚至有人走到我面前，我都還沒發現；反之，注意力容易分散的孩子，則會比較難適應現在教育環境。

但我特別強調，注意力比較容易分散的孩子，不是不好，而是不適應現代社會的環境，也就是被放錯了地方。但找到他們專長，放對地方，也會有好成就。

像是有心理研究機構就稱「注意力不足過動症（Attention Deficit Hyperactivity Disorder，ADHD）」的孩子為「獵人」，因為把他們放到大自然裡去打獵，憑著短期且高度敏銳的專注力，能隨時注意到獵物或者狩獵者是否在附近，任何風吹草動都逃不過孩子的獵人之眼，因此孩子的不專注反而有利於在大自然的生存。拿了22面奧運金牌的游泳名將「飛魚」菲爾普斯也是過動症的孩子，卻選擇把過動的精力運用在體育競賽上，得到亮眼的成績。

順帶一提，很多父母常問：要怎麼訓練孩子的專心？**有個重要的觀念是，孩子的專心不是「訓練」出來的，而是「維護」出來的。**

當孩子很入神地在玩玩具時，就是一種專心的練習。但很多父母則會打斷孩子說：「不要再玩玩具了，趕快去寫作業。」雖然是個合理的提醒，卻也中止了孩子練習「專心做一件事情」的絕佳機會。

這也是為什麼現代的孩子總是無法專心，甚至被診斷有注意力不集中症候群的情況，那是因為現在的電子產品太過氾濫，過度的聲光刺激反而讓孩子無法練習「專心」在書本等這類相對無聊的事情上。

我也常常在觀光景點看到很多意猶未盡的孩子被很急的父母催趕著。例如在動物園，孩子明明還想看某個動物，父母趕進度般地跟孩子說：「好了、好了，獅子已經看得夠久了，你不是還要看長頸鹿嗎？」

因此，我會建議父母，如果孩子要看，父母就在旁邊等待著，做自己的事、聊天，也欣賞一下路邊風景，當孩子欣賞「夠了」，自然會說：「我要去下一個地方」。即便動物園「沒看完」那又如何？不打斷孩子專心看獅子的那段時間，正是維護孩子訓練「專心」這件事的最佳課程。

我曾針對比較容易分心的孩子家長一個建議，在孩子做功課的時候，避免開電視、講話，保留一個不被打擾的小地方，減少外在環境的干擾與刺激，對孩子的專心訓練會很有幫助。

四、趨避性

這指孩子初次接觸人、食物、情況或場所等新刺激時，所表現出接受或是退縮的態度。比較願意接受新刺激的孩子，可能會像個好奇寶寶似的，整個世界就像是個大樂園。如果父母能欣賞孩子這樣的特質，並持續培養，其實能成為一個觀察力與創造力十足的小小科學家或藝術家。

反過來說，如果比較偏向退縮的孩子，例如不太願意嘗試沒吃過的食物，或不願意接觸新環境或認識新朋友，父母則需要花更多的時間幫助孩子建立安全感。

像我就是個比較容易退縮的孩子，印象很深刻是第一次去游泳池，當我全身上下只穿著一條泳褲，躲在媽媽後面，卻被爸爸硬推出去說：「這有什麼好怕的？快去玩啊！」當下我壓力非常大，且有種羞愧的感覺。因為我還沒準備好面對那麼多新的刺激：陌生的環境、沒穿衣服的感覺、對水的恐懼等等。如果當時有個大人能在我身邊溫柔地說：「沒關係，慢慢來。你想嘗試的時候再去試試看就好，我會在這裡陪你。」我想我會放心許多。

五、堅持性

指孩子正在或想要做某些事情時，若遭遇困難、障礙或挫折，仍繼續維持原活動的傾向。

堅持度低的孩子，一遇到困難很容易就放棄，例如積木拼到一半，不知道怎麼繼續拼下去，就把玩具丟在一邊、放棄玩下去。因此常常會讓父母有種「怎麼總是半途而廢」的感覺。但這樣的孩子，若換個方向思考，如果不是因為挫敗而放棄，其實有時候「能收能放」的彈性度，反而可以讓他過得挺自在的。

至於堅持度高的孩子，正向思考是有恆心及毅力，但反面思考就是我們俗稱的「固執」。尤其是父母如果也跟著孩子陷入固執：「現在就把玩具收起來，馬上去洗澡，沒有第二句話！」親子關係有時候就會像兩塊木板，硬碰硬之下，啪擦一聲折斷，造成兩敗俱傷。

而這也是在面對有自閉症傾向特質的孩子時，很多父母最辛苦的地方。但若運用得當，並在經歷大量的痛苦與失敗中，仍舊「不輕言放棄」，或許自閉症傾向的孩子也能夠成為出色的科學家、運動員等出色的人才。

六、反應閥

是指引起孩子反應所需要的刺激量，包括視、聽、味、嗅、觸及社會覺察（即察言觀色的能力）。

反應閥低的孩子，用白話來說，就是比較「敏感」，對於一些小事，常常會比其他孩子來得容易有反應。

例如我外甥也算是高敏感型的孩子，所以我姐姐把衣服買回來，第一件事情就是把後領的標籤剪下，否則標籤邊邊的縫線，常常會刺得孩子一整天都很不舒服，甚至連帶情緒也會變得很糟糕。

其實大人也是，許多人常常會因為晴天、雨天的天氣變化，或是在公車上太過擁擠，就影響一整天的心情。如果無法接受這就是孩子或自己的特質，不只不能「保護」自己，幫自己的心情做調整，反而還需要壓抑自己不舒服的感受，就會變得格外辛苦。

有一本書叫做《孩子，你的敏感我都懂》，就是在說明「高敏感型孩子」的特質，以及如何與這樣的孩子相處。如果引導得當，也能夠成為出色的藝術家、創作者或同理心高的關懷者。

反過來說，反應閥太高的人，大概是一般人說的「神經大條」，比較不容易對一件事情有感覺、反應。所以父母就要花時間多培養孩子察言觀色的能力，時時提醒孩子：「你看，爸爸的表情是不是有點累呢？」

七、適應性

是指孩子適應新的人、事情、情況或場所難易的程度。

一般適應度低的孩子在建立新的習慣、適應新的環境及團體生活都較困難。例如上學的第一天，會有很多不適應的情緒，讓孩子比較慢融入群體。因此父母要多花一些心力，幫助孩子營造面對新環境的正向經驗，並對孩子多一些耐性。

八、反應強度

是指孩子對於內在或外在刺激所產生的反應激烈程度。

反應度強大的孩子，在高興時會大叫大跳，生氣或難過時會大哭大鬧，常讓父母受不了。這時候**父母需要做的功課是：「畫出情緒界線」**，知道孩子有很大的情緒反應，但也不要被孩子的情緒帶著走或影響，要知道：那只是孩子表達的方式，並耐心地去傾聽孩子情緒背後的需求即可。

如果當父母能夠讓孩子感覺到自己的情緒或需求也被父母理解與接納，再加上適當的引導，久而久之，孩子也比較能做出合宜的表達。

像我就是個反應強度小的孩子，很多時候，我常常覺得我內心已經波濤洶湧，但我表現出來或許只是輕輕地眉頭一皺，如果對方比較不經心，可能會以為只是小事一件。因此我也常常覺得自己的需求與意見，被其他人忽略。但事實上很有可能是我的反應強度太小，讓大家不知道其實我很在意這件事情。而面對像我這樣反應強度小的孩子，應該鼓勵孩子多表達自己的感受，避免他一個人獨自承受過多的壓力，甚至用錯誤的方法解決問題。

九、情緒本質

孩子在一天清醒的時刻中，所表現快樂、友善、和樂等正向情緒和不快樂、害怕等負面情緒表現的比例。

笑嘻嘻的孩子比較容易討人喜愛，也是我們俗稱的「樂天派」，也有些孩子的情緒基調常常是比較灰暗的，所以像我就常被很多人說：「不笑的時候看起來臉很臭，心情很不好。」

而父母在面對情緒本質比較負向的孩子，有兩件重要的事情：第一，是可以多幫孩子多創造一些正向的情緒經驗；第二，更要提醒自己接納與理解孩子的負向情緒。當負向情緒被接納時，孩子比較能學習到如何照顧自己的情緒。

了解孩子「天生氣質」，把力氣花在對的地方

為什麼要花這麼多的心力，去談孩子的天生氣質呢？有二個重點：第一想提醒父母：帶孩子很辛苦，有時不是父母的問題，而是孩子天生氣質的關係。第二因為知道孩子的「不同」，所以父母更需要因材施教。

父母不自責，有助引導孩子成長

上面提到那個兩個月大，就可以睡得香甜的孩子，如果父母看到別人家的孩子竟然那麼「好養」，有的父母會回過頭懷疑自己：「是不是我哪裡做錯了？讓我的孩子現在還是每天都睡不好。」

又或者是反應強度比較大、反應閾低、持續度又很高，簡稱「磨娘精型」的孩子，常常會因為一點小事就在公眾場合不受控的大吼大叫，甚至一哭鬧就半小時以上，這時父母固然頭痛，但如果再加上自責所以想著：「天呀，這真是太丟臉了。」反而容易對孩子做出更強力的斥責，有時會讓事情適得其反。

若能夠知道：「孩子的確是比較敏感一點，我只要耐著性子引導孩子，甚至跟其他人說

明解釋，一切都能迎刃而解的。」事情也會慢慢好轉的。

知道孩子的「不同」，父母才能「因材施教」

很多父母看到這裡，心裡說不定會想：「天呀，孩子好不好帶，豈不是要燒香拜拜看運氣？」的確，孩子的天生氣質不是我們能夠決定的，但是如果能夠適當引導，劣勢也能夠變成優點。

例如敏感的孩子，很容易被引發不舒服，因此能夠適當減少環境刺激，讓孩子循序漸進地適應新環境，時常預先告知：「等等我們會到一個外婆家喔！會有很多人跟你打招呼，如果你覺得很緊張的話，跟媽媽說，媽媽會陪你。」透過這樣的方式，多幫忙孩子建立安全感。這樣的孩子一開始雖然辛苦，但長大卻也能夠因為他的敏感，變成一個非常貼心父母的孩子，或者在他的專長領域上大放異彩的人。

所以請父母親轉個念，危機就是轉機。如果你遇到了一個很難帶的孩子，通常他對於外在世界的刺激，反應與敏感度都會比較大，因此我常跟父母說，說不定你正在培養一個會大放異彩的明日之星。

只要去讀那些偉人傳記的書，會發現偉人們也都是在求學時期，最令父母與老師頭痛的

「麻煩」。當你試著順應著孩子不同的天生氣質而因材施教，找到適當的方法對待孩子時，磨娘精也會變成小甜心。

08 如何培養孩子的勇氣，提昇自我價值

你覺得你的孩子缺乏自信、無法肯定自己嗎？要如何培養孩子的自信心呢？以及面對未來挫折的勇氣呢？我歸納出下面四個方向：與孩子建立合作關係、用正確的方式鼓勵、貼近事實的平實回饋、讓孩子從「外在肯定」轉為「自我肯定」。

四大方向，培養孩子擁有承擔挫折的勇氣及自信心

我從事心理諮商工作這幾年來，發覺人一生中所追求的，不外乎是兩件事情：「歸屬感」、「價值感」。

而我認為，自我價值是一個人的根本，因為：**人生不可能沒有困境，而擁有自我價值感的孩子，才擁有承擔挫折的資本，擁有面對困境與挑戰的勇氣與基石。**

阿德勒心理學說：「問題最大的孩子，往往是最挫折的孩子。」孩子會用一些令我們匪夷所思、摸不著頭緒的方式來面對問題，保護與維持自己的優越感，往往是因為他沒有面對挫敗的勇氣。

如果要讓孩子以正向、積極的發展模式來克服自卑感，而不是採用問題行為，最重要的方法就是提昇孩子的自信。用阿德勒心理學的語言來說，就是要培養孩子的「勇氣」。

但是要如何培養孩子的勇氣呢？我歸納出下面四個方向：與孩子建立「合作」關係、用正確的方式鼓勵、貼近事實的平實回饋、讓孩子從「外在肯定」轉為「自我肯定」。

方向一：與孩子建立「合作」關係

培養勇氣的先決條件，是必須要先跟孩子建立起合作關係。

合作關係是什麼意思？孩子從一出生，就必須學習與母親建立起合作關係：孩子需要透過他的嘴巴、手，來尋找媽媽乳頭的位置，孩子也需要施適當的力，才能夠喝到奶水。

我記得有一次，三歲的外甥說他要「按電梯的按鈕」，但是他身高不夠，所以要我幫忙。那時候我就抱起他的身體，讓他按下那個按鈕。當我們完成這項任務的時候，我們雙方都很開心。

而這就是一種合作關係。

再長大一點，父母會需要開始跟孩子對話、規範孩子、跟孩子連結、讓孩子感覺到媽媽的關注與理解，而這種一來一往的對話都可以算是一種合作關係。

簡單來說，合作關係的意思就是，父母跟孩子雙方要能夠感覺到彼此是有連結的、彼此是關心的，最直白的方式就是要讓孩子能感受到「我們是同一陣營的」，我們是一起努力的「隊友」。

但父母要跟孩子合作的首要原則，就是讓孩子能夠感覺到「自己是安全的」。而**這個安全感怎麼來？就是不讓孩子感覺到自己被大人的眼光所武斷評價，並且是會願意接納孩子的。**在整個過程中，大人是帶著尊重的態度與孩子溝通的。

而什麼是接納、尊重？

接納孩子

接納就是「不帶評價」地去認識孩子。

而「理解」其實就是一種接納。例如：哥哥在跟弟弟搶玩具的時候，打了弟弟一下，媽媽可以跟哥哥說：「我知道你現在很生氣，因為弟弟搶你的玩具，所以你打他一下，想讓他知道你有多生氣。」讓孩子感覺到他的情緒與動機有被理解，被接納。

另一種接納的方式，也可以用講故事或自我揭露的方式。例如父母可以對孩子說：「你知道嗎？爸爸第一次棒球比賽打輸的時候，跟你一樣，那個時候我也好難過、好自責。」這非常有助於孩子能夠對於自己犯的錯不會過度羞愧，感覺自己不是被評價的。

其中很重要的一件事情是：**「接納孩子的情緒，不代表認同孩子的行為。」**而如何接納情緒同時引導孩子正確行為的部分，在之後的「09如何建立規矩及界線，培養孩子責任感」、「10提高孩子挫折容忍度，從困境中學習成長」及「11了解情緒的引發及運作，才能跟孩子好好溝通」章節裡會提到。但父母必須先帶著「接納孩子情緒」的心態去面對孩子，孩子才願意對你敞開心胸。

尊重孩子

而「尊重」的意思是，父母也把孩子當成是一個「有尊嚴」的個體對待，因此父母親不該說出傷人的話，例如：我們家沒你這個孩子、生你不如生一頭豬等負面情緒話語。如果你不確定自己的話有沒有問題，**最好的判斷標準就是先問你自己：「你會對於一個你尊重的成年人說這些話嗎？」如果不會的話，那就不該對孩子這樣說。**

尊重不是放任，而是隱含著父母對孩子的「信任」。即便孩子的思考與認知能力可能沒有成年人來得好，但父母仍舊要信任孩子是一個獨立、有思考能力的個體來對待。因此我常問孩子：「那你是怎麼想的呢？」而我是真的很好奇，在他小小的腦袋裡頭，他是怎麼看這件事情的。

當我要給孩子建議之前，通常也會跟孩子說：「我有一個想法，你想聽聽看嗎？」以平待的口吻分享我的想法，而非拿出權威，要孩子「一定」要聽我的話。孩子當然也可以拒絕聽我的意見，或者在聽完之後決定用他自己的方式處理，而我也不會因為孩子不願意聽我說話而受傷，因為他可以自由地決定是否要接受。

當然，孩子需要被尊重，父母也需要同等地被尊重。

有些孩子會做出對父母親不尊重、不禮貌的事情，例如辱罵或打父母的時候，父母可以說：「你剛剛罵我，我覺得很受傷、生氣，我認為你不該這樣對我。」甚至直接離開現場，停止繼續接受孩子的人身攻擊或辱罵。因為當孩子無法尊重父母的時候，如果一時之間**父母無法改變孩子的行為，至少需要先尊重自己，清楚表達自己感受或離開現場，最起碼要讓孩子知道，即便是自己的父母也是值得被好好尊重的。**

當一個孩子被尊重以及接納的態度所對待時，就能夠從中學習到「我是一個有價值、值得被好好對待」的個體，便是踏入提昇自我價值的第一步了。

方向二：用正確的方式鼓勵孩子，培養面對挫折的勇氣

當父母可以跟孩子建立起合作關係的時候，我們就可以協助培養孩子面對挫折的勇氣，而最好的方式，就是透過「鼓勵」。

很多父母認為，要培養孩子的自尊或自信心，就是要一直稱讚孩子。例如在生活中常聽見的：只要你多努力，下次一定可以的、這次歷史考了九十分，你很聰明，數學分數一定也可以的……這類看似正向且鼓勵的話語。

但是我必須說，有時候**錯誤的肯定，反而會讓孩子更沒有信心！**接著，我會針對幾個鼓勵的重點提醒，協助父母釐清重要觀念。不過，在開始釐清觀念之前，我先跟大家分享一個心理學實驗。

鼓勵與稱讚的差異性

史丹佛大學著名發展心理學家卡羅爾・德韋克（Carol S. Dweck）[2]，針對紐約二十所學校四百名的國小五年級學生做了長期的研究，發現「稱讚」與「鼓勵」有巨大的差異。研究者隨機將孩子分為兩組，一組孩子得到的是一句關於智商的誇獎，即表揚，稱之為「稱讚組」。

另外一組孩子得到是一句關於努力的誇獎，即為「鼓勵組」。並在實驗設計中，只會給「一句話」的回應，因為研究者認為孩子對這兩者個反應是非常敏感的，因此一句話就能看到明顯效果。

整個實驗分為四輪測驗，分別如下：

第一輪測驗：給孩子非常簡單的智力拼圖測驗，幾乎所有孩子都能出色地完成測驗。測驗結束後，會告訴孩子分數，並且附上一句稱讚或鼓勵的話。

①稱讚組：你在拼圖方面很有天分，你很聰明！

②鼓勵組：你剛才一定很努力，所以你表現得很好！

第二輪測驗：有兩種不同難度的測試可以讓孩子選擇。他們可以自由選擇透過更多的學習以通過困難的測驗，以及跟類似上一輪測驗的簡單測驗。

①稱讚組：大多數的孩子選擇了簡單的測驗。

②鼓勵組：90%的孩子選擇了困難的測驗。

第三輪測驗：這次沒有選擇，而是給這群國小五年級的孩子大約「國中一年級程度」的考題，面對這些高於自己程度的題目，大多數的孩子都失敗了。這是實驗者故意在這輪測驗中，給孩子遭遇挫折。但先前得到不同誇獎的孩子們，卻對失敗產生了差異巨大的反應，尤其是那些先前被誇獎努力的鼓勵組孩子們，認為失敗是因為他們不夠努力。

第四輪測驗：到了第四輪時，研究人員再給孩子跟第一輪的測驗一樣簡單的題目。這時發現：

①稱讚組：分數退步了20％。

②鼓勵組：分數提高了30％。

為什麼會有這樣的差異性呢？難道在第四輪測驗裡，「稱讚組」的小朋友，能力突然變差了嗎？

當然不是。

對於鼓勵組的孩子而言，他們會認為自己的失敗是因為自己不夠努力，雖然在第三輪測驗感覺挫敗，但他們反而會願意花力氣去努力。

而對稱讚組的孩子，他們的信心是建築在別人的稱讚上，也更容易在遇到挫折的時候，感受到更大的打擊。同時他們也會認為，失敗代表的是自己不夠聰明，因此認為「成功並非在自己的掌控之中，面對失敗，我是束手無策的。」

事後研究者對孩子訪談，也會發現稱讚組的孩子，也會更看輕「努力」的重要，甚至認為努力是愚蠢的，等於向大家承認自己不夠聰明。

鼓勵比稱讚更有效果

看完上述的實驗，回過頭來談「肯定」這件事情。「肯定」簡單可以分成兩種：一種是鼓勵，一種是稱讚。

「鼓勵」是以信任的態度，讓孩子憑藉自己的努力，負責任地解決問題，並且針對孩子努力的過程，給予看見以及肯定；而這樣的看見，是不論結果好壞。鼓勵會讓孩子更有勇氣，去接受「不論成功或失敗，都會願意投入與付出。」

舉例來說，鼓勵就是對孩子說：「我看到你這次考試，真的非常用心地在準備。」在家事上也可對孩子說：「謝謝你想幫媽媽拖地，我覺得你是個很貼心的孩子。」

「稱讚」指的是：針對孩子的「表現與結果」去肯定，讓孩子知道他某些事情做得很好。稱讚使用得當，同樣也能讓孩子感覺到被鼓舞的力量。例如：你這次段考，考了第三名，表現得很不錯、你幫媽媽拖地拖得很乾淨唷！

但是這兩者相較起來，**鼓勵會比稱讚更能夠培養孩子「面對挫折的勇氣」**。

人生中不可能沒有挫折與失敗，而我們也常常在挫折中學習與成長。因此鼓勵所傳達出一個概念是：「不論結果是成功或失敗，我們都可以繼續地往前、犯錯。因為我在過程中的努力，就已經是一件值得被肯定的事情了。」

而稱讚的確可以在「孩子真的做到了某些事情」的時候，讓他知道自己的表現很棒，並為自己的表現擁有成就感，甚至產生一種想要變得更好的卓越感。

錯誤的稱讚跟責罵一樣危險

然而稱讚卻有一個風險是，隱含著一種「上對下的權力不平等」關係，也容易讓孩子上癮，會讓孩子依賴別人的評價與稱讚而活。尤其在生活中，如果只有稱讚而沒有鼓勵的話，就會讓孩子有一種「難道我只有表現好的時候，才會被讚美、被肯定」的隱憂。

所以有些一路走來總是第一志願的孩子，平時挫敗的經驗少，又得到太多稱讚，常常聽到：「哇！考試成績那麼好，很優秀喔！」這種話，他們會很容易認為「那如果我表現不好的時候，我會不會讓人失望？我會不會變成是一個不好、沒有價值、不被喜歡的人？」**稱讚跟責罵一樣危險，因為會讓孩子的自我價值，完全依賴於其他人的評價身上，隨之起起伏伏。**

比較一下責罵與鼓勵的差異：想像一下，如果你是個成績差勁的孩子，A 老師告訴你：「你怎麼那麼笨！連這都不會！」而 B 老師告訴你：「你好像不是很滿意這次的成績，但我發現你其實一直很努力嘗試呢！」哪一個老師會讓你比較願意繼續念書？我相信大多數的人都會選擇後者。

再比較一下鼓勵與稱讚：如果當你考試考了一個不錯的成績，A老師告訴你：「天啊，你真的是太厲害了，我就說你很聰明，我相信下次你就可以考上第一名的！」另一位B老師說：「我看見你在這次考試上，花了很多時間、很努力地在準備考試！看起來你的努力有成果唷～」同樣都是肯定，你會覺得哪一位老師會讓你感覺到比較大的壓力？而哪一位老師會讓你更願意「自動自發」地繼續念書呢？

如果我是孩子，A老師的回應，會讓我很害怕我下次考不上第一名，會擔心我下次會不會讓老師失望；但B老師的回應，會讓我有種被看見、被支持，下次願意繼續努力的動力，而且我會感覺這個努力是為了實現我自己的目標，而不是滿足老師的期待。

錯誤以及過多的稱讚，反而會讓孩子缺乏勇氣，甚至會變成一種「討好症」，不斷地渴望父母的肯定與看見，更在會孩子失敗的時候大受打擊。因為孩子期待自己「一直在那麼被誇獎的位置」，無法接受那個「可能失敗」的自己。**而正確的鼓勵，背後隱含著一種「相信」的態度，會讓孩子更有勇氣，儘管遭遇挫折，仍願意繼續努力。**

方向三：貼近事實的平實回饋

不只要區分鼓勵與稱讚，我發現很多父母的稱讚，會變成太過戲劇化，例如明明只是吃下一小口飯，就大力地稱讚：「天呀，我的寶貝！我就知道你一定做得到！」這不只沒辦法增進孩子的自信與勇氣，反而會讓孩子更沒有信心。

因為孩子在父母誇獎的當下會產生一種困惑：「我真的有像你說的那麼好嗎？」那會形成「父母的表達」跟「孩子對自己的認知」這兩者之間，有一個很大的落差，也會讓孩子找不到標準去判斷自己的好壞，反而無所適從地產生一種莫名的不安感。

此外，如果孩子在這樣過度誇獎的環境久了，也會面臨兩個風險：一個是孩子會誤認為，只有這麼強烈的稱讚，才算是「好」。那會像是吸毒一樣，對於稱讚會愈來愈沒有感覺，也會愈來愈依賴這種高強度的稱讚。

另一個風險則是當孩子離開家中，到了學校、出了社會後，因為得不到孩子心中設下的強烈稱讚標準，而很容易感覺到挫敗，甚至會不敢去嘗試，因而讓他更沒有自信。

也有一種父母是，當孩子說：「我覺得我很笨、我什麼都不會」的時候，父母急著想安慰孩子說：「不會啊！我覺得你很聰明，只要再努力一點，下次一定可以考好的！」這同樣會讓孩子困惑：「我覺得我很笨，感覺很挫折，可是媽媽說我很聰明，那我感覺到的是什麼？」這會讓孩子更不容易相信自己的感覺，甚至變得更沒有信心。

因此我建議父母的稱讚與鼓勵，不需要戲劇化，只需要簡單、平實地回應，甚至可以盡量貼近事實地描述，那反而會更有力道。例如：「謝謝你今天自己把衣服拿去丟洗衣機」、「你這次名次進步五名呢！」這樣簡單地回應，將功勞歸功於孩子即可。

方向四：從「外在肯定」到「自我肯定」

父母的鼓勵是重要的，但我認為以長期目標而言，更重要的是，如何讓孩子從父母或社會的「外在肯定」，轉為孩子對自己的「自我肯定」。

一開始，**如果父母想要讓孩子學習自我肯定的話，可以多問孩子：「你是怎麼做到的？」**或者讓孩子說說看：「你今天願意把玩具讓給弟弟（描述客觀事實），你是怎麼想的？」創造出一個空間，讓孩子成為鼓勵、肯定自己的那個人。

重點不在於，孩子真的也要非常「正向」地講出那些肯定自己的話，只是讓孩子有一個空間與機會，開啟對自己的欣賞眼光。

更重要的是，要培養孩子的自尊與自我肯定的能量來源，不是從父母或他人身上得到，不是從事情的成敗之中證明，而是透過孩子自己對自己的評價所得到。這樣子孩子在長大成人之後，才能夠在面對挫敗，面對其他人對自己不公平的負面評價時，能夠有屬於自己的一套判斷準則。

♥心理師與孩子的暖心互動

容我再多說一點：我認為能夠練習從「外在肯定」變成「自我肯定」，是一件非常非常重要的事情。這件事情也是從我跟成人心理諮商的過程中發現的。

我發現絕大多數前來諮商者的心理困擾，源自於他們缺乏自信、無法肯定自己。而這些缺乏自信的人，有很大一部分，其外在的客觀表現，並不是太差的，但是他們還是缺乏自信，為什麼呢？

因為很多人，他們的自我價值、自信，是建立在像是成績、權威者對自己的評價、同儕的看法之上等這些外在的標準上。所以即便他們這次成績考好了，他們也不敢相信自己下次一樣會考好。他們這次被稱讚了很開心，但因為依賴著父母或權威者的評價，所以當下次又被評價為不好的時候，打擊是更大的！

而這也會讓長期依賴權威者評價的孩子、讓那些從小常被說「好乖、好聽話」的孩子，為了一直得到權威者的肯定，而變得不敢犯錯。

在長大之後，可能因為老師、老闆、其他人的一句話，而完全崩潰。也看見很多建中、台大等第一志願的孩子，最後因為承受不了打擊而結束自己的生命。他們不是太脆弱，而是因為其價值感，完全「只」綁在這些外在評價與表現上。

因此，如果身為父母的你希望孩子在未來遇到挫折、打擊的時候，仍舊能夠挺得住這些困難。那麼我**鼓勵父母，從現在開始，就要減少孩子對你評價的依賴**，讓孩子練習「自己去評價自己、欣賞自己、肯定自己」，找到孩子自己內心的標準。

2 卡羅爾・德韋克（Carol S. Dweck）是史丹佛大學心理學教授、國際心理學的頂尖學者，以超過四十年的時間，研究自我概念如何影響人類的行動，並提出「成長型思維」，表示人類具備透過大腦學習及解決問題的能力。

父母反思小練習

正確地鼓勵孩子，是培養孩子自我價值的基石。但是鼓勵的方法，千萬不要變成是一種技巧，而是要回到「被鼓勵時的感受與體驗」。因此透過以下的反思小練習，看一看「鼓勵」對孩子跟你帶來的影響吧！

一、對孩子試試看鼓勵與稱讚的肯定話語：

1. 邀請父母回想一下，當你「責罵」孩子 vs.「稱讚」孩子 vs.「鼓勵」孩子，所造成的效果，有什麼不同？

2. 在生活中，找一件非常簡單的小事情，去「鼓勵」孩子：也就是告訴孩子，你看見他在什麼地方很「努力」（重視過程，而非結果），觀察一下孩子的反應有什麼不同？

二、在我生命中的鼓勵：

1. 請父母們您試著回想一下：「在你生命中，有『誰』深刻地懂你、相信你、陪伴你、鼓勵你，讓你更有力量去度過生命中的難關？讓你願意繼續在這一條辛苦的路上努力著？」並請把這樣的經驗寫下來。

2. 如果有的話，而你也喜歡這種被信任、被鼓勵的感覺嗎？為什麼？

3. 如何落實自己把哪份被信任、被鼓勵感覺，傳給孩子身上，並當做「去懂、去相信、去支持孩子的父母」呢？

09

如何建立規矩及界線，培養孩子責任感

孩子總是說得到、做不到？或是很沒規矩？老是要爸媽在後面收爛攤子？甚至沒有責任感？在指責孩子前，先來想想父母真的「放手」讓孩子承擔自己行為的後果嗎？

「自然後果」與「邏輯後果」對孩子的影響

很多父母都會跟我抱怨，孩子常常很沒有規矩，總是說得到、做不到；很多事情都要父母代勞，永遠都像個長不大的孩子一樣，令人擔心。而這些無法負責任的孩子，往往有一個幫孩子幫得很勤勞的父母。

要讓孩子開始為自己負責，就必須介紹「自然後果」與「邏輯後果」這兩個非常重要且好用的基本觀念。因為，這能夠幫助孩子學會紀律、自我控制的能力，最後則是談到父母怎麼拉起跟孩子的「界線」。

講求道家無為而治的「自然後果」

自然後果指的是：「讓孩子自己承擔自己的行為所帶來的後果。」而孩子可以自然地學到行為與後果之間的關聯，進而為自己的行為負起責任。

舉例來說：「因為貪玩，晚餐吃得很少，晚上會肚子餓」、「功課沒寫完，隔天會被老師責罵」、「沒有念書，成績會比較差，甚至被同學笑」、「沒有好好注意保暖，因而感冒了」……等等。

孩子會因為不想要自己行為帶來的負向結果，因而自動改善自己的行為。父母也不需要花太多額外的時間與力氣與孩子戰爭，改變孩子的行為。

但是，現實社會中，卻有不少父母跳出來幫孩子承擔、解決了孩子的問題，孩子就學不到怎麼去承擔責任。例如父母嘴巴念著：「房間怎麼那麼亂」，但手還是停不下來地幫忙孩子整理房間；嘴巴念著：「怎麼總是忘東忘西」，但每一次在孩子忘記帶便當盒時，還是會大老遠地把東西送到學校。

父母不論前面講出多麼嚴厲的話，都不敵最後隨手幫孩子解決問題。於是，孩子學到的是：「反正我不用為自己負責，自然有人會幫我處理。」

而父母幫孩子擦屁股、收拾爛攤子，會讓孩子沒辦法為自己的行為承擔起責任。父母的懲罰、責罵，也會「抵消」孩子在自然後果上的效果。因為，在孩子心中以為：「我接受了懲罰，就『負責』了。」

我在學校看到常被懲罰、記過的孩子往往會有一種態度就是：「反正這件事情是我的錯，給你記過後，就不要再跟我囉嗦了！」便是指這個道理。

而這種「不過多介入」的父母看似做得少，但實際上卻大有成效，很像傳統道家所提到的「無為而治」。

因此，在自然後果的處理上，有以下8個要點可以注意。

一、告知孩子，父母決定執行自然後果

父母做了一個新的決定，需要先讓孩子知道，並且告知他們自然結果的後果。同時決定相信孩子，讓他們學習與練習承擔自己的責任。

因此，下次你可以這樣對孩子說：

「你常常會忘記帶便當去學校，但媽媽工作上很忙，如果你真的忘記帶便當，我就不會幫你送便當到學校，你可能就需要餓肚子到回家才能吃飯囉。」

「每天我都要為了你有沒有把髒衣服丟到洗衣籃裡而生氣，弄得我們兩個人都很不開心。你已經是個大孩子了，我相信你能夠自己把髒衣服丟到洗衣籃裡。而我只會洗在洗衣籃裡的衣服，不在洗衣籃裡的衣服，我是不會幫你洗的，那麼明天你就只有髒衣服可以穿喔。」

否則對孩子而言，只會知道：「爸媽怎麼突然改變了？」而不會意識到「我要做些什麼？承擔什麼？」

二、清楚心中的底線，在底線內讓孩子冒險

父母要先想清楚自己的「底線」在哪裡，如此一來才能夠幫助父母對自己的判斷有安全感。因為在這個底線之內，孩子即便失敗或犯錯，都是父母跟孩子承擔得起，也確保孩子不做出太過誇張的事情。

而判斷這個底線的標準在哪？我建議父母可以去思考：「當孩子做了這個行為，是否能夠承擔這件事情『最糟』的後果？」

舉例來說：讓孩子餓一晚，是否就會因此而被餓死？這次成績比較差，是否會讓孩子從此一蹶不振？我是否能夠接受：「孩子決定不穿外套就直接走出門而感冒」這件事？

或許這個後果雖然不好，但是孩子承擔得起的話，那我就鼓勵父母可以放手讓孩子去嘗

試，並且讓他們去承受自己行為的後果。

但反過來說，如果孩子還小，例如才上幼稚園的孩子說：「我想要獨自一人到公園去玩。」身為父母的我們可能會擔心孩子遇到綁匪擄走，而無法接受孩子的這個要求，這時就必須進一步與孩子溝通。千萬不能以「尊重孩子」、「孩子要自己承擔後果」來了事。

其實我常常在演講時，半開玩笑地說：「只要這個後果不會死人的，都應該讓孩子去試試看吧！」

但就我的經驗觀察，孩子的任性，常常是建立在「不知道父母親究竟能包容我到多少程度」的一種不安全感，所衍生出來的「測試父母」的行為。因此絕大多數的情況是，**當父母真的把選擇權讓給孩子時，孩子反而會開始謹慎，為自己的行為負責。**

三、父母介入愈少、效果愈好

自然後果的核心精神，就是讓孩子親自體會自己的選擇所帶來的後果。其他額外的指責、批評、過度提醒，都會削弱自然後果的效果，甚至轉移孩子的注意力，甚至花費不必要的力氣來跟父母抗爭，或者產生自我挫敗。

因此建議父母即便擔心，但最多只要簡單且適當地對孩子說：「媽媽提醒你，考試快要到了，記得留時間提早念書喔。」說完話，就瀟灑地轉身離開，不再多囉嗦。

這樣子，當孩子不論考好、考差，都可以「完全承擔或享有」該後果：考差了，孩子就知道下次需要努力；考好了，也可以歸功於孩子的自動自發，而不是歸功於父母的「叮嚀之下才念書」。

但若父母在過程中有太多的介入或責罵，都會適得其反，失去自然後果的精髓。

舉例來說：當孩子一直賴床不起時，媽媽不停地碎念著：「都幾點了！你怎麼還不起床？」不僅不能讓孩子自己承擔賴床或睡過頭的責任，反而有幾個副作用。

一來，可能會引起親子之間的衝突，而焦點則會變成吵架而不是「去完成該做的事情（起床）」、練習如何為自己負責；二來，會引起權力鬥爭，因為孩子會想：「如果我照你的話做了，那你就贏了，我就輸了，而我不想要輸給你。」三來，有的孩子甚至會把責任推到父母身上說：「都是你早上一直碎念，才會害我遲到！」

父母在態度或立場上，應該是用：「孩子現在正在練習承擔自己行為的後果。愈能讓孩子好好地體驗當下的痛苦，孩子愈能夠從挫折中學習長大。」

四、切記：避免意氣用事

在對孩子使用自然後果時，也必須小心，千萬不要演變成「意氣用事」。舉例來說，有的父母會說：「好啦好啦，我說的話你都不聽，你如果不穿外套，感冒是你自己的事情，到時候我才不管你」、「你要怎麼樣，都隨便你啦！」這些話語，其實孩子是可以聽得出來，父母口中所說的「尊重你的決定」，究竟是真的尊重，還是假的接受。

因此想透過「自然後果」，讓孩子學習到負責任的態度，就必須**帶著「相信孩子能夠做到，只是現在需要讓孩子練習承擔」的態度，讓孩子去嘗試，也接納孩子「暫時做不到」的狀況。**

否則很容易會演變成父母會在處理孩子情緒時受挫，而說出那句：「你要幹嘛，我都隨便你」的話語，導致所傳遞出來的是一種對孩子的放棄、關係上的威脅，而使孩子產生反感，他們當然也就不會學習去負起屬於自己的責任。

五、決定自己要做什麼，而不是要求孩子

很多父母常常會以「孩子有沒有做到我的要求」，來判斷「我對孩子的管教與介入有沒有效果」，甚至決定「我是不是一個有效的、好的父母」。例如：用孩子有沒有馬上去收拾

房間、隔天上學有沒有遲到、碗盤有沒有洗來決定「我對孩子的叮嚀有沒有用」、「我講的話有沒有影響力」的思考邏輯。

老實說，像這樣著重於父母的感受，甚至價值感，一定會隨著孩子的行為起起伏伏。因為當父母的價值感，是由另外一個人決定的時候，自己當然不會有太大的自信，反而更容易陷入自我懷疑，甚至質疑自己的作法對不對。

所以我強烈建議父母：**「決定你要做什麼，而不必要求孩子一定要做到什麼。」**

在句子上就是多用：「如果……（孩子沒做到什麼），我就……（父母可以做的反應）。」

當父母這麼做時，就能夠把控制感拿回自己手上，並感覺到：「我可以決定我要做什麼。」這時心理上會有一種很大的自由感，而不受制於孩子的反應所影響。

例如：父母可以跟孩子說：「我載你去學校至少要十五分鐘，所以你一定要在六點三十分前準備好出門。如果那時候你還沒有準備好，我就會直接離開，你就要自己想辦法去學校。」

「吃飯時間只有一個小時，如果你現在不吃飯，七點之前我會把晚餐收起來，你就必須等到明天早上才有東西可以吃。」

跟孩子說明這些限制，一方面是讓父母畫出一條界線，同時也能夠透過這種方式來「照顧自己」，不會因為太過勉強去配合孩子，而感覺自己被掏空，或者累積過多的負面情緒。另一方面，也可以把孩子是否要遵守這些規範的責任，歸還給孩子，讓他自己去負責。

當然，上述「如果……，就……」的句型，後面接是孩子沒做到某些事情時，自己需要去面對的自然後果，而不是懲罰，否則那又會變成是變相的威脅。

六、孩子反抗的陣痛期，父母態度更應溫和而堅定

當父母做好所有的準備時，並跟孩子講好要他們自己承擔責任後，孩子就會瞬間變得負責了嗎？當然不是！

最大的挑戰就要來了！在孩子負起自己的責任之前，會有一段非常難熬、必經的陣痛期。但你只要能夠撐得過最難的這一關，後面就海闊天空了！

大多數的孩子，在第一次父母執行自然後果的過程中，會有一小段時間感覺孩子好像比過去情緒更加失控。而這些情緒都是孩子對父母的潛意識「測試」——測試父母是不是「玩真的」。

明憲總是在吃飯時間玩玩具，有時候一頓飯總要花兩個小時才吃得完。吃飯常常是親子

衝突最大的戰場。

明憲的媽媽告訴明憲說：「我六點半煮完晚餐，你會有一個小時的時間吃晚餐，七點半之後我就會把晚餐收起來；如果你吃不完，要到明天早上才有東西吃了。」

一開始明憲依然故我，忙著玩玩具而沒有時間吃飯。七點半一到，媽媽把晚餐收起來。到晚上九點的時候，孩子喪氣地跟媽媽說：「我現在肚子好餓。」

這時媽媽告訴明憲：「我知道你肚子很餓、很難受。但我相信你能夠撐到明天的早餐的。」

孩子整夜都因為肚子餓而哭鬧、睡不著。但媽媽仍舊堅持跟明憲的約定。

到了第二天，孩子在七點鐘一到，馬上到餐桌前，自己吃完晚餐。

而這種「玩玩具而忙到忘記吃晚餐」的情形，在一個月後又再次發生。媽媽同樣溫和而堅定地回覆：「我相信你能挺過的。」這次明憲的哭鬧強度降低許多。而在這之後，明憲知道自己的「測試無效」，再也沒有為了玩玩具而忘記吃晚餐的情形出現。

而父母在孩子測試或者階段性的反彈時，可以怎麼做呢？**溫和而堅定地回應孩子。**

當孩子說：「我現在好餓、好冷、好難過、好生氣」的時候，父母記得，態度一定要和善，絕對不能有任何一點：「你看！我就說吧！」的勝利心態，反而需要站在孩子的立場，去同理孩子說：「我猜你現在很生氣，媽媽竟然讓你餓肚子了，而且因為沒東西吃，很難過、很不舒服。」

如果孩子忘記為什麼你要堅持不給他吃東西，你可以簡單地提醒：「你還記得我們昨天提到的約定嗎？」如果孩子已經知道原因了，你也可以不提當初的約定，純粹表達對孩子的同理即可。並且表達你對孩子的支持：「我相信你能夠撐到下一餐的。」

態度要溫暖、和善，但立場要堅定。這可以讓孩子知道父母仍舊站在自己的心情與立場，陪伴自己面對現在的不舒服，孩子就會有力量能夠學習到如何承擔自己選擇的後果。

七、對抗陣痛期的心魔，過了就海濶天空

在陣痛期，父母要面對兩個最大的心魔是：看到孩子受苦而覺得心疼，覺得自己是個糟糕的父母，以及他人的眼光。

不論是肚子餓或著涼，似乎有很多父母都無法忍受自己的孩子有任何一點點的失望或受苦的表情，這會讓他們覺得自己似乎是個糟糕的父母。

有一個詞，叫做「艱難的愛（Tough Love）」，指的是父母在愛孩子時，並不是永遠都那麼「舒服」的，而是會伴隨著一些辛苦，甚至痛苦的部分，但這對孩子是有幫助的。

因此父母在心中需要非常堅信：「我這樣做，不是故意讓孩子受苦，而是讓他們去體會到自己行為的後果，使孩子學會更有擔當。」

而當父母撐過這段陣痛期之後，就會發現：孩子因此能夠承擔起自己的責任，反而對自己會更有自信。而且這樣的孩子對父母也會更有安全感，因為他知道，父母是有底線、有框架的，因而更相信父母是可靠的。

而另外一個心魔挑戰就是「他人的眼光」。

例如當你決定讓孩子承擔不吃飯的後果時，或許家裡的其他人，尤其長輩會說：「你在虐待小孩，居然不給孩子吃東西！」當孩子決定不穿外套而出門，你也決定讓他承擔是否著涼的風險時，會不會有鄰居或路人說：「怎麼會有媽媽讓孩子穿那麼少？」

這時身為父母的你該怎麼辦呢？

其實，當父母決心要好好執行自然後果時，必須知道自己並不是意氣用事，並且捫心自問：「別人一時的眼光重要，還是讓孩子真的能夠學習自己負責重要？」

或許父母還能夠化被動為主動，先打預防針，主動地跟其他人，例如另一半、長輩或學校老師溝通說：「我最近決定要嘗試一個新的方法，但可能會讓你們有點擔心，但這對孩子來講是有幫助的，還請你們協助我一起配合。」如此跟身邊的人說明，自己為什麼要做這件看起來會讓孩子跟身邊的人感覺不舒服的事情。甚至可以協助其他人明白，要如何溫和而堅定的回應孩子，以幫助父母在訓練孩子養成負起自己責任的過程中，減少外在阻力。

八、在適當時機陪孩子討論解決方法

當然，若孩子反覆地在同一件事情上遇到困難，或許就不只是承擔責任的問題，而是孩子也遇到了一些困難。

例如：每次都說要提早念書，但每一次都會因為被玩樂給吸引，而沒有辦法花時間念書，父母就可以提出邀請說：「你好像常常無法做到你要做的提前準備。需要媽媽跟你討論該怎麼辦，或給你建議嗎？」

注意！父母在給建議的時候，也先跟孩子「打個招呼」：小小一個動作，會給接下來的溝通，帶來非常大的幫助。

如果孩子說：「不要！」的時候，表示他們還沒有準備好請求父母的幫忙，有可能他還想要自己嘗試看看，這時候身為父母的你也可以肯定孩子：「所以你還想要自己試試看。當你需要爸爸幫忙的時候，再跟我說！」然後就可以到一旁去做自己的事情了。

當然也有可能孩子覺得接受了幫忙，會讓自己覺得能力差。這時父母也只要跟孩子澄清：

「我只是想要幫忙你完成你想做的事情。」甚至還可以裝傻地說：「我也不確定這個方法是不是有用，媽媽我也在學習。」這些都會讓孩子感覺到被尊重。

因此當孩子回覆說：「好啊！」的時候，父母就可以比較確定孩子的心是採開放的態度，便可以沒有阻礙地提供建議或是幫助。但在過程中，父母要記得，這時你的角色必須站在一個「協助者」的立場，而非「解決問題者」。

若把握這幾個小原則，基本上父母都可以變得非常省力，因為只要在最開始的時候提醒，中間經歷一段的陣痛期，最後在必要時刻，徵得孩子同意，給予一、兩個小建議，其他時候只要靜靜地、優雅地看著孩子自己長大，何樂而不為啊！

當然，當很多父母真的開始嘗試這種：少即是多、無為而治的自然後果法時，就會發現原來「不做比做還要難」。因為父母要面對的，已經不再是孩子，而是自己內在的焦慮：那些當事情不完美、孩子懶散、看到孩子受苦時，所興起的種種負面情緒。

所以，當父母發現「很難不去幫孩子做事」的焦慮升起時，或許也可以問問自己：「過去我幫孩子做那麼多，究竟是孩子的需要？還是我的焦慮？」

訂定雙贏契約的「邏輯後果」

在前面有提到過，父母可以透過「如果……，我就……」的句子，把控制感拿回自己手上。

但自然後果與邏輯後果的差別是，自然後果是「行為本身自己會帶來後果」；而邏輯後果是「後果不是行為本身帶來的，而是依據契約的內容」。

例如：「如果你沒有把玩具收起來，我會當做你已經不需要這個玩具了，我就會把它收在『玩具垃圾場』，直到你能夠好好地收拾玩具時，我才會將玩具還你。」

「如果你吃飯的時候，把桌子弄得一團亂，等一下你就必須花時間將你製造的髒亂收拾乾淨。」

而這些就是「邏輯後果」。**邏輯後果指的是：父母與孩子討論出「如果做了或沒做 A 行為，你必須接受 B 限制或後果」的契約。**

其實說是「契約」，講起來好像在談公事一般制式，有點冷酷無情。但我會用「契約」這個比喻，是希望取其「雙方都同意」的概念，避免邏輯後果變成父母單方面的規定。

其實邏輯後果與自然後果的核心信念很像，是讓孩子承擔自己的選擇，隨之而來的後果與責任。但差別在於，有一些事情，孩子並不會因為自己做了或沒做什麼，而自然地需要去承擔起那個後果。

例如：孩子不會因為「沒有收拾好玩具，而有什麼實質上的損害。」或是不會那麼快感覺到：「如果玩了太久的電腦，眼睛會變差的後果。」這時候就會需要邏輯後果，協助父母規範孩子。

邏輯後果好用的地方在於，不只可使用在父母想要規範孩子的一些行為，更可以培養孩子平常的生活紀律，或自我監控的能力。

例如：我常常跟孩子說的邏輯後果是：「你現在玩得很開心，可是時間已經很晚了。你可以繼續玩，但回家後就會沒有時間看電視。你來決定，你想要怎麼做。」讓孩子知道「繼續玩」就要承擔「回家不能看電視」的這個後果。

以下便提到三個執行邏輯後果時的注意事項：

一、必須父母與孩子雙方共同討論達成

很多時候，父母會不經討論、直接跟孩子說：「如果你不⋯，我就⋯」例如：「你再不乖，等一下就沒有糖果可以吃了」、「如果你再不聽話，我就不理你了」等等的話語。但這不是邏輯後果，而是對孩子的恐嚇。

對年紀小一點的孩子，只要要求還算合理，或許孩子還會乖乖聽爸媽的話。但對年紀大一點的孩子，則會有一種：「我還不是每次都只能聽你的！」甚至有種「你根本就是在威脅我！」的感覺。

而且老實說，這不是協商出來的結果，而是父母親單方面地決定的。是一種「用看似開明的問句，逼迫孩子照自己的意思去做。」而背後的核心概念，仍舊是懲罰。

邏輯結果最重要的精髓是：「**讓孩子也能夠參與其中，為自己的行為負起責任。**」因為這個契約，孩子也參與了一半的討論，所以事後孩子要遵循規則，也比較心服口服。

如果契約內容是父母佔了比較多決定權，例如直接告訴孩子：「今天你如果玩電腦超過約定的時間，明天就禁止玩電腦，因為這對眼睛不好。」父母也要跟孩子確認「你同意我們的這個約定嗎？」重點不在於訂契約，而是兩個人都要「參與」在這裡頭，否則也只是變成父母自導自演的戲碼而已。

當然，孩子有一半的參與權，父母也握有至少一半的權力。因此在訂定邏輯後果契約的過程中，如果父母覺得孩子提出來的要求非常不合理，例如：「我打算連續玩電腦一整天都不睡覺！」父母也可以告訴孩子自己的立場：「我認為你玩那麼久的電腦並不好，因為這樣你就會沒時間做學校功課，而且對眼睛不好。」但同時間也必須回過頭問問孩子的想法：「你覺得我說得有道理嗎？還是你有什麼其他想法？」只要父母能夠提出合理的理由，孩子多半也比較能夠接受。

當然，這裡所說的「一半」，並不是客觀上時間的一半，或者條約內容的一半，而是父母在過程中，願意去傾聽孩子的想法，同時也能夠表達出自己的想法，並且找出一個「雙方都能夠接受的約定」為目的。

注意！是「接受」，但不是「滿意」。因為父母心中一定會有一個自己心中的理想狀況，可能跟孩子的不同。因此如果父母只堅持自己心中的那個答案，那孩子也會感受到：「你只是用問句跟討論包裝了你的命令而已。」

所以在此提醒父母，雖然說要對孩子抱持著一個尊重與平等的態度，但實際上，父母的確比孩子有更多的權力以及責任。因此，父母在心中必須有一個底線。

因為在邏輯後果的背後重點，不是父母要「贏」，而是透過這個設立契約並且試圖遵循的過程中，培養孩子的自制力。甚至**光是在跟孩子訂定契約而需要對話與溝通的過程，就已經在培養孩子負責任與溝通能力了。**

二、邏輯後果不是懲罰，而是學習承擔責任

所以很多父母在使用邏輯後果的時候，會陷入一種「條件交換」的思維，或是「後果愈痛，愈有效」的迷思。其實，我一直強調邏輯後果的精髓不在於讓孩子感受到痛苦，而是能夠讓孩子透過自己也參與其中的契約，學習自己承擔起責任。

但是要承擔後果，意味著要面對自己的錯誤，這其實是一件極需要勇氣的事情。因此父母必須抱持著鼓勵、尊重的態度與孩子對話。

再次提醒父母：**後果不需要「重大」，但邏輯後果與行為最好有高度的連結性，契約才會有效力。**來看看下面的例句：

「如果今天玩 iPad 的時間超過，就要扣你零用錢／禁足。」

「如果今天玩 iPad 的時間超過，明天就取消玩 iPad 的時間。」

你覺得哪一個契約會比較適當？

我相信大家都會選擇「後者」。

為什麼呢？

因為後者契約的懲罰與孩子的行為是有連結性的、是相關的，孩子更能夠清楚地知道，自己被禁止玩，是因為昨天玩了太多所致。

而前者契約則有幾個缺點，包含：

①不同標準不容易有一個參照值。例如，同樣玩超過三十分鐘，要懲罰十元？五十元？一百元？這個標準要怎麼訂出來？怎麼樣才合理？

②承擔責任的效果被轉移：誤以為「懲罰」等於「負責」。如果以錢為例子，孩子可能會覺得：「如果我有錢，我就可以超過很多時間」；如果以「考不好就要打手心」為例子，孩子也可能會覺得：「反正我只要忍五下手心，我犯的錯就會一筆勾銷。」

如果懲罰的意義大於承擔責任，我們的訓練反而會變成是「孩子對於懲罰的容忍度」，於是孩子會變得對懲罰愈來愈不在意，而完全脫離了原本想要培養孩子正確的行為，學習負起責任的態度。

三、別忽略邏輯背後的「情緒」

也有的父母，會很容易迷失在邏輯與契約之中，而忽略了孩子本身的情緒。跟自然後果一樣，孩子在承擔起責任時，因為需要去體會自己的行為所帶來的後果，那個承擔責任的過程往往是有壓力且不舒服的。而最大的不舒服是：「我要承認且面對那個做錯事情的自己。」

如果父母落井下石，孩子反而沒有力氣去學習面對後果、承擔責任。反之，若父母能夠去陪伴、同理孩子當下的情緒：「我知道你不想清理打翻的牛奶，或是跟弟弟道歉，但我可以陪你一起完成。」那效果反而是更好的。

而以上這些，都是提醒父母千萬不要把自己的指責、憤怒、攻擊，包裝成另外一種看起來民主的討論，那反而會讓孩子感覺到父母的不一致。

最好的作法是，父母在執行自然後果與邏輯後果時，關注一下自己的內在感受，是否會有一種「嘿嘿！你看吧」、「我要讓你嚐嚐苦頭！」的勝敗心理。問問自己，是否在孩子學習承擔責任的過程中，你願意陪他走這一段不容易的路。如果可以的話，你的孩子將會變成一個更有責任感、有勇氣的孩子。

界線，是「限制」也是「保護」

有一次，我到某個旅遊景點的休息區，看到有一家子，帶著兩個小孩出遊，兩個孩子大概都是小學低年級的年紀。孩子調皮搗蛋難免，但這家小孩頑皮程度，已經超乎常人：在人來人往的地方，追逐並扯開喉嚨大聲尖叫，吃的東西也掉滿地，好幾次我都為這孩子要撞到別人、差點發生意外而捏一把冷汗。

這時，我觀察父母的反應，發現他們好像視若無睹地在聊天。當孩子跑到爸媽身邊的時候，媽媽還幫孩子擦擦汗、摸摸頭、餵餵冰淇淋，只見身邊好幾個人都已經皺起眉頭，但整家人完全在自己的世界裡，完全不管身邊人的反應。

場景回到學校。廷揚在學校有很多問題行為，在教室裡無法好好待在座位上，常常會不經別人同意就拿別人鉛筆盒裡頭的東西，還會破壞別人的物品。一開始老師會懷疑廷揚是不是過動症的孩子，但仔細觀察，發現廷揚其實是有點半刻意做的。

老師跟媽媽反應這些問題的時候，媽媽說：「老師，不好意思，我們這個孩子就是比較皮一點。其實我們不需要他成績好，我們只希望他快快樂樂地就好，他常常告訴我們，他在學校很想交朋友，老師可不可以幫幫忙？」

老師試圖幫廷揚安排一些「小天使」去當廷揚的朋友，但是最後小天使也紛紛投降說：「老師，我真的快受不了了。」老師最後建議媽媽可以去找心理師聊聊。

在心理師的了解下，發現廷揚有一個姐姐，在幾年前因病過世，對媽媽而言，是很大的打擊。所以對媽媽而言，孩子不論做什麼，都沒有關係：「只要平安活著就好」。有時媽媽也會對孩子的胡鬧覺得困擾，但是內心的恐懼太大了，媽媽害怕：「如果我對廷揚發脾氣，老天爺會不會把廷揚給帶走？」但在沒有限制與規範的教養環境下長大，也讓廷揚處於一個「真空」狀態，其實很難真正地交到朋友。

無論是旅遊景點的小孩，或是廷揚都是被寵壞的孩子。尤其是廷揚會被寵壞，是因為他媽媽太害怕失去廷揚，因此沒有給他一個合理的界線，讓他知道：「在教室裡頭，要乖乖坐好，否則會打擾到其他同學」、「別人的東西，需要問過別人才能拿，這是一種尊重。」沒有被界線框住的廷揚，看起來無拘無束，但實際上卻是很難在學校、在社會上，好好生存。

界線就像是手機螢幕的殼，雖然會讓螢幕限制在一個範圍內，但也讓它有所保護。

孩子在成長的過程中，勢必會有一些踰矩的行為，而在這個片刻，父母需要告訴孩子：「這件事情超出界線了喔！」讓孩子在這個過程中，練習退回那個安全範圍內。

沒有界線的教養方式是一種放棄

這個界線，有兩個重要的來源：

第一是現實的限制，例如：電視再看十分鐘就要關起來了、一個人只能吃三塊餅乾、遊樂園再半小時就要閉館了。

第二是是否侵犯到別人的界線，例如：孩子在跟遊戲的過程中，不小心讓弟弟受傷了、孩子不經別人同意，就拿走甚至破壞別人的物品。

很多父母會因為個性、過去經驗等原因，無法或不敢為孩子設下界線，有的父母甚至會說：「這是我愛孩子的方式。」

但是沒有界線的父母，長期下來可能會忽略自己被孩子冒犯的不舒服感受，而選擇繼續「包容」孩子。甚至因為不懂得保護自己的感受與生活，所以很可能為了孩子、家庭而犧牲自己的工作、自己的時間。

而這些負面情緒沒有被好好消化，很有可能會在某一天受不了的時候「爆發出來」，反而嚇到孩子。又或者這些負面情緒被父母「隱藏」得很好，但孩子也一定可以隱約地感覺到父母的不開心。

孩子面對這個沒有界線的父母，看起來無憂無慮、可以恣意妄為，但實際上，孩子的內在是非常不安的。因為孩子多多少少還是會知道，自己的行為其實是有一點「太超過」的，也可以感受得到父母的負面情緒。

但是如果父母對孩子離譜的搗蛋行為，都還是隱忍、不發脾氣，那孩子的潛意識接收到的訊息是：「發脾氣一定是很可怕的，不然父母為什麼要花那麼大的力氣否認自己有不開心？」也會在心中預期著：「如果父母哪一天真正發起脾氣來，是不是反而更可怕？會不會他就不要我、不愛我了？」

也因為孩子內在有這種很隱諱的不安，所以他會用「更激烈的調皮搗蛋，來測試父母：『如果我這麼壞，你是否還是真的會繼續包容我、愛我？』」

在某種意涵上，如果父母面對孩子所有的要求都全盤同意，對孩子而言，只會感覺到父母在面對自己狀況時，是無能為力的。

這種沒有界線的教養方式，其實對孩子而言，是父母對自己的一種「放棄」。

清楚、明確的界線，孩子反而有安全感

對父母而言，會害怕自己的界線，或是要求規矩、堅守原則是會傷到孩子的心，或是自己會因此被孩子討厭，所以不敢清楚地告訴孩子「這件事情是不可以做的。」

但對孩子而言，父母若能夠清楚地告訴自己：**「你在這條線以內是被允許的，超過這條線，是不可以的！」**而且這條界線是清楚、明確、有彈性的，孩子反而容易擁有安全感。

因為孩子內在往往有兩個矛盾的動力：

一邊是不想被拘束的自由自在，另一邊則是偶爾也想要「遵守規則，當個乖小孩」。

雖然孩子不會總是想當個乖小孩，但當他想要遵守規範時，有清楚的規則讓他知道可以怎麼做，反而能夠提昇自我的掌控度。

要在社會上生存，就必須要有彈性地去面對與遵守這個現實社會的許多限制，例如上班不能夠隨便遲到，弄壞東西要賠償等等。

而有界線的教養，才能夠幫助孩子建立良好的自我概念，利於孩子在社會上的生存。

父母反思小練習

要練習讓孩子自己承擔起責任，父母要先面對自己「放手」時的焦慮。因此透過以下反思練習，挑選一、兩件具體的事情去練習，試著去聽聽孩子的想法以及自己的焦慮。

一、請挑一、兩件小事情，練習讓孩子「承擔起責任」。可以用自然後果或邏輯後果的方式。

（例如：決定讓孩子清洗自己的便當盒。）

二、跟孩子說明你要讓他練習承擔起責任的決定，並聽聽他的想法。

（例如：告訴孩子：「媽媽每天幫你帶便當，可是媽媽工作一天也累了，所以我可以麻煩你，回家的時候，可以自己洗便當盒嗎？因為這是你的便當盒，你已經夠大了，可以自己洗的。如果沒有洗的話，明天就不會有乾淨的便當盒。你覺得呢？」）

三、在過程中，覺察自己內在「對孩子放手、不做事」的焦慮，並寫下你心中的想法。

（例如：「他又來了，我自己來洗比較快」、「我很怕他會受傷」）

四、最後，讓自己深呼吸，並重新提醒自己一次：自己是真的想要「幫孩子」？或者是為了解決自己的「不幫孩子做事」所帶來的焦慮？寫下你的內心想法。

10 提高孩子挫折容忍度，從困境中學習成長

「我想讓我的孩子能獨當一面，但為什麼老是叫他做事就畏畏縮縮、怕東怕西的」、「我好怕我的孩子是草莓族？」事實上，想要提高孩子挫折容忍度，就必須讓孩子有機會去體會到：「如何面對失敗與犯錯」，並學習自己去解決。

從挫折中培養「挫折容忍度」

很多人會說，現在的孩子，禁不起打擊，挫折容忍度都很低，也就是大家口中的「草莓族」。好像只要一次的失戀、一次的成績考差，孩子就倒地不起。

我遇過不少父母，因為害怕自己的孩子一蹶不振，所以就開始極力地幫孩子想辦法，減少孩子生活中的挫折與困難，培養所謂「正向的成功經驗」，認為孩子只要表現好，就會有信心，未來就會一帆風順。

但許多父母誤解了提高挫折容忍度的方式。其實提高挫折容忍度最好的方式，不是讓孩子不要遭遇挫折，而是讓孩子自然而然地經歷事情本身帶來的挫折，並且能靠自己的力量從

挫折中爬起來、面對並承擔起自己選擇的後果，如此一來，孩子才會體會到「原來挫折並沒有那麼可怕，我是有能力可以去面對的。」

受到台灣傳統教育的影響，我們是非常恐懼「犯錯」的。犯錯代表失敗、代表能力不好、代表不爭氣、代表不會被喜歡，所以父母也把「害怕犯錯」的恐懼投射到孩子身上，因此才會不斷地糾正、提醒孩子。於是，類似「不是跟你說過了嗎？照我這樣說的做，就不會有錯了，你都不聽」、「這點事情也做不好！」就常常浮現在父母跟孩子的互動裡。

但我們都知道，沒有完美、不犯錯的孩子，但是父母卻期待孩子能夠「盡善盡美」。我認為是因為「害怕犯錯」的想法太過根深蒂固，導致父母對孩子的行為總是會過度要求「做對」、「做好」。

營造「成功的正向經驗」，無助於孩子挫折容忍度建立

如果問父母對孩子有什麼期待時，幾乎都會回答說：他們期待孩子能夠變成一個可以獨當一面、照顧好自己，不用讓父母擔心的獨立個體；希望孩子不要那麼「草莓」，好像因為一些小事而被打倒；希望孩子可以有面對挫折的容忍度。

但我卻觀察到，有些希望孩子獨立的父母，卻對孩子百般保護，確保孩子在人生路上可以順遂，因為他們認為「成功的正向經驗」會增加孩子的自信心。這類父母經常對我說：「我希望孩子成績好，不是因為我愛面子，而是如果成績好、表現好，孩子對自己才會有自信。」

表現得好，的確值得肯定。但為何有些孩子明明表現很好，卻還是害怕犯錯跟失敗呢？

那是因為他們對於犯錯、失敗，太陌生了！

面對挫折、承擔責任是一種勇氣

我常在演講時跟父母說：「**挫折容忍度，是要從挫折裡培養出來的。**」**而我認為面對挫折、承擔責任，是一種更大勇氣！**

一個失敗或犯錯經驗太少的孩子，會過度放大失敗的恐懼。因為他們以為，失敗就會讓他一無所有，就沒有人會喜歡自己；卻無法體會，跌倒只要再站起來，拍拍腳上的塵土，又可以繼續往前走的。

面對失敗與犯錯的兩個層面

讓孩子有機會去體會到：如何面對失敗與犯錯，是非常重要的！

所謂的「面對失敗與犯錯」有兩個層面：

第一是接受現實：「對，我現在就是犯錯了、失敗了，這就是現況。」

第二是承擔責任：「我這次考差了，所以我願意多花一些心力，下一次更努力一些；這次我不小心生氣下罵了人了，我願意去道歉、試著修復關係。」

當孩子真的能夠靠自己的力量，面對挫折、承擔責任、克服困難時，他便會在這個過程中切切實實地體會到：「我是個一個能夠面對挫折與失敗的人」，並且在面對逆境時，建構自己重要且強大的自信心。

因為願意面對與承認自己的錯誤，甚至花力氣去修復、重新來過，其實是需要勇氣。**這個勇氣，是一次又一次地，在自己面對失敗但沒有被打垮的過程中，體會到的。**

這個所謂的面對犯錯，並不需要是一件很「大」的事情。例如：

不小心打翻水，讓孩子可以自己拿抹布擦乾淨。

自己弄亂的玩具，可以自己整理。

不小心在玩鬧時打了妹妹，在冷靜下來之後，自願地去跟妹妹道歉、修復關係。

事實上，在很多情況下，父母可以把「承擔責任」變成「解決問題」。例如當孩子把牛奶打翻，最好的邏輯後果就是自己學習把打翻的牛奶清理乾淨；打破了鄰居的玻璃，就學會跟主人道歉。

然而，大多數的父母都太快介入：

在打翻水的時候，一邊責罵一邊幫忙孩子把水擦乾淨。

一邊提醒孩子要收拾玩具，一方面又幫忙整理。

或是在手足吵架的時候，馬上跳進去當仲裁者。

這些都讓孩子沒有機會去練習如何面對自己的錯誤，同時也讓孩子沒有機會去感受到自己其實是有能力、有勇氣去修復自己所犯下的這些錯誤。

給孩子解決自己問題的機會

很多父母面對孩子的問題行為或犯錯，不是做太少，而是做太多。

父母需要去「維護」，甚至「創造」讓孩子可以犯錯的空間，並且給孩子解決自己問題

的機會。

舉例來說，當你給孩子一個禮拜一百元的零用錢，孩子會想在拿到零用錢的第一天，全部拿去買零食。這時，父母雖然可以「提醒」孩子怎麼用錢，但最後仍須「尊重」孩子怎麼花錢。如果最後孩子仍舊決定這樣做，父母要維護一個空間，去讓孩子體會「把所有零錢都花完的後果。」而不急著告訴孩子應該怎麼處理或存錢。

我在網路上看過一段外國影片。影片中有一個頭大身體小，大概四、五歲的小孩，把脖子卡在欄杆的縫隙中出不來。而身邊的大人，雖然擔心，但因為沒有立即性危險，所以也在旁邊穩定地陪伴著這個孩子，並一起思考著：「該怎麼辦呢？」

過程中，這位卡在欄杆縫隙的小孩，有一點不安，但是因為身邊的大人沒有太過慌亂，所以他也很努力地想著怎麼讓自己逃脫困境的辦法。原本這位孩子試著把頭往身體的方向抽出來，後來他靈機一動，想到解決方案：他反其道而行，讓身體往頭的方向推擠，然後側身穿過欄杆鑽出來！

當他「自己」找到這個解決方案的片刻，所有人都歡欣鼓舞！而孩子也為自己想到解決辦法而非常開心！

我認為，這個孩子能夠脫困，比起他的聰明，更重要的是他的冷靜，讓自己能不慌不忙的面對這個困境。而這種冷靜的態度，我相信有絕大部分，是從他的家人的「相信」、「穩定的陪伴」而來的。

因此，讓孩子有機會解決自己的問題，是非常重要的！

然而，父母在這個過程中，可以做些什麼呢？

一、判斷孩子是否有能力面對困境？

首先，要先判斷孩子是否有能力面對困境。

絕大多數的情況，孩子不是真的沒有能力面對自己目前的困境，而是父母往往幫孩子做太多，孩子也習慣依賴父母。或是孩子對自己也塑造出一個信念是：「除非爸媽幫我，否則我是沒辦法解決問題的。」

也就是說，孩子不相信自己有能力可以面對問題，但實際上自己卻是做得到的！

但也有另外一種情況是，孩子真的沒有能力，或者急需要大人的幫忙。例如：有一些學習障礙的孩子，其實真的需要一些特教的資源。但我看到有些父母，並不願意承認自己孩子是需要被幫忙的，因為他們還不願意接受自己的孩子劣人一等，而使孩子極有可能在這樣的過程中被犧牲。

此時，父母需要面對的功課是：**「承認孩子需要幫助，並且給予適當的協助，而非硬撐。」**

二、告訴孩子，你對他的信任

我常常跟孩子說：「你是一個有想法的孩子」、「讓我們一起想想這個問題該怎麼處理。」然後我會傾聽孩子去說出他的答案。

很有趣的是，當你把孩子當成孩子，他就會是孩子。當你把孩子當成是一個懂得獨立思考的問題解決者，他們就會給你很多、很棒的答案。

三、用啟發式問句，幫孩子拆解成小步驟，培養解決能力

也有很多狀況其實是「孩子是有能力，但缺乏方法與引導」。此時父母可以幫孩子鋪路、把事情拆解成小步驟，細膩地去引導孩子去完成，這也是在教育心理學裡提到的：「鷹架式的學習」[3]。

舉例來說，對一個常常玩鬧到忘記刷牙洗臉、準備上床睡覺的孩子，父母可以問：「我們一起來想辦法，怎麼樣可以在十點之前，刷牙洗臉、躺在床上？」只要父母願意相信孩子，

並把「為自己問題想辦法」的權力還給孩子時，通常大多數的孩子都會給父母一個出乎意料的滿意答案。

但對有些孩子而言，思考並沒有那麼完整或精細時，可能會說出一個不夠具體、有用的方法，例如：「那就刷快一點就好！」

此時父母可以幫忙再拆解得細膩一點：「睡覺前，我們需要做哪些事情呢？」「刷牙大概需要多少時間呢？」「所以我們需要多久前就開始準備呢？」「我們可以先做哪一件事情呢？」等等這種啟發式問句，讓孩子自己回答。

父母的角色與功能，不是當指揮官，而是當軍師或引路人。

順帶一提，啟發式問句的重點是「啟發孩子思考」，讓孩子自己想出答案，而非「包著答案的問題」。有的父母會說：「你是不是應該要早點去睡覺」、「你是不是要當一個乖乖聽話、早點刷牙的好小孩」等這些看起來一樣是「問句」，但卻只是換湯不換藥的命令式話語而已。

培養孩子解決問題的能力

由此可見，面對挫折、承擔責任，都是為了讓孩子學會解決問題的能力。父母要怎麼進一步協助孩子培養解決問題的能力呢？我認為有兩個方向可以切入：一是帶著「從錯誤中學習」的態度，二是透過「啟發式問句或蘇格拉底式問句」協助孩子思考。

一、「從錯誤中學習」的態度

很多父母會害怕孩子的失敗、挫折，會打擊孩子的自信心。但我認為，失敗與挫折才是在成長過程中最珍貴的寶藏。而父母對於失敗、挫折的態度，會深深地影響孩子怎麼看待自己的失敗、挫折。

我建議父母可以常常跟孩子分享，自己的失敗或負向經驗：

「媽媽也曾經跟我的好朋友吵架，那時候我也很難過。」

「爸爸知道輸掉比賽時的感覺，真的會很難過。」

甚至在父母親有時候有說出或做出一些讓孩子受傷的事情時，也可以承認自己的錯誤：

「很抱歉媽媽剛剛說出傷害你的話，那一定讓你覺得很難過，甚至覺得媽媽好像不愛你了。」

這些都可以幫助孩子去理解到：**「失敗與錯誤，只是人生中的一小塊或一小部分而已。事情終將會度過的。」**

孩子會不會因為這樣，而感覺父母比較不可靠？

我可以跟你保證，不會！孩子反而會覺得自己的爸媽比較有「人味」，跟自己更貼近的。

更何況，父母所示範的，並不是失敗與錯誤，而是如何面對自己的失敗與錯誤的態度，投射給孩子所學習到的，則是父母面對失敗與錯誤的勇氣。

二、用「啟發式問句或蘇格拉底式問句」協助孩子思考

當父母以身作則地表現、傳達出「面對錯誤」的勇氣與態度時，身為父母也可以引導孩子思考，如何「解決問題」，而非自責與自我挫敗。而「啟發式問句或蘇格拉底式問句」是最好的方法。

蘇格拉底位居古希臘三大哲學家之首，據說當他的學生在發問時，他並不會直接回答學生，而是常用「反問」方式，去激發學生思考。

父母也可以用這樣子的方式，試圖協助孩子學習思考怎麼解決他所遇到的困境。小從生活起居，大至一些複雜的溝通或情緒問題，都可以使用。

例如：當孩子跟朋友吵架了、不小心弄壞東西了、考試作弊被抓到、說出傷人的話，各式各樣的錯誤，我們都可以問孩子：「從這次的經驗，你學到些什麼事情」、「你可以怎麼做，讓事情有一些不一樣？」在引導的過程中，孩子會慢慢地說出：「或許我可以道歉」、「或

許我可以用我的零用錢去賠償」，讓孩子有機會為自己的犯錯去做修復。

但要注意的是，這裡的承認錯誤與道歉，不該是很卑微、自我否定，不斷責罵自己「都是我的錯」的道歉，更不該是父母硬壓著孩子的頭要孩子認錯地說：「你自己自首做了什麼好事」的道歉。而是陪著孩子去看、去體驗這個經驗對孩子的意義是什麼，成為下次改進的動力，並**抱持著「我們的確做得不夠好，但我們還能怎麼改善或從中學習呢？」的學習與成長態度。**

我還記得在我的童年記憶裡，有一個畫面非常地清晰。

有一次我站在馬路旁邊，我的媽媽問我：「你看看，現在馬路上有好多車子，過馬路要怎麼辦呢？」

媽媽引導我去思考、判斷馬路很危險這件事情，而不是直接拉著我，或直接給我答案說：「你不要亂跑！」而媽媽溫柔的引導，以及她那時關切我的神情，一直到現在我都還記憶猶新。

我姐姐也常常跟她的孩子說：「這碗湯很燙，如果碰到的話會怎麼樣？」孩子也很可愛地說：「會痛痛要看醫生。」

這些問句，都幫助孩子學習自己判斷，而不是讓爸媽跳下來替孩子做決定。要記得，當爸媽反覆地提醒、告誡說著：「路上車子很多！」或是每次在孩子喝熱湯時，都緊張地提醒：

「會燙！不要碰！」這些雖然看似有效率，但當這個「判斷權」不是發自孩子內心，那麼孩子久而久之會依賴父母的判斷，而學不會自己判斷，甚至當父母不在身邊時，也學不會保護自己。

使用「啟發式問句」的注意事項

同樣地，透過「啟發式問句」的方式引導孩子思考的過程中，也必須注意到以下三個重要概念：

一、不要用問句的糖衣，「包裝」著父母的答案

當孩子遇到糾紛時，很多父母會說：「為什麼你們兩個又吵架了？現在該怎麼辦？」這樣的問法，其實在態度與立場上，仍舊是指責。孩子非常敏銳，一定能夠感覺到父母的意圖。

因此在使用啟發式問句的重點在於，父母應以「尊重」的態度，「協助」孩子思考出自己的解決方式。要記得，父母只是一個協助者、催化者，而不是最後的決定者。

二、不要求孩子「完美」的答案

只要孩子能夠想出「可以嘗試看看」的方案，就比原本的「沒有答案」，或是「只聽從父母給的答案」要來得好上太多了。而且對孩子來說，就是非常大的進步。

所以父母當下千萬不要急著否定他，或是急著提供父母心目中理想的方案，甚至不要怕孩子會因這個不成熟的方案而受傷。父母只要簡單地回答：「你可以試試看」。因為，當孩子嘗試得不順利的時候，他便會再進行下一次的腦力激盪，找到最適合自己的方法來解決。

三、父母仍舊能夠表達自己的意見

孩子有時會提出一些比較不切實際的方案，有可能是思考不夠成熟，也有可能是孩子想要故意測試父母的底線。父母既然是一位在旁觀察的協助者，就不要插手，只要思考一件事：「孩子是否能夠承擔起這個後果？」並依照孩子的年齡當作準則來判斷，心裡就會有個大概的底線了。

同時在這過程中，父母仍舊擁有表達自我意見的空間。爸媽可以這樣跟孩子說：「爸爸聽到你要……，我很欣賞你是一個有能力可以思考怎麼解決問題的人，但爸爸也有一些擔心，你願意聽聽看嗎？」如果父母的態度和善，又沒有累積太多過去的親子衝突、關係不是太緊張的話，孩子多半願意聽父母怎麼說。

父母接著就可以說：「我很擔心你……。但最後該怎麼做，你來決定。」透過「我訊息」的表達，再加上最後的「你來決定」，不斷地表達出父母對孩子的相信，以及把選擇以及選擇後的責任交給孩子。孩子會有一種被尊重、相信，且因為自己要承擔起這個責任，反而會更加小心，並為自己做出更好的決定。

♥心理師與孩子的暖心互動

前面提到，要提出啟發式問題讓孩子自己思考與解決，但有時候身為父母的我們實在不容易拿捏，要怎麼問出合宜的問題。其中，我最喜歡用的一個方法，就是**「提出我的兩難，要孩子一起思考解決方案」**。

舉例來說：

①幼稚園的孩子說，還想要玩耍、不想回家，但天色已暗，必須要回家，這時父母可以說：「我知道你還想玩，可是太陽公公下山了，而且回家還要半個小時，到時候爸爸、媽媽跟你都會肚子很餓，可是我知道你真的很想繼續玩。你覺得可以怎麼辦呢？」

②國小的孩子說，希望爸爸可以陪自己玩遊戲，可是爸爸下班已經很累想休息，這時爸

爸可以說：「我知道你希望爸爸陪你，可是爸爸下班好累、好累，陪你玩的話，爸爸會沒有力氣，臉就會臭臭的，可是如果爸爸不陪你玩，你又會失望。你覺得可以怎麼辦呢？」

③國中的孩子說，要買昂貴的手機，但爸媽覺得太貴，這時爸媽可以說：「我知道你很想買，可是手機一支要四萬元，爸爸的薪水，一個月才四萬多，買了手機這個月就沒錢了，可是我知道你真的很想買手機。你覺得該怎麼辦？」

④高中的孩子說，要跟同學出去通宵跨年，但爸媽很擔心孩子的安全問題，這時也可以問他：「我知道這是你第一次跟同學出去，你很期待，可是人好多，我會擔心你的安全，你覺得該怎麼辦呢？」如果孩子說：「放心啦！不會有事。」爸媽可以繼續說：「我相信你會照顧好自己，可是爸媽的擔心，你覺得有道理嗎？我沒有不讓你出去玩，但你可以幫爸媽我也想個辦法，怎麼樣可以讓我也更安心一些，你也可以玩得更盡興嗎？」

在這些案例裡，都**包含了同理孩子感受、表達父母的為難、並讓孩子思考解決方案這三個步驟**。如此一來，父母也可以把自己的為難分擔給孩子，請孩子跟你一起解決。

跟孩子提出大人兩難的四大好處

在我的經驗裡，當我把我的困境提出來的時候，有很多好處：

一是用詢問的方式，可以避免掉傳統高壓管束的方式，例如：「小孩子不需要用那麼好的手機」、「你剛剛已經玩很久了，現在都那麼晚了，你不知道大家都肚子餓了嗎？」的管教方式，避免造成孩子反彈。

二是孩子能夠為自己所提出的要求負起一些責任，學習獨立。

三是當孩子「被相信」自己是有解決問題的能力時，甚至最後真的參考自己的方法去解決問題，便是培養孩子面對困境能力的最好方式，孩子也會對自己更有信心。而且身為父母的你會發現，通常孩子自己想到的答案，往往也是你意想不到的創意解答。

四是即便最後的選擇，讓孩子有一點委屈，沒辦法完全照自己的意思去做，孩子也不會有太大的反彈，反而會產生另外一種開心。而這種開心的心情，便是心理學家阿德勒所說的「貢獻感」——孩子能夠幫爸媽解決困擾，當爸媽的人也很珍視孩子的協助，對孩子來說是莫大的鼓舞。所以我也常會很誠懇地對孩子說：「你可以幫我一個忙嗎？」當孩子願意主動稍微犧牲自己一點，幫我解決我當下的困擾，我也都會很誠懇地說：「謝謝你！」

但要記得，使用這個技巧時，有個重要的心法，**就是把孩子當成是一個值得互相尊重的獨立個體看待！**如此一來，孩子才會在你的尊重與相信之中，體會到自己是個有能力解決問題的大人。

3 鷹架式的學習，全名應為「鷹架學習理論」又名「支架式教學」（Scaffolding Instruction或Instructional Scaffolding），指兒童內在心理能力的成長有賴成人協助，成人如能針對兒童的認知特質給予系統性的指導，則兒童的能力便能得以發展。

11 了解情緒的引發及運作，才能跟孩子好好溝通

你常常跟孩子的衝突一觸即發嗎？明明是一件微不足道的小事，卻常常會演變成天翻地覆的大衝突，或者有時覺得明明是一件小事情，孩子卻大發雷霆。這很有可能是你沒有深入了解孩子情緒背後所隱藏的問題。

情緒，是天經地義的事

婷雅今天的心情像是坐雲霄飛車般。今天是婷雅第一天上幼稚園，在出發之前，婷雅抓著媽媽的手說：「我不要去上學。」因為她非常害怕，不知道學校會發生什麼事。到了校門口，媽媽跟婷雅說：「那媽媽要去上班囉！等等會有溫柔的老師會陪你的。」在媽媽轉身的那一瞬間，婷雅開始啜泣了起來，然後說：「媽媽不要走！」因為婷雅很難過，很害怕媽媽一離開就看不到媽媽。

但婷雅記得媽媽昨天跟自己說，害怕的時候，可以看著媽媽送給自己的洋娃娃。婷雅摸摸自己的洋娃娃，鼓起勇氣走進教室裡。一進教室，看到有很多跟自己一樣的小朋友，還有一個

漂亮的女老師，很親切且有朝氣地跟大家說：「大家好！」婷雅也覺得安心一點點。

接著老師帶了好多有趣的活動，讓婷雅覺得很興奮！可是在遊戲的時候，有一個小朋友突然衝過來，把婷雅的玩具搶過來丟在地上，那種被冒犯的感覺，讓婷雅覺得非常生氣，還推了這個小朋友一把。

這時候小朋友哭了，老師發現不對勁，走過來看看到底發生了什麼事。在釐清狀況之後，也安撫兩位小朋友情緒，老師跟兩位小朋友說：「玩具是大家的，要學習彼此分享唷！」婷雅雖然覺得有點委屈，但是自己推了對方，覺得有點罪惡感，所以婷雅也跟小朋友道歉說：「對不起我推了你。」

很快到了放學時間，媽媽準時出現在幼稚園門口，婷雅衝過去抱住媽媽，媽媽摸著她的頭說：「老師說你今天好棒呢！」婷雅覺得能跟媽媽在一起的自己，真的是很幸福。

很多父母應該都能深深認同這句話：「孩子笑起來像是天使，哭鬧起來像是惡魔！」尤其是孩子的情緒轟炸，是非常容易讓父母精神耗弱的。

有研究指出：「嬰兒的哭聲總是如此刺耳，是因為他們在演化上，會發展出一種令大人覺得不舒服的音頻，以吸引父母的注意。」自從我知道這個研究之後，對於嬰兒的刺耳哭聲，似乎變得比較能夠理解。

其實人類有情緒是天經地義的事，孩子更是如此。看看前面婷雅的例子，一整天下來，她經歷了許多複雜的情緒。而所有的情緒都有其功能，只是父母如果讀不懂孩子情緒背後所傳達出來的訊息，加上我們自己害怕面對情緒，很容易不小心壓抑了情緒，而造成更大的反彈，或是屈服於情緒底下，變成被情緒操控的奴隸。

情緒是什麼？

如果要給情緒下個定義：國立台北教育大學心理與諮商學系副教授曹中瑋在一九九七年曾指出：情緒是由「內、外在刺激」所引發的一種「主觀」的激動狀態，此狀態是由主觀的感受、生理的反應、認知的評估、表達的行為等四種成分交互作用而成，並極易因此產生「動機性的行為」，促使我們去做一些事。

由此可知，情緒的引發有二個重點：一是內、外在刺激，另一個是主觀。

內、外在刺激

會引起情緒，有可能是發生某些事情的「外在刺激」導致，例如：被媽媽罵了、走路跌倒了。也可能是「內在刺激」，例如：「想到」昨天被媽媽罵的事情，「覺得」我是個不討媽媽喜歡的小孩等，都是一種刺激。

而父母要處理的，其實不只是孩子的情緒，還要能夠了解孩子「遭遇到什麼事情或威脅？」因此能夠找到「刺激的來源」是非常重要的事情。

舉例來說，如果孩子在學校常常生氣，是因為在學校常常被一些調皮的同學欺負。如果父母知道了，只處理了情緒的部分，像是要孩子「不要隨便生氣」，並不會解決問題。因為，父母真正要處理的是，怎麼去面對那些欺負孩子的同學，也就是孩子生氣的來源。

又或者是面對常常沒自信的孩子，像是動不動會說：「我做什麼事情都不會成功」、「我很不乖，沒有人會喜歡我。」這時，父母需要了解的是孩子「內在語言」是什麼，然後再進一步做調整與翻轉。

孩子的主觀世界

之前，曾提到孩子的天生氣質，再加上每個孩子的成長環境也大不相同，所以對於同一件事情的反應，本來也會有所不同。

尤其是對大人而言微不足道的小事，對孩子卻可能是驚濤駭浪的大事。如果父母沒有進到孩子的主觀世界裡，便會覺得孩子太過小題大做、大驚小怪，例如婷雅的例子，如果媽媽認為：「不過就只是去上個幼稚園，又不是把你丟在那」而覺得孩子哭得太誇張，那便是沒有進到孩子的世界裡，久而久之，孩子會沒有安全感。

一旦進入孩子的世界，父母就可以了解到這孩子會如此哭鬧，是因為從來沒有離開父母這麼太長時間的經驗，因此面對這次的「離去」，就像是把孩子丟到一個人生地不熟的地方一樣可怕。

了解情緒的功能

我非常推薦一部迪士尼動畫電影，叫《腦筋急轉彎（Inside Out）》。它用擬人化的方式，呈現出人類內在的情緒世界，例如「喜、怒、憂、懼」會分別用一個角色來代替——喜是樂樂、怒是怒怒、憂是憂憂，另外還多了驚驚與厭厭。

一直以來，女孩跟「樂樂」（代表小女孩內在「快樂」這個情緒）一直是關係非常好的夥伴，因為樂樂總能帶給自己以及身邊的人很大的快樂。然而隨著搬家、跟好朋友與父母親吵架等許多巨大變動，原本被大家喜歡的「樂樂」，怎麼樣也無法讓女孩開心起來。

女孩在面對這些困難、尋找自我的過程中漸漸發現，不同的情緒其實有不同的功能：「害怕」可以讓女孩在想要離家出走時避開危險，而「憂傷」能夠讓身邊在意女孩的人，有機會可以關心女孩，而女孩也在這成長的過程中，更認識自己，也跟家人建立更豐富深厚的關係。

我很喜歡這部動畫是因為，它其實非常貼近「情緒心理學」中提到，不同情緒有不同的功能。例如：

「快樂」：會帶給一個人很大的活力與能量，也讓我們容易跟其他人相處。
「憤怒」：可以攻擊威脅我們的事物，帶來「保護」自己與其他人的力量。
「悲傷」：能夠讓一個人好好地「休息」，也能夠招來別人的安慰與照顧。
「恐懼」：能夠避開不必要的危險。
甚至當年紀更大了一點，我們的情緒變得更複雜：
「嫉妒」：可以留住我們重視的人事物、維護自己的權益與資產。
「罪惡感」：能夠提醒我們下次不要再犯類似同樣的錯，或修補關係。
「焦慮」：雖然嚴格算起來並不算情緒，但它能夠讓我們為一些事情提早做準備。
所以有一件非常重要的事情是：**「情緒的存在，是有其功能與目的。」**

情緒是「威脅偵測器」

情緒就像是一隻最忠心的「護主犬」，它會嗅出在我們生活周遭那些「不對勁」的事物，並且用最直覺、快速的方式做出反應，目的是為了保護主人、照顧主人。因此情緒最大的功能與目的是，指出威脅在哪、協助我們去因應或面對這個威脅、滿足主人的需求。

但當我們沒有意識到外在威脅的危害，或是有一些需求沒有被滿足，而誤以為是情緒害了我們，便就會害怕情緒，並且壓抑情緒。於是情緒的壓抑，反而讓情緒這隻護主犬覺得自己並沒有盡到保護與照顧主人的責任，而更加強烈地去展現他自己。

也就是說，當父母沒有回應到孩子的情緒與需求，孩子會用更強烈的方式表達情緒，而變成大哭大鬧、過度堅持，或是強烈的沮喪。

壓抑情緒，容易招致災害反彈

然而在台灣，大多數的人其實是崇尚理性，或是只接受「快樂」這種讓我們感覺舒服且正向的情緒，卻害怕感受以及表達負向情緒。因為我們覺得情緒會傷人，也會害怕自己陷入情緒之中會無可自拔。

但是當我們害怕情緒，就會更不敢好好去「承認」自己的情緒、「感受」自己有情緒、並「看看」自己情緒是什麼樣子、合宜地「表達」情緒。如此一來，會讓情緒更被壓抑，**而壓抑的結果是，等到下一次會招來更大的反彈，就像累積很久的水庫洩洪一樣，反而會造成大災害。**自己與別人都會被突如其來的猛烈情緒給嚇到，因為自責與羞愧，讓我們下一次更不敢表達情緒。

「我的感覺不重要」等於「我不重要」

姐姐：「妹妹搶我玩具！」
媽媽：「你是姐姐，讓他一下又沒關係！」
姐姐：「可是那是我的！」
媽媽：「再買新的給你就好了啊～」
姐姐：「可是…（又著急、又生氣、又難過）！」
媽媽：「你這孩子怎麼不懂事呢！這有什麼好生氣的呢？」

壓抑情緒的習慣是根深蒂固的。很多父母不知道怎麼跟自己的情緒相處，所以也會用否認或壓抑的方式對待自己的孩子。因此，當看到孩子哭的時候，父母會說：「哭哭羞羞臉」、

「好孩子不會生氣喔，好孩子會分享玩具喔」等等，而這會讓孩子產生混淆感。

孩子內在的混淆感若翻譯成內心的OS是：「因為我不能夠再玩我喜歡的玩具，所以我很自然地難過流眼淚；我也很生氣妹妹搶走我的東西，因為那是『我的』東西。可是媽媽說我不該生氣，那我現在感受到的是什麼？」

除了混淆感，還會讓孩子造成很大的內在衝突：一方面「我想要保護我的玩具」，另一方面「我又想當爸媽口中那個不生氣的好小孩，這樣我才會被愛。」尤其年紀愈小的孩子，愈會需要爸媽的認同，也就會愈容易為了爸媽，犧牲掉自己的感受與需求，去「扮演」爸媽心目中的那個好小孩。

久而久之，當孩子長大了，遇到一些生氣或難過的事情時，孩子會不知道「自己到底怎麼了」，或是不懂或不敢難過、生氣。沒辦法覺察並運用情緒，也就會讓孩子沒辦法保護自己。

用權威壓抑情緒，會讓孩子造成內在創傷

力泓是個調皮的孩子，但他的爸爸也不是省油的燈，軍人出身的爸爸，總是用「鐵的紀律」教導著孩子，每當力泓調皮，總會獻上一頓竹筍炒肉絲，重點是，當力泓被打到放聲大哭時，爸爸會用泰山般厚實的聲音對孩子吼：「男子漢哭什麼哭！自己做的事情要自己承擔！我給你

十秒鐘，你再哭就再多打十下！10……9……」而力泓也真的如爸爸所說的，硬是把那些正在抽泣的眼淚，滿腹委屈，全都吞下肚子去。這時爸爸就會很得意，自己教出了一個有紀律、有淚不輕彈的男子漢！

對父母而言，有時候拿著「權威」這武器，是非常好用、快速的，如果又把這武器用在「處理」孩子情緒上，很多父母也覺得挺得心應手。

但長期下來，卻很可能會對孩子造成巨大的內在創傷。用高壓的方式壓制住孩子的情緒，所教導孩子的並不是情緒管理。而是在傳遞一種「似是而非」的訊息是：「請孩子你變成一個不要有感覺的人」、「孩子你的感覺不重要，你不是一個需要被好好重視、有血有肉的人」、「孩子你不要明辨是非，所有事情都只要『忍』下來。」

在我的實務經驗裡，我看到很多長期壓抑情緒的孩子，漸漸變成被情緒「隔離」的人，就像個機器人一樣，儘管外在表現不一定比較差，但卻會有一種「沒有來由」的抑鬱感，因為孩子會覺得「我活得不像自己」、「我好像一直帶著一張讓人喜歡的面具，但那不是真正的我。」

但壓抑久了，那些情緒並不會消失，總有一天會被自己的情緒突襲，產生突如其來的暴怒或憂鬱。而這種莫名襲來的感覺，會讓孩子更不敢表達自己的情緒。

如同前面所提到，情緒是偵測器，是護主犬，是因為受到威脅或需求未被滿足時會先跑在前頭的指標，**如果父母否認了孩子的情緒，等於教導孩子要放棄對自己而言覺得最重要的事情。**在孩子長大了之後，若發生任何對自己不公平的待遇時，他也會先懷疑自己，而不會想要為自己爭取應有的權益。

因此請父母捫心試問：「如果當你的孩子長大了，遇到一個會佔孩子便宜的慣老闆，你會希望孩子要忍氣吞聲、不要去保護自己的能力、被老闆吃盡豆腐也不要反抗嗎？」如果不希望的話，請在孩子有情緒的時候，好好地重視他們內心真正想保護的是什麼樣的需求。

壓抑情緒的教育，會使管教失效

如果不談長遠的影響，就短期來看，壓抑情緒的教育，對父母的管教也會變得愈來愈艱辛。

一個不鼓勵孩子表達情緒的家庭，很容易當孩子壓抑久了，某一天內在的委屈與不公平會突然反彈、爆發，引發更大的衝突；又或者是孩子漸漸情感麻木、死亡，不論大人們怎麼加強管教，對他而言，都已經不痛不癢了。

事實上，根據我的觀察，有一些社會上做出極端暴力的犯罪者，也常常是身處在一個不允許表達情緒的家庭環境中長大的。於是長期的情感壓抑與自我麻痺會導致一個人「心死」。心死的感覺其實是很難受的，感覺自己像個行屍走肉一樣。所以他們會找更多、更大的「刺激」，或是用很極端的方式表達內在的憤怒，因此才會在報章雜誌上會看到一些很極端的犯罪或暴力行為的產生，其來有自。

情緒的大腦結構：感性腦與理性腦

思慈跟媽媽的衝突常常一觸即發，明明是一件微不足道的小事，卻常常會演變成天翻地覆的大衝突。

這天，思慈在房間裡頭玩著手機，媽媽說：「你房間那麼亂，怎麼還不去整理？」思慈一聽到媽媽的聲音，就有種厭煩的感覺。因為心裡不舒服，所以思慈敷衍地說：「好啦！」但心裡卻更想逃到手機的世界裡。

媽媽看到思慈的漫不經心，火氣就開始上來了：「我講話你到底有沒有在聽！」思慈聽到媽媽這麼一說，口氣也好不到哪去：「你講話有必要這麼兇嗎？」

媽媽也不是省油的燈，回說：「我好聲好氣跟你說話，哪裡兇了？而且房間亂成這樣，出去外面被人家看到豈不是被人笑死，人家會說我女兒都不好好教，我這麼愛乾淨，怎麼會生你這種女兒。」

思慈聽了當然不舒服，也回嗆：「這是我的房間，你憑什麼管，如果你看不順眼，就不要看就好啦！當你女兒也不是我願意的啊，當別人家的女兒說不定還比較快樂！」

這是思慈與他的媽媽，每天上演的戲碼。這時兩個人的火氣都已經停不下來，講出來的話已經全是傷人的氣話。當初收拾房間的事情，也早就被拋到九霄雲外了。

你會不會常常有這種經驗：每當情緒上來、漸漸失控的時候，原本要談的那些重要，或是正確的事情，卻常常「偏離主題」，反而搞得所有人都碰了一鼻子的灰。

為什麼我們總會被情緒帶著走呢？

要理解情緒，理解為什麼會失控？就必須先了解大腦結構。其實整個大腦結構以及情緒處理的機制很複雜，但簡化來說，就是將大腦分為「低路——感性腦——杏仁核」與「高路——理性腦——前額葉」。

杏仁核	前額葉
• 感性腦 • 生死存亡、戰逃呆 • 力道大 • 速度快，只需0.0002秒 • 出生數個月成熟	• 理性腦 • 判斷、衝動控制 • 作用長 • 需時間 0.2秒 • 20歲成熟

大腦的結構及功能

高路——理性腦——前額葉

「高路——理性腦」，是指大腦的「前額葉」，主要是負責思考、規劃、衝動控制、解決問題等部分，也就是一般人所講的「高EQ」行為，像是父母希望孩子可以「好好講道理」，就是由前額葉所負責。

但是透過「大腦的結構及功能」的這張表可以知道：

第一，前額葉的「力道」比起杏仁核來得弱很多，當杏仁核與前額葉打架時，也就是當「脾氣上來了」，但又要「好好說話」的時候，前額葉大多數會打輸，大概就是「驚濤駭浪」對上「涓涓細流」的差別。

第二，前額葉的「成熟」非常晚，平均十八至二十歲時才會成熟。對年紀小的孩子而言，他們語言表達能力相對差，所以常常會有種「辭不達意」的著急感，我看到很多孩子的挫敗感來自於，他們沒有辦法妥善地表達他們內心真正的想法。

對青少年而言，前額葉稍微成熟一點，但是再加上賀爾蒙、發展階段、身心變化等，也會讓青少年的情緒起伏變得很大。

所以當孩子說「我知道，但我做不到」時，請相信，這是真的！這是大腦結構發展尚未完全的關係，我也常跟夥伴開玩笑地說，孩子的腦「還沒長好」，所以「腦袋有洞」是真的！而孩子也常常因為控制不了自己的脾氣，會有種力不從心的挫敗感。

低路——感性腦——杏仁核

至於大腦的另一半「低路——感性腦」，則是由「杏仁核」所負責。杏仁核所處的位置在大腦深層的核心地帶。

它之所以在核心地帶，有兩個意義：一是它早在原始人時代就已經存在，二是它是人體很重要的構造，需要被放在大腦深處好好被保護著。

為什麼杏仁核這麼重要？因為它負責的是人類在遇到「攸關生死存亡」的事情時的反應——「戰、逃、呆」這三種。

舉例來說，在遠古時期的森林裡，遇到突然冒出來的黑熊，這時杏仁核會快速地協助你必須立即地做出反應：決定要跟黑熊打一架的「戰」、要逃離現場的「逃」、還是要關掉自己感覺的「呆」，以減少被攻擊、吃掉的痛苦。

也因為杏仁核負責的是跟生死存亡有關的事，所以杏仁核的力道大、時間反應短，有時候往往自己都還沒有意識到，情緒就已經衝上來了。

在現代社會，雖不會有黑熊追著我們，也很少遇到真正危及生命的事情，但是「**不被喜歡**」**卻是現今社會中最大的生存危機**。尤其是被爸爸、媽媽、同儕這些重要的人不被喜歡時，更是會引發孩子的生存危機。特別是在孩子很小的時候，如果父母「不認同我、不愛我」在意義上幾乎等同於「我不會被照顧」，甚至「我可能會死掉的」。同樣的，在手足之間的競爭，也是想確保：「我能不能得到爸媽足夠的關注資源」。

所以，當父母責罵孩子、說要丟掉孩子時，便就會勾起孩子的生存危機，而引發「戰、逃、呆」的三種反應。

①**戰**：當父母罵孩子時，孩子會反擊：「我才不是這個樣子」、「我最討厭你！我不要你當我的媽媽」、「你們都去死」。

②**逃**：當父母生氣時，孩子不回應、減少接觸、打岔、玩手機轉移注意力、找理由推托。

③**呆**：親子有衝突時，孩子會發楞、發傻、腦袋斷線、當機、麻木。

但事實上，當孩子出現這些反應，只會讓父母更抓狂、發火而做出更讓孩子更倍感威脅的反應，於是孩子就更想要用「戰、逃、呆」來回應父母。這是因為孩子在大腦的杏仁核基因裡，早已被設定好想要「活下來」的策略。

千萬不要變成「爬行動物腦」而虎毒食子

但問題來了，在親子衝突時，孩子會被啟動杏仁核所負責的「戰、逃、呆」反應，父母也是，於是會出現以下情況：

①**戰**：父母開始攻擊自己的孩子，例如說：「你怎麼那麼不懂事、我真的恨不得沒有你這個兒子……」。

②**逃**：父母為了迴避衝突與不舒服，而陷入「拒絕溝通」的狀態，例如：會不想要再次跟孩子說話，因為「反正講了他也不會聽，也不會有用……」，或是討好小孩：「我給你買或吃東西，你就不要生氣（或是乖乖幫我做事）。」

③**呆**：父母表現出不知所措、腦袋當機、感覺無力，甚至直接放棄。

美國教育學家珍．尼爾森（Jane Nelson）博士在《正向教養》書裡曾提到「爬行動物腦」這個比喻：爬行動物在遇到一些特殊危機時，會吃掉自己的孩子。而人類在遇到衝突時，即便平時愛子心切，但在杏仁核被激發的情況下，理性的大腦會轉為被「爬行動物腦」，也就是「感性腦」所控制，而可能會做出種種傷害自己孩子的事情。

也因此，當父母身處「衝突」時，應該避免自己的大腦被「爬行動物」化，而在盛怒之下做出傷害彼此的事情，並要試圖讓自己與孩子的大腦，從「低路——感性腦」恢復成「高路——理性腦」才行。

父母應先談情緒，再談道理

所以，想要讓自己跟孩子可以維持這個「高路——理性腦」的狀態，甚至丟掉情緒化的自己？身為父母的我們應該要怎麼做呢？

很多父母過去慣用的作法是「跳過」自己與孩子的情緒，直接跟孩子談理性、講道理，告訴孩子，父母覺得正確、應該的事情，像是：

「跌倒又沒什麼，拍一拍站起來就好！沒什麼好哭的」、「如果你不要一直玩遊戲，這次也不會考那麼差」、「你講話怎麼那麼沒大沒小？」

但父母是否發現，儘管這些道理大多數都是很正確，但是用處卻不大。而且實際操作下來，發現愈講，彼此情緒愈大，孩子到最後根本聽不進去這些很有道理的話。

因為心理學有個詞，叫「情緒相依記憶（mood-dependent memory）」：**當我們處在某個情緒的時候，只會篩選並接收到「符合當下情緒的資訊」**，對於其他情緒或訊息，我們不會有太大的反應。

所以當我們很生氣的時候，就會去找尋過去所有對方所做的壞事情，以「佐證」我的生氣是有道理的；當孩子覺得很「不公平」的時候，孩子也會找到所有微不足道的小事情，證明爸媽偏心；當父母覺得孩子對父母沒大沒小時，就會找很多證據，來證明孩子不重視自己。

也因此，父母便很容易會「陷」在這個情緒裡面。甚至反覆地被自己所「篩選」出來的這些負面情緒給傷害，不斷地回想著對方對我們所做的糟糕事情，而不自覺地說出可能會傷害對方的話語。

如果回到大腦科學前額葉與杏仁核的抗衡：剛剛提到前額葉的涓涓細流往往是抵擋不住杏仁核的驚濤駭浪。多年來深入研究大腦神經科學、心理治療與兒童發展等領域的精神醫學教授丹尼爾．席格（Daniel J. Siegel）在他所著作的《第七感：自我蛻變的新科學》指出：**一旦杏仁核被激發十八分鐘，就會進入備戰狀態四小時。**而過了四個小時之後，才有機會慢慢地解除緊張備戰的狀態。

直到杏仁核有機會被「冷卻下來」，父母及孩子才有機會，可以恢復「高路——理性腦」的思考，而父母也才有機會，把要教育孩子的正確道理及事情，好好地跟孩子溝通，讓孩子可以聽得進去。

12 如何協助孩子管理情緒，不暴走！

「為什麼每次孩子都不聽話？」似乎是每個父母最深的感受，但在教孩子管理情緒之前，最需要是先管理好自己的情緒，覺察自己的痛點，才能檢視孩子的問題，進而決定用什麼方式好好跟孩子溝通。

調節情緒三步驟——停、看、應

上一章節講了關於大腦與情緒之間的關係，及引發情緒的原由，為的就是讓父母能多多了解孩子情緒背後所隱藏的原因，並以同理心的方式去貼近孩子，跟孩子溝通。

但身為父母的我們，遇到孩子的情緒問題時，該怎麼做呢？

最重要的是，**我們需要先安撫自己的杏仁核，讓自己冷靜下來，再安撫孩子的杏仁核。**當父母的杏仁核被安撫下來時，才能處理孩子的事情，並教導孩子如何正視自己的情緒。具體而言，可以採取我所引用周慕姿心理師的《情緒勒索》一書中關於「停、看、應」這三步驟，來幫助孩子在面對自己強烈情緒起伏或不安感時，很重要的自我提醒與照顧。

協助孩子情緒調節三步驟

停	·父母離開現場 ·調節自身情緒，例如：深呼吸
看	·父母被勾動的議題 ·孩子的情緒、需求
應	·放涼、同理、回應需求 ·讓孩子自己解決問題

停——衝突當下，先離開現場、深呼吸

父母跟孩子溝通，發生衝突時，最忌諱「泥菩薩過江，自身難保」。

因此在衝突當下，建議最好離開現場，然後轉移注意力，做做深呼吸，讓自己的情緒緩和下來，才能思考下一步要怎麼做。

離開現場

尤其父母在自己也有情緒的當下，可以先試著調節自己的情緒。像之前曾提到「爬行動物腦」，當父母的杏仁核處在激發狀態時，跟孩子的互動就會變成「戰鬥模式」，不只無法做出幫助孩子的正確決定，還反而會不小心傷害孩子。

因此，調節自己情緒，最直接、有效的方法，就是暫

時離開那個引發自己情緒衝突的情境，主動地「離開現場」，讓自己的情緒稍微降溫一點。

轉移注意力、深呼吸

離開現場之後，先稍微做一些讓自己開心、放鬆一點的事情，例如跟另一半或其他可以懂你的人聊聊，甚至就只是出去散步、走一走、轉移注意力，都是好的。像是在轉移注意力方面，我建議可以數數字，從1數到100，再從100數到1，讓自己分心一下。

而我個人最推薦的是「深呼吸」：左手撫摸著自己的胸口或心跳，感覺一下自己的呼吸與心跳，把注意力回到自己身上，而非剛剛的情緒事件，接著帶領自己做幾個深呼吸。

深呼吸有幾個重點：第一，把注意力放在自己身體的感覺，例如空氣經過鼻子邊緣時，那種輕輕掠過你皮膚的感覺、胸口的起伏、肺部的擴張等；第二，深呼吸的重點在於「吐氣」，讓自己的把所有的空氣全部吐出來之後，你就可以自然而然的吸氣，而不會不小心變成過度換氣。第三，試著讓自己的呼吸「放慢」，讓呼吸愈長、愈緩愈好，平均一個深呼吸，可以做到大概十五秒。如果有練瑜伽，或其他運動有自己熟悉的呼吸法，當然都可以用自己熟悉的方式。

除了純粹的呼吸之外，也可以帶入一點點冥想或自我對話，例如在呼吸的時候，一邊摸著自己的心跳，然後讓注意力回到自己身上，並在心中想：「**我可以感覺到我的呼吸、我可以觸碰到我的心跳。雖然我現在很生氣，但我是有能力讓我自己慢慢地、沈澱下來。只要我照顧好我自己，事情必定能夠順利地發展。**」

當父母對於調節自己的情緒很熟悉之後，有時遇到情緒起伏沒有那麼強烈的時候，就可以不用離開現場，只要「意念」稍微離開一下下，便可讓自己的情緒稍微降溫。

離開是為了保護關係，不是遺棄孩子

有很多孩子，因為父母的離開，反而引起更大的情緒反彈。為什麼呢？

很多父母的離開，是帶著：「算了，我對你也無能為力了。我已經不想管你了，那你就自生自滅吧！」的心情。甚至有些父母的離開，是在展現一種對孩子關係的威脅，或是變相的情緒勒索：「如果你不聽話，我就要走掉囉」的心態。這種離開，往往給孩子一種「被遺棄」的感受，當然會帶給孩子更大的情緒反彈。

因此再次強調，**這裡「離開現場」的目的，不在於懲罰孩子，而在於「幫助自己恢復到一個比較冷靜、積極、有效能」的狀態。**

所以遇到這種狀況，建議不妨在事前就與孩子先談好：「有時候媽媽也會很生氣，不小心對你很兇，你也不喜歡媽媽很兇，對不對？所以之後我們吵架的時候，媽媽會離開一下下，等我覺得比較不生氣的時候，媽媽會回來找你。」

或者當父母在離開現場之前，也可以簡短地跟孩子說：「媽媽現在要去房間冷靜一下下，讓生氣的媽媽休息一下。五分鐘之後，媽媽會再回來找你。」

強調「我會回來」，甚至「多久之後回來」，都有助於父母在離開現場時，讓孩子知道：「媽媽現在不是要遺棄我，而是透過讓彼此冷靜的方式，幫助我們兩個。」

而父母的情緒調節，對孩子而言，也是最好的身教。有趣的是，很多父母會發現這樣的練習做久了，有一天會發現，孩子在某一次同樣情緒激動的時候，也會學父母說：「我現在需要冷靜一下。」

看——覺察自身情緒、孩子的痛點

當父母的情緒稍微被降下來之後，便可以把「覺察力」放回自己身上，問問自己：「剛剛的我，怎麼了？我怎麼會這麼生氣？」並在穩住自己、看清楚自己怎麼了之後，才會開始有能力去看看孩子怎麼了。

父母怎麼了？

在覺察自己的情緒方面，我建議父母把「為什麼每次孩子都不聽話」轉為「我被孩子踩到了什麼痛點？」以下我陳列一些常見的例子：

孩子每次都不把房間收好——孩子不聽我的話，讓我覺得很無力。

孩子又一直纏著我要我陪他——我覺得好累、壓力好大。

孩子又開始鬧脾氣了——我覺得我好像被孩子勒索，好像我一定要照他的意思去做，讓我感覺很不被尊重。

因為管理情緒的前提，必須知道自己怎麼了，因此要把注意力從孩子的行為，轉到「我的內在發生了什麼事？我被踩到了什麼痛點？」先看清楚自己怎麼了，才有辦法進一步照顧孩子。

不過，孩子鬧脾氣是無可避免的，父母有情緒也是正常的。但父母必須把「管理自己情緒」的責任拿回來到自己身上。

怎麼說呢？很多父母表示：「孩子都這樣子胡鬧了，我能不生氣嗎？」你當然可以生氣，因為生氣是最原始的感受湧上，不必壓抑。但是父母在生氣的同時也可以決定，是否要對孩子口出惡言反擊，甚至打罵或不當體罰孩子，而這就是「把管理自己情緒」的責任拿回自己身上，才不會發生處罰過當，造成傷害的情況發生。父母也可以提醒自己：「或許我不能控制我的情緒產生（因為情緒反應是反射性的），但我能夠決定，要用什麼方式『表達』我的情緒。」

孩子怎麼了？

當自己情緒穩住後，就可以冷靜去覺察孩子的情緒背後所隱藏的問題。在這裡，就要應用之前所提到的思考方向：「孩子的痛點在哪」、「為什麼他會這麼生氣、難過、堅持」、「他的情緒想告訴我什麼訊息？」

父母必須要不斷地細問自己這些問題，直到自己有一種「**站在孩子立場**、**感同身受**」的體會才行。舉例來說，當我問：「孩子怎麼了？」父母如果說：「他只是在逃避責任！」代表父母是站在自己的立場在評斷孩子；但如果父母可以體會到：「他其實對於自己要完成這些事情是很沒信心的，所以不想寫作業。」就是站在孩子的立場去思考。

應——接納與同理：幫孩子「說」出情緒

而當父母穩住自己，也了解孩子的處境後，就比較有能力可以回應孩子的情緒。

面對負面情緒，最重要的事情，就是接納。接納就是讓情緒「如其所是」的存在。

怎麼接納情緒呢？同理其實就是最好的接納。

在同理這件事上，我想提出三個重點，一是同理，二是區辨，三是給孩子練習表達的機會。

同理：被懂，就會停止用情緒散發求救訊息

把人的內在想像成「一杯水」，如果裡頭全部都是「情緒」的水，自然難以裝進「理性」的水。而「壓抑」情緒也只是把杯子密封起來，但又不去管水（情緒）的來源是什麼，自然會讓孩子的情緒水庫爆發、潰堤。

父母該怎麼同理呢？

同理，就是「設身處地站在孩子的立場，像是他肚子裡頭的蛔蟲，直接將孩子的『感受』說出口。」例如：「你的玩具被弟弟搶走了，你覺得很生氣、不公平」、「你覺得媽媽今天

都沒陪你，你覺得很難過！」重點不只是「感受到」，還要「清楚地表達出來，讓孩子知道你懂他。」

情緒是有目的性，而孩子在家中的情緒，往往是在跟父母發出求救訊息，表達自己受到威脅，或需求未被滿足。因此當你說中了孩子的心情時，孩子的情緒通常會降下來，或是從防衛的情緒，例如生氣，轉為脆弱的情緒，例如悲傷。

所以要了解孩子需求有沒有被父母「聽懂」，有一個很好的判斷標準是：**「孩子如果一直『跳針』，重複一件事情或一句話，往往代表父母還沒有真正『聽懂』孩子的心情。」**這時，父母要再問問自己，孩子在意的究竟是什麼？

當父母能讓孩子深刻感受到「爸爸或媽媽懂我」，他自然就不需要拿著情緒的旗子大肆揮舞著，跟父母吶喊著：「我希望你們好好看看我！」

因為，能夠被父母「聽懂」的孩子，是幸福的。

區辨：我同理對了嗎？

但有時父母會發現：「我已經好聲好氣地跟孩子說話了，可是他不只沒有冷靜下來，反而情緒愈來愈激動。」

而這樣的現象，有三種可能：

①可能是父母沒有同理到孩子正確的情緒。舉例來說，孩子一直在鬧脾氣，說媽媽都不陪自己。但媽媽一直說：「我知道你很生氣！」卻沒有讓孩子的脾氣緩衝下來。這很有可能在於孩子真正想要的需求，只是要媽媽陪著自己表達害怕、失望與難過的情緒。所以當媽媽說：「媽媽不在你身邊的時候，會讓你好害怕、好難過，怕媽媽丟下你一個人，是嗎？」孩子這時才落下眼淚，投入媽媽懷抱。

②可能是父母在回應孩子時，口氣不好。其實人跟人之間的溝通，非語言就佔了93%，雖然父母講：「我知道你很生氣」，語氣卻是很不耐煩的，甚至讓孩子感覺到：「你這麼生氣是沒有必要的！」而這些沒有說出口的情緒，孩子一定都會感受得到。

舉例來說，我曾看過一位爸爸，很努力地上了許多成長課程，也看了很多書，還筆記很多「正確同理孩子的標準句型」回家用，但我發現這位爸爸每次在說話的時候，鼻子都會吐出很大的聲音，加上一個大大的白眼，讓人感覺很「不屑」。這些不經意的動作讓他的另外一半以及孩子感覺非常不被尊重，導致他的溝通效果不佳。這位爸爸其實一直很挫折，覺得自己這麼努力地傳達善意，卻一直被曲解。後來才知道，原來是自己那93%的非口語反應在作怪。

③可能是孩子的「工具型情緒」。孩子生氣或哭泣，固然是真實的，但不斷地發脾氣或哭泣的過程中，也有一個很重要的功用是：「讓父母注意到我」、「想達到我的某個需求」。

舉例來說，有個孩子一直哭泣，是希望媽媽不要離開自己身邊。所以媽媽愈待在孩子身邊，孩子反而哭得愈傷心。因為孩子知道，只要自己不哭了，媽媽可能就會真的離開了。

要判斷孩子是不是使用工具型情緒，有個很好的判斷標準是：「孩子有沒有因為我的作為，而使他原本有的情緒，變得愈來愈誇張？」或者是：「孩子是否只會對某些特別的人物、情境，而有特別的反應？」例如：有的孩子只會在媽媽面前哭鬧、而不會對爸爸耍賴。如果是的話，代表孩子可能在表達情緒的同時，享有額外的好處：可能是想要的東西，或是能夠得到額外的關注（被處罰也是一種關注），讓父母能夠順從自己。

如果孩子的情緒是工具型情緒時，父母要做的反應，就不再是同理，而是採取「保持關注的冷處理」，幫助孩子的情緒自然降溫。

提供孩子練習表達的機會

父母若同理的方式正確，孩子的情緒就會慢慢地降下來。

而當孩子年紀愈來愈大、語言表達能力愈來愈好時，父母也可以保留或創造一些機會，讓孩子練習「把自己的感覺說出來」。

例如：當孩子哭泣時，父母可以說：「發生什麼事了？怎麼流眼淚了呢？」讓孩子用自己的話來說說自己的心情。如果孩子說不出來，父母再幫忙孩子猜猜看：「是難過嗎？還是受委屈了？」最終目的是希望孩子能夠表達自己的情緒。

為什麼要教孩子「說」自己的情緒，是很重要的事情呢？

因為情緒在人體內竄動，如果不說出來，孩子很容易只會用一種情緒反應，例如哭或生氣。但如果孩子能夠感覺並指認出來：「我現在流眼淚、鼻子酸酸的、胸口悶悶的，這些感覺就叫做『難過』。」就能夠幫助孩子意識，甚至處理這些情緒。

「將內在的情緒，指認出來，並學習如何去處理」的過程，正是我們所謂的「情緒管理。」

孩子從很小的年紀就可以練習表達了。

我有一個朋友的孩子，僅僅一、兩歲，就能夠在玩遊戲器材時說出：「媽媽，不見，翔翔，怕。」─表達出他看不到媽媽的害怕。但因為媽媽在旁邊繼續用聲音陪伴著他說：「你會害怕是嗎？你還想繼續玩嗎？」於是翔翔繼續奮力地往前走，帶著害怕的心情嘗試玩遊戲器材，並說：「翔翔，還要玩。翔翔，不怕。」

翔翔才兩歲，就能夠面對自己內在的情緒，而不是「哇」的一聲大哭，困在那等著媽媽來拯救，並用語言鼓勵自己前進並探索。而媽媽在過程中也沒有「出手」幫忙，只是讓翔翔感覺到有人在旁邊陪伴。這樣的陪伴，會讓翔翔更願意去嘗試一些他原本害怕的事情。

而這種「說的練習」，尤其適合運用在行為較衝動，或因情緒困擾而衍生成行為問題的孩子。例如：因跟妹妹吵架而會動手打人的小孩，或是因為鬧脾氣在地上耍賴不動的小孩。

在心理治療中，有一句名言叫：「能夠說，就不會做。」所以，孩子能夠「說出」：「我對妹妹很生氣」，就不會「做出」打罵妹妹的舉動。

平常父母若能夠持續地「鏡映」著孩子的情感，也就是像鏡子一樣反映出孩子的內在感受，那麼孩子就會慢慢地認識，並練習表達自己的感受，久而久之，便會增進孩子對於自己情緒的認識與表達，以及管理自己情緒的控制感。

放涼的藝術，保持關注的冷處理

情緒管理其實也分二種：一種是如上面所講的，父母是採比較「主動」反應，但也有另一個方式是「冷處理」。

這裡的「冷」，並不是賭氣或冷戰，而是在情緒當下，讓孩子被激發的杏仁核也可以稍微降溫一下，使父母跟孩子都能從「低路——感性腦」恢復到「高路——理性腦」。

作法上，其實一樣，都是在衝突當下，離開現場、轉移注意力、數數字、深呼吸等等，只要有效即可。如果父母親調節自己的情緒有效了，自然能夠教孩子，怎麼合宜地控制自己的情緒。不過，在「冷處理」這邊，我想介紹給父母一個好用的工具：「安靜角」。

何謂「安靜角」？

在珍．尼爾森的《正向教養》書裡，也將「安靜角」稱作「積極的暫停」（Positive Time-Out），強調這個「暫停」是有「積極」的功能。

作法是：**「當孩子有情緒的時候，可以讓他去到一個他覺得安心的小角落，在這個小角落裡頭，孩子可以盡可能地做一些讓自己舒服、開心的事情。」**

舉例來說：有的孩子會在他的角落裡頭玩玩具，有的孩子會去洗香香（洗澡），有的孩子會躲到他的一個小小秘密基地，裡頭有他最喜歡的玩偶陪伴，在那邊跟玩偶、跟自己說說話。

注意！這個安靜角，不是用來「隔離」孩子，更不是用來「處罰」孩子的不聽話的。反過來，是創造一個空間，讓孩子可以安全地去面對與處理自己的情緒，只是這個面對，並不是「父母在旁邊一直同理跟反應」，而是讓孩子「用自己的方式安撫與處理自身情緒」，消化自己跟父母的衝突與緊張。

而在操作上也有一些小地方可以注意：就是必須先跟孩子事先討論「安靜角」的意義，以及萬一當孩子拒絕安靜角時，該怎麼處理？

事先討論「安靜角」的意義

父母在平常跟孩子還沒有衝突的時候，就需要先跟孩子約定好。例如：父母可以跟孩子說：「美琪，你還記得昨天我們因為某某事情而爭執嗎？當時我們兩個人都很不開心，常常沒有辦法好好講話。所以我們下次又不開心，沒辦法好好說話的時候，可以找一些方式，先讓自己好過一些。」

接著就可以提出「安靜角」的這個概念。並說明這樣做的目的不是懲罰，而是要讓彼此都覺得好過一點。甚至可以取一個有趣名字：「美琪的祕密太空船」，創造一個屬於孩子專屬空間。

有個具體地點的好處，是可以讓孩子一進到這個角落或空間，馬上體會到放鬆與開心的感覺。人是非常仰賴情境線索的，如果每次在安靜角，都能夠讓孩子感覺到放鬆的，因此在情緒激動的情況下，進到安靜角是非常有助於孩子快速地調整自己的情緒。

當然，安靜角的作法也可以有一些彈性，不一定是具體的空間，例如做做深呼吸等自我調節動作，某種程度上也是心理上的安靜角。但不論是什麼，只要掌握一個大原則，就是在孩子情緒很激動的時候，可以幫助孩子用他熟悉的方式讓自己先平穩下來，才有機會做下一步的溝通。

當孩子拒絕安靜角時

安靜角並不是處罰，但當孩子年紀比較大，或進入青春期時，會覺得這種方式很幼稚。也有的孩子從一開始就認為父母的這種方法，是另一種形式的懲罰，而心生排斥感，並反駁說：「我才沒有情緒！有問題的是你！」或是直接拒絕說：「我不要！」

父母這時也不需要強迫孩子，否則只會陷入另外一種權力相爭。只要以退為進地跟孩子說明：「那我會去『我自己的祕密基地』待一陣子，因為我也想讓自己好過一點，再來跟你說話。等你覺得好一點之後，你再來找我。那時候，我們再來好好談談。」

在這個過程中，只要把握著：「決定自己要做什麼，而不需要求孩子該做什麼。」就不容易陷入權力相爭的衝突中。

放涼的好處

當父母用安靜角來冷處理孩子的情緒時，會發現有不少好處：

首先，父母可以發現孩子其實「有能力」可以處理自己的情緒，不論是父母對孩子，或是孩子對他自己的情緒處理都很有信心。

父母也可以在孩子情緒已經穩定下來之後，讓孩子知道父母其實是關心著他的：「剛剛你在哭的時候，媽媽一直在旁邊看著。可是那時候你太難過了，所以我好像怎麼說，你都聽不進去，所以我就在旁邊等你。」反映出孩子其實有能力可以處理自己情緒的部分：「不過我看到你一開始很難過或很生氣，後來你慢慢地冷靜下來了，好像沒有那麼難過或生氣，也比較能夠聽媽媽說話了。」

其次，也可以避免孩子的情緒變成工具型情緒。也就是當孩子哭泣或生氣時，是為了爭取「附加價值」：「爸媽會因為我哭或生氣，就過來關注我。即便是罵我，我至少不會被忽略。」如此一來，父母反而要花費更大的力氣去跟孩子對話。而透過安靜角的冷處理方式，父母可以在事後，等孩子比較冷靜時才跟孩子對話，這時孩子比較能夠學到：「當我情緒比較平穩地說話時，別人也會比較願意跟我說話。」

♥心理師與父母的暖心互動

其實在教導孩子管理情緒的同時，身為父母的我們當然也要自己先走過一段。也就是說，父母本身也不能夠太害怕情緒，對於情緒的認識、表達、處理太過陌生，才有辦法去回應孩子在情緒上所遇到的所有問題。

主動出擊 vs. 被動等待的判斷

關於情緒管理，到底什麼時候父母要「善用同理，主動出擊」？什麼時候要「放涼冷處理，被動等待」？其實是需要依靠父母的智慧來協助判斷。因此，關於這個部分，我有三個建議及考量：

①**考量孩子的年紀**：年紀小一點，父母的反映可能會多一點；孩子成熟一點，就可以多讓孩子練習表達，或調節自己情緒。

②**考量孩子的情緒是否是工具型情緒**：也就是每次反應孩子的情緒，總是要花了很大的心力，而且還愈來愈麻煩。如此一來，就可以試試用「放涼」的冷處理方式，先讓孩子緩和

自己的情緒。

③ **考量父母自身的狀態：**如果父母還有很大的心理空間時，當然可以多做一點。但若發現自己也已經有情緒了，父母自己也應該先去「避避風頭」。

學習面對自己的情緒

如果父母對於自己的情緒太過陌生，努力了很久，自己還是很容易情緒暴走，可以試著跟信任的朋友或伴侶討論：「我剛剛是不是很激動？剛剛我發生了什麼事了？」或是試著找一些自我成長課程，或談幾次心理諮商，了解自己怎麼會「知道了，但卻做不到」。

情緒管理，絕對不是一件輕鬆、容易做的事情。不過話說回來，如果連父母這樣一個「受過教育」、「擁有發展成熟的前額葉（負責衝動管理）」的大人都無法做到這件事情，我們又該如何教導孩子，變成我們想像中那種「理性、成熟、穩重」的樣子呢？

Chapter 3 破解孩子狀況，教養之路不卡關

在清楚了解教養孩子時的一些觀念及心法後，接下來會針對目前常見的孩子狀況，做更具體的說明與解釋，以及明確的應對方法。相信透過這些反覆練習中，不但能解決你與孩子的問題，更看見你與孩子的潛能，重現家庭的和樂氛圍。

|13|

總是長不大的「巨嬰型」孩子

什麼是「巨嬰型」孩子？就是在心態上長不大的小孩，老是希望父母能幫忙解決所有事情。面對這樣的小孩，父母能夠給的最大禮物，其實是「放手」及「相信」。

什麼是巨嬰型孩子？有什麼特徵？

第一次見到建華，是在開學後一個月。

導師氣沖沖地跑來輔導室跟我說：「他真的是個很難溝通的孩子！作業常常不交，上課又常遲到，要他一起做打掃工作，他也一副愛理不理的樣子，我看他分明是要跟我作對！」

本來以為他是個很高傲的孩子，後來見到建華本人，發現他像是卡通人物般，有個胖嘟嘟的臉頰。建華第一次看見我的時候，也沒有打招呼，就只是眼神低看著地上，害羞的樣子不像是老師口中的叛逆份子。

後來慢慢地跟這位孩子聊，發現建華是一個非常沒有自信的孩子。在班上沒什麼朋友，因為不知道要怎麼加入別人的話題，總是獨來獨往，課業也常常跟不上。在人際與學業的雙重挫折下，他漸漸地不愛來學校，時間一久，課業愈來愈跟不上，跟同學的相處也愈來愈困難。

孩子的問題是有趨勢的。現在這個世代，最常見到的類型之一就是「長不大的孩子」。如果要給這樣的孩子一個形象，我會形容這樣的孩子是**「巨嬰型」的孩子：身體雖然長大，但心理還是像個大嬰兒一樣。**

巨嬰型的孩子有什麼特徵呢？

一、外型

他們外表常常看起來像是嬰兒般圓滾滾地。但透過進一步的接觸，會發現他們沒什麼自信，也缺乏面對現實生活中挑戰與壓力的勇氣。

二、挫折容忍度低

巨嬰型的孩子在客觀上的聰明才智或能力不一定是差的，甚至我也遇過有些巨嬰型的孩子，在某些擅長的科目是可以拿到一百分。但他們在面對挫折時，常常會因為不知道該怎麼面對，所以就會躲起來。在學業上，可能不交作業、不去上學；在人際上，也開始跟朋友漸行漸遠；在生活上，很容易半途而廢或不願意去冒險。若硬是要貼個標籤的話，可以稱之為「挫折容忍度很低」的孩子。

三、對自己的逃避與無能感覺痛苦

然而，對孩子而言，無法面對現實生活中的挑戰，例如：總是要被催繳作業、總是交不到朋友，本身就已經是一件很挫敗的事情。更痛苦的是，孩子也知道自己總是在選擇「逃避」，而看不起自己、對自己沒信心的。

但每當我說：「這樣的孩子，其實是很痛苦的！」卻有很多人會質疑：「孩子不用寫作業了、很多事情也都不要求了，孩子到底還有什麼壓力？」

的確，他們逃避掉了一些責任，但最主要的壓力並不是來自於這些「外在的要求」，而是這些外在的要求，會勾起他們面對過去那些挫敗經驗時的無能感。畢竟外在的要求可以「被完成」，可是內在對自己無能的厭惡，卻是擺脫不掉的。

也就是說：**「巨嬰型的孩子對於自己的『無能』，其實是非常痛恨且痛苦的」**。而這份「我覺得我無法完成這些挑戰與任務」的無能感，才是巨嬰型的孩子，要面對的最大挑戰！

這一點非常的重要！因為很多巨嬰型的孩子，常常會被周遭的人視為「你怎麼總是在逃避責任」、「如果趕快把該做的事情完成，就不會被罵、被處罰了啊！」尤其我們這個社會基本上是崇尚「負責任」這個價值觀，這種責備會更加強烈。

如果父母看到孩子總是做不到那些看似簡單的事情時，就會非常著急，而加強「碎碎念」的力道，希望孩子能夠趕快完成自己那些功課，或生活上的種種雜事。

但若能夠站在孩子的角度去看孩子的「不做事」，或許就可以知道，其實他們的逃避，是在說：「面對這些挑戰，我真的好害怕、好痛苦！」甚至是一種求救：「我不知道該怎麼辦？我真的好需要你的幫忙！」而當孩子逃避得愈強烈，也代表孩子的痛苦指數，或許已經超乎你的想像！

「巨嬰型」孩子的家庭

最典型的巨嬰型孩子的家庭，是在生活上「父母做太多、孩子不用做」；在情感上過度保護孩子。另外，過度不切實際的讚美，也會讓孩子無法真實地去看見的樣貌，而反而讓自己更沒信心。以下針對這三個部分再詳細說明：

一、父母做太多、孩子不用做

專門收集中國明清時代的笑話集《笑林廣記》裡頭有一個非常經典的故事：

有一個懶女人叫做「蘭花」，她生活的大小事全靠丈夫一首包辦，有一天丈夫需要出遠門，怕太太餓死，所以特地做了一個大餅，這個大餅中間有一個洞，剛好可以讓大餅套在脖子上，避免蘭花餓肚子。

然而在丈夫出遠門回來之後，才發現他的太太已經餓死在家裡足足三天了，丈夫才發現，他的太太蘭花因為「懶」得移動，所以只吃了靠近嘴巴的那一小塊餅而已。

很多父母希望能夠「給孩子一個無憂無慮，可以好好安心念書的環境」，或是「這些家事讓你來做，太花時間了，乾脆我來處理就好。」所以自然而然地把生活中的大小事自己攬起來，為孩子代勞。

當孩子願意主動完成一些事情，甚至願意幫忙分擔父母或家裡的事情時，其實在內心會產生一種「貢獻感」，而這種貢獻感，會讓孩子對自己更有自信。

我再次強調「主動」這件事。其實當父母單方面的要求或規定孩子做事時，很容易陷入一種權力鬥爭：「究竟要聽誰的」而產生排斥感。但是當孩子發自內心「主動」且真的去完成某件事情時，反而容易產生成就感。

所以我常在演講時呼籲：各位父母啊！你們常常幫孩子做事，讓他在生活上比較輕鬆，這是原本是很良善的用意。但卻讓這孩子在心靈上感到匱乏，因為你同時也「剝奪了孩子的貢獻感」。

有貢獻感固然是好的，但人性也有貪懶得那一塊。對孩子而言，當然也會有種「既然有人幫我做事，我何樂而不為？」的心態。所以重點是，父母有沒有創造或維護出一個孩子可以去幫父母忙的空間與機會。

講一個我小時候的實際經驗：

記得我已經上了小學二、三年級，卻還不知道「原來熱了要脫外套、冷了要穿衣服」，常常穿著外套把自己悶得滿身是汗，而寒流來的時候還穿著短袖、短褲到處跑，導致我小時候很容易感冒。為什麼呢？因為當時我被照顧得太好，身邊永遠有一個類似保母阿姨的角色可以照顧我，幫我決定何時要穿脫衣服、要吃什麼，我完全不用思考怎麼照顧自己。到了最後，甚至我連自己身體的冷熱、感受都失去了。

當這些照顧變成一種「理所當然」時，孩子也會漸漸失去身為一個人，可以自己做事情，甚至自我決定、負責的能力。

最後，就會**陷入：「父母做太多——孩子擺爛不用做——父母做更多」的負向循環。**

二、在情感上過度保護孩子

巨嬰型的孩子，不只在生活上的擺爛，在情緒上也沒有辦法自我支持自己，甚至沒有辦法與父母分離：跟父母在一起的時候，可以非常可愛、無害，但只要一離開家裡、離開父母身邊，就會狀況百出。

要不然就是，孩子在父母身邊，問題百出、極盡耍賴之能事，但是一脫離父母身邊，去到學校或跟其他人相處時，看起來幾乎沒什麼異樣，讓人無法相信在家中竟然是個小惡魔。

不論是哪種狀況，父母像被「詛咒」一般，會想把孩子接回來自己身邊照顧，不希望他受到一點傷害。這是因為父母本身也有一股很強烈的「被孩子需要」的需求，透過照顧孩子、保護孩子，去感覺自己其實是有價值的。

在生活上，需要為孩子操心、照顧的事情很多；但在心理上，父母其實是不放心孩子可以自己獨立，把孩子想得太過脆弱，彷彿他們禁不住任何一點挫折。

所以當孩子真的在生活上做不到時，父母彷彿就可以成為解救孩子的救世主，從中得到一點成就感：「果然孩子沒有我，還是不行。」由此可知，這樣的父母其實有更多的成分，是利用孩子照顧自己的焦慮，甚至是滿足自己「當一個好媽媽」的全能想像。

孩子也像是沒有枝幹的藤蔓一般附生在父母身上，依賴著父母，並很合理地選擇「我不要長大」。因為只要長大，父母就不會像過去一樣，幫自己解決很多問題，承擔起原本是自己應該要承擔的責任。

三、不切實際的稱讚，導致孩子錯亂與挫折感

看到芷婷的時候，常常會有一種很矛盾的感覺。個子小小的，眼神不太敢看著我，但講起話來，卻可以侃侃而談，乍看之下好像很有自信。芷婷常說自己未來想做一番大事業，這次說要去當歌星、下一次說要當總統、再下次說要當藝術家。然而每次要跟芷婷談到學校生活適應的狀況時，芷婷則會理直氣壯地說：「我其實沒有不能回到學校，只是我覺得學校學的東西，都太沒有意義了。」

但聽老師說，芷婷在學校的適應是很差的，她不知道怎麼跟同學相處，很多學科或是藝能科的表現也只是差強人意。芷婷彷彿活在她自己想像出來的粉紅泡泡裡，沒有人敢把這個泡泡戳破，可能害怕泡泡破了，孩子也跟著被碰碎了。因為對芷婷而言，在泡泡外頭的那些挫折與不知所措，是多麼地巨大而恐怖呀。

這種我稱為**「自戀型巨嬰」的孩子，總是躲在自己的粉紅色泡泡裡**，而他們的父母，有時也不敢讓孩子承受現實生活中的挫折，因為害怕孩子會因此被現實給擊碎。不只如此，有的父母為了**怕孩子受挫，甚至會給予過多且不切實際的稱讚**。

例如：當孩子小時候，才寫下一個國字時，父母就會大聲地說：「天呀！你怎麼可以寫出這麼漂亮的字！我的寶貝果然是最優秀的！」甚至在孩子「還沒有做到」任何事情的時候，父母便說：「我知道我的寶貝一定是非常棒的！只要有心，什麼事情都能夠完成！」因為有的父母會覺得，這樣子會給孩子自信。

但實際上，這樣的稱讚反而會讓孩子有一種錯亂感，因為他內心會很困惑，自己其實並沒有真的做到那麼了不起的事情，何以自己的爸爸媽媽的反應竟然會那麼大。

其實每一個孩子對自己多多少少會有一個自我的標準在，爸媽的反應太過誇大或者不切實際，反而這會讓孩子不相信自己內心的感覺，而沒有自信。當孩子出去外面，面對現實生活中的挑戰時，也會讓孩子無所適從。因為孩子會很困惑，為什麼在家中，隨隨便便就可以被稱讚，為什麼在外面的世界，卻那麼地困難，而使挫折感油然而生。

過度稱讚孩子的父母，其實內心對自己也是不夠自信的，於是把心中那個「希望被肯定的渴望」投射到孩子身上，最後變成給孩子過度的肯定。

如何面對巨嬰型的孩子？

面對巨嬰型的孩子，身為父母的我們要如何對症下藥？我覺得可以從三方面著手：把責任還給孩子，讓孩子體驗貢獻感與成就感、遵守放手的二項簡要準則，讓孩子從犯錯中學習長大。

一、把責任還給孩子，讓孩子體驗貢獻感與成就感

會養出巨嬰型的孩子，是因為父母把孩子的責任搶來扛在自己身上，讓孩子可以不用負責，也學不會去面對挑戰、無法從中得到成就感，或者從挫折感中學習、培養面對失敗的勇氣。

因此最好的方法，就是父母必須把責任還給孩子，**讓孩子可以自己去面對，原本就是他**

應該要自己去面對的挑戰。把選擇權還給孩子，並且讓孩子為自己的選擇負責。

我舉出我的例子：

在我的生活上，或許被呵護得太好的，所以連穿脫外套都無法自己判斷與決定。但是在「念書」這件事情上，我父母卻是給了很大的空間。印象最深刻的是在我小學時，他們曾告訴過我：「念書是你自己的事情，你要努力一點，得到一個好成績，有比較高的機率找到好工作，那是你的選擇。但你要渾渾噩噩地打混過一生，考了一間很差的學校，那也是你的人生。」

當我爸媽這樣告訴我之後，就沒有再針對我的考試成績，或是否有按照自己的進度念書，做任何干預，也不會在我打混放鬆，看電視、玩遊戲的時候，做任何的責罵或是提醒。

他們頂多就是看看我在做什麼、提醒我早點睡覺、要照顧眼睛跟身體，或是在考完試之後，在成績單上面簽名，但不會做任何的評語，包含稱讚與貶低。

我爸媽或許不是有意識地對我採放任式教養，也可能是因為他們太過忙碌，以至於沒有太多時間管我。但的確這樣態度，讓我從很小的時候，就能夠為我自己的讀書、生涯選擇，負起屬於我的責任。

反過來說，我看到很多扛不起責任的孩子、總是貪懶的孩子，都有一個過於操心、過度介入的父母。而且很矛盾的一點是，父母嘴巴總是念著說：「希望孩子負起責任」，但在行為上卻是：「幫孩子一手包辦。」

嘴巴說：「你快點收拾房間！」卻手腳麻利地收拾起孩子的房間。

嘴巴說：「你趕快去念書！」但又三不五時不間斷的督促孩子念書，卻沒有給機會讓孩子「自我督促。」

嘴巴說：「你要準時上學！」卻又幫孩子請假，甚至編造請假的理由，並在家提供一個讓孩子很舒服的環境。

嘴巴與行為上的矛盾，孩子感受到的會是哪個部分？當然是行為上，父母代替孩子完成這這一塊。

而且一邊碎念，但又一邊幫忙孩子做事，不只在行為上無法讓孩子負起責任，更會在親子衝突時，造成孩子的反抗感，容易陷入親子之間的權力相爭。

因為碎念的父母，心裡會散發「改變」孩子的企圖，孩子一定會感受到，而產生：「我知道你說的是對的，但如果我聽了你的話，就代表我輸了。」的心情，導致他就更不可能、也不願意完成父母所期待那些該做的事情。

二、父母學會放手的二項準則

我知道在教養孩子的過程中，要父母不要碎念是一件很難的功課，但有以下二個準則把握住：**念了就不要做、做了就不要念，以及要念就盡量念。**

①**念了就不要做、做了就不要念：**如果父母真的還是忍不住要碎念個兩句，記得採取「念了就不要做、做了就不要念」的原則。

念了就不要做，是為了不要讓孩子感覺到不一致，否則孩子會覺得：「好像父母不論怎麼說，還是會幫自己完成事情」，也讓孩子自己去承擔自己行為的後果，例如「沒有洗餐盒，隔天就沒有乾淨的餐盒裝食物」，也就是之前所提到的自然後果與邏輯後果。

至於做了就不要念，除了避免親子之間陷入權力相爭的後果外，其實當孩子的，會把爸媽的行為看在眼裡。當孩子看到父母做很多，但自己卻沒有任何付出時，也會心生「歉疚感」，他主動地想要幫忙做一些事情。但當爸媽嘴巴開始叨念時，那些歉疚感反而會煙消雲散，開始心生擺爛。

②**要念就盡量念：**這也要掌握二個原則：一是不要超過一分鐘；二是不要一直講重複的事情。

但身為父母，往往沒有那麼好的自制力，有時候情緒上來，很難不口出惡言，造成親子關係的緊張。因此，如果發現自己已經在重複講同樣的事情，代表現在所說的、所做的事情，其實是紓緩自身焦慮，白話來說就是「罵爽」的成分比較大。

因此，這時最重要的就是要「意識到自己正被焦慮或情緒淹沒」，導致自己一直碎念、開始跟孩子有衝突，而這時最好的解決方法就是離開現場。

我曾經遇過一個家長，他非常關心他的孩子。但這位家長在原生家庭中是長子，從小就是爸媽的得力助手，習慣把所有事情都處理好，很難忍受孩子的拖延，因此每當孩子開始擺爛、拖延、不積極時，就會止不住的碎念，甚至引發嚴重的親子衝突。

這時我建議這位家長：「真的要念你的小孩，可以念個一、兩句就好，念完就轉身帥氣、瀟灑地轉身離開，如果你能夠照我這樣子做，你跟孩子的關係一定會有所改善。」當下家長半信半疑，我再補充說：「反正你現在念成這樣，他也不理你嘛，你就當作實驗吧！」下一次我們見面時，家長說：「老師，你說的方法果然有效耶！他那天還主動過來跟我說話、問我在幹嘛耶！」

其實道理很簡單，只是先讓家長從跟孩子的戰場中撤退，改變原本「父母追、孩子逃」的互動，關係自然就不再那麼緊繃。

三、讓孩子從犯錯中學習長大

其實在孩子長期過度依賴父母的關係裡，當父母要「放手」時，孩子是會反抗的，例如會用很大的情緒來抗議，像是嚴重地擺爛或是對父母生氣等等。而這些情緒會讓父母誤認為必須再回去照顧這個巨嬰，導致孩子與父母再經歷一定程度的動盪與混亂。

為什麼孩子會有這些「抗議」呢？

首先，孩子害怕失去特權。前面提到，人性中有個貪懶的特性，有人服侍自己，何樂而不為？因此當孩子感覺到，父母是很堅定地要把責任還給自己的時候，孩子一定會極盡所能地要賴與測試，想要把父母拽回來，讓自己可以不要長大。

再來，父母的放手、想讓孩子獨立，也會挑戰到孩子的「自我價值」。長期過度依賴父母的巨嬰孩子，心中有個錯誤的信念是「當你照顧我的時候，我才是有價值的」。所以當孩子太少有機會為自己負責時，一旦犯錯便會認為那個犯錯的自己是很不好、甚至不堪的，會威脅並挑戰到自我價值。同時，孩子也會害怕失去關係，害怕父母不再照顧自己，甚至像是要丟下自己一樣。因此當父母要孩子獨立時，對他們來講，其實是失去自我價值，以及失去父母對自己的照顧與關愛的雙重打擊。

所以，讓孩子長大的最好方式，就是在平時就要讓孩子去嘗試，並且從錯誤中去學習。

♥心理師與父母的暖心互動

放手讓孩子長大，對父母與孩子都不是容易的事情。

我們每個人都有「親密」與「獨立」兩個需求。在孩子小時候，父母跟孩子黏膩在一起是舒服的，是可以滿足「親密」的需求；但隨著年紀漸漸變大，進入青春期左右，「獨立」的需求會慢慢顯現，當父母的「大孩子」這件事，會漸漸變得沒有那麼舒服，因為那會限制了「獨立」的這個需求。

對巨嬰型的孩子，內心是矛盾的。他們一方面雖然享受父母的照顧，但另一方面，卻對自己沒有自信的，甚至痛恨自己的長不大；而父母也同樣有這樣的矛盾心情，一方面希望孩子趕快長大，另一方面又希望孩子「永遠是那個最可愛、需要我的孩子。」

我認為在「長大」這個議題上，父母能做的，其實是安頓住自己「放不了手」的焦慮，然後試著把孩子的責任還給他自己。**父母在面對巨嬰型的孩子，能夠給的最大禮物，其實是「相信」。**

|14|

自我要求完美的「玻璃老鷹型」孩子

報章媒體有時報導優秀的孩子，因為課業或其他方面的壓力過大，最後選擇跳樓、結束自己生命的例子。身為父母該怎麼做？才能避免孩子走向這條路呢？

你是完美主義者嗎？

皓宇在學校總是悶悶不樂，而這次段考結束之後，他自己一個人悶著，在座位上偷偷地啜泣，所以被帶來輔導室。因為這次段考，他只考了全班第二名。

老師見到我時，是這樣描述皓宇的：「他是一個非常認真的孩子，對每一件事情總是全力以赴，尤其是在課業上，總是花比別人多好幾倍的時間念書。但他卻有一點……，該怎麼說呢，不是很知道該怎麼跟同學相處。」

而當我見到皓宇的時候，他低著頭告訴我：「老師，請教我怎麼樣才可以讓成績變得更好！」我一方面先肯定皓宇的決心，一方面也去慢慢地去了解，為什麼皓宇對自己有那麼高的期待，以及當他做不到他自己心中的期待時，是怎麼樣自我責怪的。

後來才發現，皓宇有一個非常優秀的姐姐，當他進到學校裡，最常聽到的一句話是：「你姐姐很優秀，你也要像姐姐一樣看齊唷！」在家裡，父母也常對皓宇說：「你要跟姐姐多學學！」

雖然身邊的大人，都是希望透過這種比較的方式「激勵」皓宇，但無形之中卻造成皓宇的壓力。雖然這壓力，能夠給皓宇一些動力，讓他可以主動念書。但也會讓皓宇面對考試的時候，得失心變得非常重：考差時，會帶來非常巨大的挫折感，讓他對自己非常生氣。甚至長期下來，皓宇對自己的情緒，反而阻礙了自己能夠安心地好好念書的穩定心情，常常覺得自己像個快要脹破的氣球般，在瀕臨崩潰的邊緣。

完美主義指的是：「凡事不斷追求最高要求，希望事情總是能做得盡善盡美的性格或是習慣。」

乍聽之下，會覺得完美主義的人，似乎是人生勝利組，什麼事情都做到盡善盡美，好像沒有什麼難得倒他們。但在心理學裡，「完美主義」這個詞並不是一個純粹的好詞，心理學家還將完美主義者分為兩種：表現正向的順應型完美主義（Adaptive Perfectionism），和負向的順應不良型完美主義（Maladaptive Perfectionism）。

完美主義的順應型及非順應型

簡單來說，順應型的完美主義者，例如某些藝術家、研究家、運動員，能夠因著完美主義而帶來非常極致的表現，有些學者並不認為這是典型或真正的完美主義者。

順應不良型的完美主義者，則會帶來自身更多的困擾，甚至常常訂定不合理的目標，而時常因為無法達到自己所訂定的目標，感覺到大量的挫敗以及痛苦。甚至會因為常常感覺到「自己不夠好」，以及「自己的錯誤是個人的缺陷」而感覺痛苦。即便自己完成了某些事情，也會覺得這些事情是理所當然。

完美主義者的最大兩個習慣：是過度自我批評、否定，以及過度在意他人的評價。有的完美主義者也會把這個高標準套用到其他人身上，在跟別人相處時，也常常在心裡面偷偷評價其他人，形成了糟糕的人際關係。

台灣教育底下的完美主義

我自己從高中開始，一路就讀第一志願臺南一中、指考成績全班第二名，臺灣大學心理系畢業，也順利考上國立臺北大學心理與諮商研究所，也是臺灣諮商所裡的第一、二志願。在這樣所謂的「菁英環境」中長大的我，可以說很清楚、熟悉「第一志願」的孩子是長什麼樣子。

但我想問問各位父母：「你認為大多數第一志願的孩子，對自己是有信心的嗎？」

我在求學階段中，看過有同學在拿到考卷的時候，雙眼發著火，把考卷撕碎，因為他覺得非常生氣自己怎麼考了那麼差的分數。但生氣完了，他一片片地用透明膠帶把考卷拼回來，也要求自己一定要「訂正」考卷，確保他每一題都會。即便他是班上永遠的第一名。

我也聽過建中、北一女，以及台大的學生，因為課業或其他方面的壓力過大，最後選擇跳樓、結束自己生命的例子。即便以學業表現來看，他們已經勝過社會上絕大多數的人，但對自己有非常負向的看法，覺得自己永遠都「不夠好」；或是一直待在「如果我不夠好，我就不會被喜歡」的壓力下生活著。

其實完美主義的孩子，在台灣升學主義的教育環境下並不少見，特別是對於課業容易患得患失。而身為完美主義的人，有時候很難被意識到，或者被改變，因為我們所處的環境及整個社會氛圍都是期待這樣的自我要求：勤勉、忍耐、自省、變得卓越、有競爭力等等的價值觀，以符合這個社會對「優秀」的定義。

因此面對完美主義，有時候不只是教養的方法，更是一種價值觀的衝擊。

自我要求、想要把一件事情做好，絕對不是壞事，因為那會產生一種願意讓自己改進、卓越的動力是很好的事情，但是當這種動力變成一種完美主義的時候，則會讓孩子陷入過度自我要求的困境。

「玻璃老鷹型」孩子是什麼？

這些第一志願、各方面表現優秀的學生，客觀上來說，長大之後往往有不差的成就。而高成就的他們，有一些的確對自己擁有飽滿的自信心；但也有一些孩子儘管表現優異，卻是戰戰兢兢地害怕自己失敗，甚至對自己很沒信心。

那麼，關鍵點在哪呢？

關鍵點不在於這些孩子多麼成功、優秀，而在他們「如何面對失敗、挫折」。而我稱那些表現優異，但卻一直害怕自己不夠好的孩子為「玻璃老鷹」：

遠遠地看，在陽光底下，閃閃發亮，但卻需要一直在天上奮力展翅飛翔。他們耀眼，所以他們更不敢「停下來」，他們甚至不敢落地，怕沾上了「塵土」、不再耀眼。但也因為很少落地，一旦力道抓得不好，會不小心摔得粉身碎骨。

太少接受挫折，缺乏應對的勇氣

玻璃老鷹型的孩子，他們太少挫折，所以不知道挫折是什麼滋味。他們甚至不知道：**「當有一個小小的挫折，並不會讓他們的人生，全盤皆毀；他也不會一無所有；身邊的人也不會因此不愛他、討厭他。」**

即便有的人會因為自己的表現而貶低自己，這是因為一種思考習慣養成：習慣用一種比較功利的角度、片面地判斷一個人的價值。但他們並不知道，這不是自己需要承擔的。

表現優異固然是一件令人值得開心的事情，但玻璃老鷹的孩子，卻因為習慣性地待在那個「優越」的位置，所以他們把「表現得好」當作是理所當然的。而喜悅有時候像是「毒癮」一般短暫。

因為隨之而來的，是他們害怕：「下一次我是不是還能夠繼續表現得那麼好」、「如果下一次我做不到、該怎麼辦」的恐懼。

能力夠的人，很不幸地，他們可以一直持續地維持「很優秀」的形象。為什麼說很不幸呢？因為我認為，在人生的早期，若能夠讓孩子自然而然地接受到挫折，他們會對自己、對這個世界，產生更真實的認識。舉個例子：

「當我很努力、很努力的時候，有時候事情仍舊沒有辦法如我所願。那並不是我的問題、我的錯。」

「當我有些事情做得不好，同時間，我也有一些其他事情是可以做得不錯的。我不需變得完美，因為那是不可能的！但我仍舊可以是一個很有價值的人！」

這些都是在孩子遇到挫折時，很重要的「自我修復」想法。

所以有些玻璃老鷹類型的孩子，他們的人生遇到的第一個挫折，並不是在學業或工作上，而是在人際或感情上。

因為有時候人跟人的關係，並不是像課業一樣，「我很努力、很努力，就一定能夠讓事情變好」。於是在這些時候，孩子會遇到很大的挫敗感與無力感。

一直處在「覺得自己不夠好」的感覺

沒有人發現，其實他們對自己是很沒自信的。甚至有些優秀的孩子會公開表示自己沒什麼自信、也有脆弱的一面時，其他人的回應幾乎也都會是：「你都表現那麼好了，你都沒自信了，那我該怎麼辦？」

這樣的回應，只會讓這群孩子感覺到很孤單，因為沒有人懂他們那種「即便我看起來很優秀，但我仍舊覺得自己不夠好」的感覺。

這也會讓他們對自己更加混淆：「對啊！我表現那麼好，為什麼我還是那麼地沒信心呢？」甚至有的人或許就會開始歸因於：「可能是因為我的表現還不夠好吧？」而陷入一種更加逼迫自己的惡性循環。

「玻璃老鷹型」孩子的家庭養成

而這種自我要求很高，或完美主義者的玻璃老鷹型孩子是如何養成的呢？我認為分為四個層面來探討：父母對孩子「一定要優秀」或「你不夠盡力」的要求、孩子的天生氣質，以及孩子期待自己能夠讓父母滿意。

一、受到「一定要優秀」的禁錮

玻璃老鷹型的孩子的家庭，很多父母本身也是高成就的，舉凡社會上所崇尚的職業：老師、醫生、律師、高階主管等。這些父母深知：「如果外在成就表現得好，在社會上可以得到非常多好處」，因此他們愛孩子的方式，就是希望自己的孩子也能夠「走自己走過的路」。

也有些父母是深刻地體驗過：「如果表現不好、不夠優秀的時候，可能會被看不起，這些社會的人情冷暖，讓我好痛苦。」而這種情況常常是發生在「一開始白手起家，或奮力打拼、突破困境才有機會到現在這番成就」的父母身上。這是因為，這類父母內在一直有一個很深層的「自卑感」，就是：「我不要再讓我自己有機會去面對那些被貶低、被嘲笑的不堪情境。」並投射到了孩子身上，就會變成：「所以我不要讓我的孩子，跟我當初一樣，也遭遇這種處境。」於是在無形之中，就會傳遞一個觀念是：「你必須要優秀！」而造成孩子心理上感到很大的壓力。

二、「你不夠盡力」的困惑

當然也有另一種看起來沒那麼功利的期待，但仍舊會給孩子壓力，就是：父母雖不要求優秀，而要孩子盡力。

其實「盡力」這個詞，也挺弔詭的。有時候，盡力是一個很好的用詞，因為代表：「我已經發揮了我的潛能，我也能夠接受自己以及各方面的限制，表現雖然不好，但我對自己已經很滿意了。」

但有的時候，當父母說：「你這次的表現，只要盡力就好。」聽在孩子耳裡，也會變成：

「如果我做得不夠好，是因為我不夠『盡力』。」而背後可能隱含的是：「只要我沒有達成目標，那就代表我不夠勤奮、我太過懶惰」的想法，甚至給自己貼上一個根深蒂固且負面的「性格」標籤。

也有的父母會說：「你這次考得不夠好，是因為你不夠努力、盡力，如果下次再用心一點，一定能夠考好的。」或許站在父母的立場，認為這可以傳遞出對孩子的一種「勉勵」，但有的時候，卻也讓孩子感覺困惑：「這次考試，我已經非常非常認真了啊！可是為什麼還是考不好呢？」而導致孩子心裡更加挫折、更加不知所措。

其實父母這時應該去思考的是：有沒有可能，孩子不是不夠用心，而是因為讀書方法錯了？或是因為這次考試太過困難，或考的範圍太偏了？因為最近身心狀況不好？……等等，如果太快把錯誤歸咎到孩子自己「不夠盡力」身上時，反而父母會失去一些看見真正原因而去協助孩子改正的機會，甚至讓孩子對自己的感覺更加挫敗。

當然，再次強調，並非要爸媽小心翼翼地呵護著孩子，不要給孩子壓力，或者變成字斟句酌地修飾對孩子用語。而是在親子互動時，有很大一部分，必須端看孩子的反應與解讀：如果孩子不是自我要求高的類型，幾句提醒或表達父母的期待，也是人之常情、無傷大雅；反之，才需要多加注意。

三、孩子的天生氣質

也有父母會說：「可是我對孩子並沒有那麼高的要求啊？為什麼他對自己的要求那麼高呢？」我會分為二部分來探討：一種是父母的確有一些自己的標準或價值觀，在跟孩子互動過程中無形地傳遞出來而不自知，例如：「你有沒有盡力」。另一種則是孩子的「天生氣質」關係。

在前面章節就有談到孩子九種的天生氣質，也就是每個孩子生下來就擁有自己的個性，例如：有的孩子原本就是自我要求比較高的，做事情總是習慣做得比較精細、謹慎；反之，有的孩子就是天生很樂天派、迷迷糊糊，或個性大剌剌的。

我看過一些孩子，父母其實對孩子沒有太多的要求，親子對話間也都很溫柔，每當孩子失敗或做不到的時候，會很直接地接納孩子並回應：「沒關係，慢慢來就好。」但才小學一年級的孩子，卻因為自己的字寫得不夠漂亮，而常常急得哭了出來。

像這類主動對自我要求高的孩子，如果深究其最主要原因並不是來自於父母，就可以判定是孩子的天生氣質所致。所以我會跟孩子的媽媽討論：「他對自己其實是一個要求非常高的孩子。當這類孩子的父母要小心，不需要給他額外的壓力，因為他給自己的壓力就夠大了。」

我接著補充道：「雖然當這孩子的父母，其實也可以很輕鬆。但我非常欣賞你之前對孩子所做的一切。因此你只要像過去一樣，讓孩子持續地知道：不管他表現得是好是壞，你都願意接納，也都願意愛這樣的孩子，讓他感覺到安全、放心。他自然會推著自己往前，而你什麼都不用做。」

「相信他，就是給他最好的禮物。」我最後落下這句話，傳達我對孩子的相信，以及對眼前這位媽媽的相信。

因此，我非常建議父母：觀察孩子對自己的看法與態度是什麼？會不會過於嚴格或完美主義？但要注意！**因為有些孩子對自己的高標準，並不會用「積極」來表現，而是會用「挫敗」或者「自責」來表現**——這是因為對自己的標準太高、太完美主義時，只要達不到心中的標準，對那孩子而言都是失敗。

所以，當你發現孩子對自己是過於嚴格的，父母更應該讓他相信：「不論你的表現如何，我都會願意愛你！」這對孩子都是非常大的釋放及支持。

四、孩子期待自己能夠讓父母滿意

有一個爸爸他告訴我：「我的兒子，每天都在外面玩他的熱音社，還當上社長。我覺得年輕人玩社團是很好啦！可是他已經玩到都快荒廢課業了，成績也掉了很多。我跟他說，如果成績再繼續往下掉，我就不准他繼續去社團。結果那天他跟我吵了好大的一架。」

「其實我也知道，年輕人有他們自己的想法，可是做父母也不能看著孩子成績變差，卻什麼都不做吧？只是最近常常因為規範他練團練到幾點要回家的這種小事情，搞得氣氛很僵。讓我覺得這個做爸爸的，好像講什麼都沒有用。」

其實這對父子的關係，可以討論的層面很多，包含：這是孩子青春期所必經的反叛、孩子不被理解的恐懼、父親愛孩子卻用擔憂的方式呈現……等等；以及父親害怕自己在孩子心目中已經漸漸變得不重要了。

但在細究之下，我跟爸爸討論到一個重點：「你的兒子是不是很在意你對他的看法？」爸爸有點驚訝地說：「好像是耶，上次我跟他說了一句什麼，他整個反應就很大。」

我接著說：「雖然我還沒見過你的兒子，但我做一個非常大膽的假設。或許他知道，他無法在課業上讓你完全滿意，所以決定要在其他地方，例如在樂團上，要闖出一番成就，證明給你看，他不是一個讓你失望的兒子。」

爸爸表情看起來有點震驚，然後陷入一陣沉默。或許對爸爸而言，聽到「在孩子的內心深處，是非常重視自己」時，其實也安撫了害怕自己對孩子不重要的不安。

其實就我的觀察，孩子天生就會有一股想要照顧父母、分享給父母，甚至榮耀父母的動力。例如：當孩子很小的時候，第一次會扣扣子、會走路、發現新東西，都會很熱衷地想要分享給父母知道。只要身為父母的你，願意給孩子貢獻與分享的機會。

但大多數的父母，都卡在對孩子的擔心，想要「給」很多，卻反而讓孩子變得被動或壓力很大。反過來，若父母願意「相信孩子」，並欣賞孩子的努力與表現，他也會願意讓自己進步，主動讓父母看見自己的好。**因為孩子內心都有一個會非常願意成為榮耀父母、讓父母驕傲的小孩。**

如何面對玻璃老鷹型的孩子？

在面對這種玻璃老鷹型的孩子時，父母到底要怎麼做呢？我認為有二方面可以進行：一是鼓勵孩子多犯錯，並在挫折中學習；二是區分父母與孩子的課題。

鼓勵孩子多犯錯、在挫折中學習

當我還是新手心理師時，曾經有老師鼓勵在帶領團體的過程中，至少要「犯十二個錯誤」。這些都是讓我們去體驗到：**「即便犯錯，也不是世界末日。」**

回到孩子身上，也是。不過，與其說是鼓勵孩子犯錯，倒不如是校正父母面對「錯誤」的態度。當父母能「接納」孩子的錯誤，孩子就會知道：「錯誤就是人生中重要的一環，是身為人都會必經的過程。」於是孩子才會更有勇氣面對自身的挫折與不足。

所以父母在面對孩子犯錯的時候，不要急著責怪，而是先接納孩子犯錯的事實，也陪孩子看看，當他犯錯了、做得不好的時候，父母可以怎麼樣面對、怎麼處理、怎麼自己負責。當孩子看到父母怎麼做，自己也會深深受到影響跟著做。

而且從孩子很小的時候，就可以開始訓練。舉例來說，我姐姐的孩子，兩歲，光是要吃飯、喝水，就常常會把自己的桌面弄得一團亂。當他的小肌肉慢慢開始可以控制得愈來愈妥當，也可以與大人進行一定程度的溝通時，我的姐姐就會跟孩子這樣對話：

媽媽：「唉呀，你把糖果打翻了。」

孩子：「啊……」

媽媽：「那打翻了沒關係，我們把他們撿起來就好。」

久而久之，孩子也學到這樣的態度。當孩子跌倒，或不小心打翻、弄壞一些東西的時候，孩子也會自己喃喃自語地對自己說：「沒有關係，拍一拍，站起來就好」、「沒有關係，打翻了，撿起來就好。」

孩子學會的，不是花力氣在失敗與挫折中自責，而是遇到困難，怎麼樣花力氣在「重新整頓心情再出發」的態度。而這不是為人父母，最想要培養孩子「挫折容忍度」最棒的禮物嗎？

區分父母與孩子的課題：不要將自己高標準壓在孩子身上

然而這種接納、包容孩子就是會犯錯，而且看著孩子的錯誤，卻不責怪、不出手幫忙的教養態度，對許多父母而言，是很難做到的。

尤其是對自己要求很高標準的父母。因為他們知道：「因為我的謹慎、追求完美，所以有很棒的表現及事業，隨之而來的焦慮，也是我可以承受的，所以我不想改變與放掉。」

因此在教養孩子時，他們能不能夠分得清楚：「我的高標準是我對自己的要求，而我的孩子，有他的步調，他可能需要多一點的時間。」而這裡的時間有可能是年紀還沒到、沒有相似的環境背景等等，所以孩子才會失敗、遭遇挫折都是正常的。而父母能做的，就只是在旁邊耐心等待，相信並尊重孩子有自己的步調，是非常重要的。

只要父母分清楚：「**我有『我的』標準與期待，但孩子不需要馬上做到、讓我滿意**」，孩子就不會被用來滿足父母的期望、降低父母的焦慮，而讓自己陷入追求完美的焦慮。

但很多父母還是會有「恨鐵不成鋼」、「如果我不教導、不介入，會不會孩子永遠學不到教訓、不懂得努力」的焦慮。那該怎麼辦呢？難道父母要就此罷手，什麼也不管嗎？

當然不是！只是要記得：當父母在管教孩子重要事情，如果連同父母內心也充滿焦慮、不安、挫敗等負面情緒時，講出來的話，其實也只會引起一連串的負面效果，孩子真正接收到的也只是父母的焦慮，反而沒辦法好好讓孩子接收到重要訊息。

因此我再次鼓勵父母可以回過頭去看看你跟孩子的互動：「你對孩子的要求、甚至批評，對孩子的『表現』與『心情（自信）』的影響是什麼」、「是讓孩子更有自信，還是更害怕犯錯？」

也想請父母拓展自己：好的父母的定義。**不一定是要「做很多」才是好父母，其實「相信、尊重孩子」、「給出一個空間，讓孩子學習犯錯、面對挫折」，是另外一種「無為而治」的好父母典範。**

尤其當孩子能夠從靠著自己的努力，從原本的「做不到——做到了」，那種挺住自己挫折感，並做到某件事情而從內在產生的莫大成就感，其實是會激勵孩子前進的！因著父母對孩子的相信，而使孩子能夠有所成長，而這不是一個為人父母送給孩子更棒的人生禮物嗎？

最後，我想引用二〇一七年金曲獎「最佳編曲人獎」盧凱彤的得獎感言：「我要感謝我太太，我跟我太太去年在國外結婚，謝謝她讓我的生命變得更完整，我知道這個世界不完美，我的人不完美，但有了妳，誰還需要完美？」

我看見很多拼了命努力的完美小孩，其實在最初最初的那個理由，也只是希望可以得到父母一點點的認同。

如果父母能夠讓孩子知道：「即便你不完美，但你還是一樣可愛、一樣有價值，我還是一樣愛著你！」我想這會是給孩子最大的支持及鼓勵了。

父母反思小練習

其實對孩子有高要求的父母，通常對自己也是高要求，甚至容易自我批判與責怪的，所以在對孩子寬容之前，需要先學會對自己的寬容。在此想請父母靜下心來，反思以下幾個問題：

一、當你面對自己的失敗、當你做不到一些你預期中的事情時，你是否也會責怪自己？給自己洩氣？

二、如果你會對自己説一些自我洩氣的話，這些話會幫助你更有力量？還是感覺更挫折？

三、而在你挫敗之後，你又能夠「再出發、繼續努力」，是因為那一些「對自己的自我批判」，還是「我相信我能夠克服、我能夠做到」的信心？

四、你認為對孩子「提醒」或「鼓勵」，帶給孩子的影響、優缺點會是什麼？

15 手機不離身，「網路成癮」的孩子

網路與電子產品是現代社會的必需品，父母要怎麼辨識孩子的網路使用是在正常範圍內？還是已經成癮？而父母需要在什麼時候才著手介入呢？又要怎麼做，才不會造成親子之間的衝突呢？

什麼是「網路成癮」？

重廷每天晚上都打LOL（英雄聯盟，一款多人線上擂台遊戲）到半夜一兩點，還沒有辦法睡覺。父母親很擔心，每天玩遊戲總是打打殺殺，還常常在激動的情況下罵髒話，會不會有暴力傾向，或者影響到學業成績。

宜盈每天花好幾個小時的時間上臉書Facebook、Instagram，把自己打扮得很漂亮、po自拍照、聊天或回留言，然後很在意別人的按讚數是多是少、有沒有多了幾個追蹤她的粉絲……。父母很擔心青春期的女兒，會不會在網路世界遇到一些不正當的朋友。

這兩個例子，你覺得重廷與宜盈是否有網路成癮的現象？

根據國立彰化師範大學輔導與諮商學系教授王智弘在二〇〇九年出版的《網路諮商、網路成癮 與網路心理健康》一書裡提到**「網路成癮」是指，當事人在網路使用上出現一些上癮問題的核心症狀與負面影響**，包括：

① **強迫性：**理智上知道要控制網路的使用時間，但仍不能克制上網的衝動。

② **戒斷性：**不能上網時，出現身體或心理層面不適的現象。

③ **耐受性：**上網的慾望愈來愈不能滿足，所需上網時間愈來愈長。

④ **在相關生活層面出現狀況：**比如在人際層面、健康層面、時間管理層面上，都因為網路的過度使用而受到負面影響。

成癮的心理機制

如果要幫孩子戒除網路成癮，父母就必須先了解網路成癮的心理機制。

現今社會裡，有非常多的成癮物，常見的有像菸、酒、毒品，又或者性成癮、工作成癮、關係成癮等等。

我常說，網路成癮，是所有成癮物裡，最容易被掉以輕心，因為它是完全沒有年齡限制，且合法的成癮物。

賽門．西奈克（Simon Sinek）是一位美國知名作家兼演說家，他在二〇一六年曾上美國節目《Inside Quest》時，就「千禧世代在職場上到底出了什麼問題？（The Millennial Question）」為題的內容裡[4]，就比喻擁有無線網路的手機（或科技產品）是唯一沒有年齡限制的成癮物，就像是打開一整櫃的毒品給孩子說：「嘿，任你挑吧！」

我也認為，手機或網路成癮本身就是一種貨真價實的「癮」，不但充斥在我們生活中，也是最沒有辦法防備，甚至連大人也難以戒除的一種「癮」。

成癮，是為了逃避面對負面情緒

想想看，你通常是在什麼時候，會拿起手機來「滑」呢？等公車或等朋友的空檔很無聊的時候？開會覺得很煩的時候？心情不好的時候？忙了一天回家很累的時候？跟另一半吵架的時候？

有沒有發現，大部分是在有「負面情緒」出現的時候，才會拿出手機來。而這些負面情緒，不需要很「大」，也不一定是壞情緒，有時候只是「煩」、「無聊」、「孤單」這種小小的、隱微的不安。

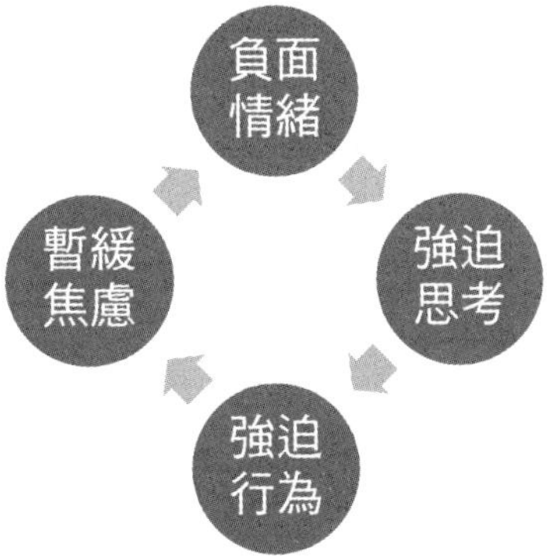

成癮循環圖

這裡有一個簡單的「成癮循環圖」，以下針對圖表裡的四個圓圈做說明：

①**負面情緒：**舉凡無聊、煩躁、挫折等等各種負面感覺，而這些感覺會成為我們開始想使用手機的促發點，也就是成癮循環的第一步。

②**強迫思考：**當我們感覺到這些負面情緒時，會開始有「想用手機」的念頭出現，並且會反覆地跳出來，而這念頭也就是成癮循環裡的「強迫思考」。

③**強迫行為：**再來，會因著「強迫思考」，而「真的去做了」用手機這件事，也就是第三步的「強迫行為」。

④**減緩焦慮：**最後，也會因為真的去玩了手機，而真的減緩焦慮，減輕最開始的無聊、煩躁、挫折等種種負面感覺。

然後，噹啷！「成癮循環」就這樣被建立起來了！

如何打破成癮循環？

所以，如果想打破這樣的成癮循環，應該從四個圓圈裡的哪一個步驟開始切入呢？

大多數的老師或父母，可能會從第三步驟的「強迫行為」開始下手，也就是一直跟孩子說：「不要一直玩手機」、「早點去睡覺」等，意圖去對抗孩子的不良成癮行為，但往往成效不彰。

因為對父母而言，孩子沉迷網路是不務正業。但若站在孩子的立場：「網路是唯一可以讓我感覺好過一點的朋友！」同時網路也是孩子的「救命丹」。

而且當這個成癮循環被啟動的時候，就像設計精美的遊戲，會讓人想要一直玩下去。孩子如果不「玩完」，是很難從網路裡善罷甘休的。

從了解孩子的「負面情緒是什麼」來著手

因此，想要解決成癮問題，我建議要從循環裡的第一個步驟「負面情緒」開始著手。因為，成癮行為是為了要紓緩不舒服的感覺，那就應該回到根源，看看對孩子而言，他的「負面情緒」及困擾究竟是什麼？

通常我看到重度網路成癮的孩子，大概有幾個特色：

①自我價值感低落。

②生活過多的挫敗感、空虛感。

③常常處在高壓的壓力情境。

④缺乏人際連結。

你可以想像：如果一個孩子，在學校的學業成績都不錯，有喜歡的興趣，例如運動，也交了很多朋友，回家跟父母也處得很不錯，那麼現實世界對於孩子而言，是有趣且具有吸引力的。這樣的孩子，就算會玩遊戲，大概也不會花過多的時間待在那個小螢幕前面。

反之亦然，如果一個孩子，成績不好、常被老師與父母罵、沒朋友、覺得自己很差勁，那麼網路當然就是這個孩子唯一且最好的朋友——只要打開開關，就能夠給自己很多立即性的成就感與回饋，一解心中的無聊與孤獨感，孩子不成癮很難。

如果更精簡地說：「現實生活與網路世界（遊戲）」就像是一場拔河，如果父母不想讓孩子一直沈迷於玩網路，那麼或許思維方式應該從：「我要怎麼讓孩子不玩網路或遊戲」轉為：「我要怎麼讓現實世界變得比網路或遊戲還要有趣？」又或者「我要怎麼幫孩子面對他的負面情緒、滿足心中匱乏的需求？」

探討孩子心中的匱乏是什麼？

但怎麼知道孩子所在意或匱乏的是什麼呢？我建議父母不妨可以從「沉迷的內容」裡來判斷。

如果孩子沉迷的是社群軟體，例如：Facebook、Instagram、推特或 Line 等等，便可以合理推估：孩子比較可能是缺乏人際連結、陪伴及關心。

如果孩子沉迷的是比較競爭性的遊戲，便可以合理推估：孩子在生活中，常常感受到大量的挫敗感，缺乏成就感。

如果孩子一直沉迷於看影片等，便可以合理推估：孩子在生活中，可能很「無聊」，覺得內在空空的，沒有什麼意義感。

因此透過孩子所沉迷的內容，去了解他所「匱乏的需求」是什麼，是父母打破孩子網路成癮循環的第一步契機點。

成癮的關鍵：缺乏連結

我一直強調人類最重要的兩大需求是「自我價值：感覺我是一個好的、有價值的人」，以及「歸屬感：我是被愛的、被關心的」。而在網路成癮的範疇裡，我覺得後者又更加重要。

英國記者兼作家的約翰．海利（Johann Hari）在 TED Global London 上以「你對上癮的所有認知都是錯的（Everything you think you know about addiction is wrong?）」為題做演說時[5]，指出「缺乏『連結』，才是造成上癮的主因」。

過去，我們認為上癮是因為「意志力不夠」、「懲罰不夠嚴格」、「毒品太可怕」，才會讓許多人「明知故犯」。但透過心理學家布魯斯．亞歷山大（Bruce K. Alexander）的「老鼠樂園」實驗，發現「連結」、「過得快樂」，其實是讓老鼠不要成癮的一個非常重要之保護因子。

實驗設計如下：

①將實驗鼠分A、B兩組，並各立獨自放在籠子裡。A組喝一般水，B組喝有放入海洛因或古柯鹼的水，B組實驗鼠會上癮或飲用過量而死。

②改為將實驗鼠放進「老鼠樂園」，在這裡面，老鼠可以盡情玩耍、吃喝、交配（即與其他老鼠的連結），結果發現這裡的老鼠並不會特別想喝有毒品的水。即便喝了有毒品的水，也不太會上癮。

透過亞歷山大這個實驗，再去觀看那些成癮的人，生活幾乎過得並不是很快樂。尤其當他們成癮後，社會對他們抨擊的態度，以及因對成癮者極度恐懼而閃避的人們，都讓成癮者

網路是否成癮的關係圖

漸漸被孤立成「社會邊緣人」。而這也讓成癮者失去連結，更難戒掉「癮」。

回過頭來，孩子的手機、網路成癮也是同樣的道理。幾乎所有孩子，都會對手機與網路著迷，連我本身也在無聊的時候，時不時地拿起手機減緩焦慮。但是對於「重度」手機、網路成癮者，幾乎都是在生活中有非常多的挫折感：可能是在學業上找不到成就感，或是在人際上，他不知道如何交朋友，怎麼因應與面對這些困難，因此才會躲入手機或網路的虛擬世界。

如何幫助孩子脫離網路成癮問題？

父母該如何面對孩子的網路成癮呢？我建議可以從四個角度著手：一、用「孩子的角度」理解網路成癮。二、依照孩子的年紀「規定」或「協商」。三、協助孩子練習自我管理。四、溫和而堅定地拉起界線。

一、用「孩子的角度」理解網路成癮：是戰友，不是敵人

我曾經聽過一些例子，孩子在玩遊戲的當下，父母因規勸孩子不聽，一氣之下就把電源拔掉。由於孩子正跟隊友組隊打怪，父母的這一個舉動，讓孩子整個崩潰，跟父母起了巨大衝突，甚至跑去跳樓。

如果站在父母的立場，你或許會想：這孩子的反應也太誇張了吧！但若換到孩子的角度，你會發現，在孩子的主觀世界裡，玩遊戲可能是他生活中少數可以感覺到存在感的事情，甚至透過虛擬的遊戲，也是他可以跟現實朋友建立關係的唯一管道。

父母強硬拔電源的舉動，不僅沒有幫到孩子，反而讓孩子陷入不好的情緒旋渦，例如他會想隔天去學校，同學會不會罵他、笑他？而他好不容易才交到的朋友，會不會就此消失？甚至還會想到自己長期以來，父母總是這樣不聽自己意見、粗暴地對待自己……等等，最後孩子很容易在悲憤交集之下做出傻事。

當然，這樣子激烈的舉動可能只是少數例子，但也想藉此例提醒父母，需要從孩子的角度看待網路成癮這件事情。尤其當孩子正在玩遊戲時，父母更應避免在「強迫行為」（使用網路）的這個環節上，跟孩子意氣用事，興起權力鬥爭。

因為即使這次「成功了」，暫時讓孩子「聽話了」、不玩網路了。但問題的根源不僅沒

有解決，還可能會引發或衍生成「權力鬥爭」的親子問題，讓孩子用最激烈的手段來表達他的抗議。

其實大多數的父母都想要「幫」孩子戒掉網路，但這個「幫」，是站在父母的立場，而沒有角色交換到孩子的位置，去理解孩子內在的匱乏之時，孩子反而感覺不到父母在幫他，而是感覺在「剝奪」他的快樂，甚至引發更多衝突。

這不只造成孩子更多的心理壓力，更破壞孩子與父母之間的連結。

之前提到「連結」是成癮的關鍵，特別是「缺少連結」會促使孩子的成癮更加嚴重，造成反效果。這也是為什麼當父母過度管教，甚至引發爭吵，不但不能戒除孩子的網路成癮，反而讓他們更躲進網路世界裡。因為過度管教與爭吵，就是破壞親子之間的連結。

因此父母不妨問問自己：「我跟孩子的互動，是否到了最後，只剩下這些『爭吵、規定』？」

如果是的話，或許父母可以先從最簡單的「關心」開始，去問問孩子為什麼會喜歡這款遊戲，讓孩子有種被看見、被尊重的感覺。

成癮的對立面不是戒除，而是連結。當你跟孩子的「連結」開始發生時，改變就會開始發生。

二、依照孩子的年紀「規定」或「協商」

當父母恢復跟孩子的「連結」之後，還是得面對網路「成癮」這件事。

首先，父母必須意識到，網路成癮仍舊是一種強迫行為，就像大人有時候也會在壓力比較大時，想要抽煙、喝酒、滑手機，因為它能夠快速幫助我們減緩焦慮的方式。

也因為電子產品有成癮性，以及過度使用網路對身體造成傷害，例如：會影響到眼睛視力，因此我個人比較推薦父母使用邏輯後果，而非自然後果。

對於年紀比較小的孩子，因為「前額葉」這個負責衝動控制的大腦區塊尚未發展完全，本身的控制力比較差。因此我建議，父母可以直接「訂出一個使用電子產品的時間」，並且堅定地訓練孩子可以循序漸進地遵守規定。

例如：在小學階段之前，可以直接告訴孩子：「我們說好，一天只能在晚餐後使用三十分鐘的 iPad。」若是年紀比較小的孩子，跟父母關係沒有太多負向經驗時，便會依循父母的規定去遵守。當然這個時間可以彈性調整，並與孩子討論的，只是大部分的決定權，是在父母手上的。

而年紀大一點的孩子，或是當孩子開始會針對使用網路時間討價還價時，父母則可以帶著溫和而堅定的態度，與孩子協商使用網路的時間。我會建議父母可以大量地表達自己的兩難，用啟發式問句的方式引導孩子去思考，例如：

「我知道你很想玩遊戲，可是當你電腦玩這麼久的時候，一來會傷害眼睛，二來會影響你隔天的精神或影響到應該要做的一些事情。」

「你覺得媽媽說的這件事情有道理嗎？你對於這件事情，有什麼想法？」

「你有什麼方法，可以讓你又可以開心地玩遊戲，又可以保護到眼睛、同時不要影響到正事嗎？」

三、「協助」孩子練習自我管理

依照孩子的年紀，父母可以做適當的提醒。年紀小的孩子，可以在使用電子產品的時間快到之前，告訴孩子：「你還有五分鐘的時間。」

這個目的是幫助孩子做好心理準備。就像是自己在看電視，突然有個人衝進來把電視機的插頭拔掉時，大多數的人會感覺到很不被尊重、被冒犯的感覺一樣，而這個「還有五分鐘」的緩衝語句，可以讓孩子有心理上的準備。

當時間到的時候，我建議父母可以平鋪直述地描述事實：「現在時間已經到了，但你有發現，你還是在看 iPad 嗎？」甚至走到孩子的身旁，讓孩子感覺到「你的存在感」。這麼做的目的，是讓父母幫助孩子「可以意識到自己的行為已經違反當初跟父母訂定的契約」，而不是讓孩子把父母的話變成耳邊風。而平舖直敍地說，或走到孩子旁邊，給孩子壓力，其實是一個不引起衝突，溫和而堅定的表達方式。

注意！在這裡有個重點是，父母尊重孩子、給孩子權力：「讓孩子自己決定，並主動關上電子產品。」孩子是主角，而父母是輔佐的人。

同時，這個「孩子自己調適心情，並且主動關上電子產品」的心路歷程，是父母需要非常重視的且值得好好肯定孩子的。

父母可以針對這個過程告訴孩子：「你今天有遵守我們的約定，我覺得你是個很守信用的孩子。」並透過這樣的回饋，可以幫助孩子知道：「我是可以玩樂，但我也可以停止玩樂。我在這個過程中，能找回我自己的『控制感』。」

四、當孩子做不到時，要溫和而堅定地拉起界線

如果孩子在使用網路這件事情的堅持度比較高，或是多次賴皮，父母需要在孩子身心狀況平穩的時候，或是在孩子還沒「掉進去」電子產品的世界前，事先跟孩子談論：「如果沒做到」的後果是什麼。

並且在協商的過程中，父母與孩子必須互相尊重且平等地討論出：與行為相關的合理懲罰。舉例來說：「如果孩子無法在今天照規定，在時間內使用 iPad，孩子明天的 iPad 時間就必須被取消。」而且在孩子真的違反規定之後，父母務必堅持這個懲罰。

倘若隔天孩子因為無法使用手機而大哭大鬧時，父母可以溫和而堅定地同理孩子的不滿：「你現在不能玩手機，所以你很生氣。」但仍舊要堅持：「但還記得我們昨天的規定嗎？因為你沒有遵守規定，所以今天你玩 iPad 的時間被取消了。」

如果孩子一時之間還是沒有辦法冷靜下來，父母也不需要「一定要安撫孩子的情緒」，反而要讓孩子自己去面對這個失望感：「你可以去做別的事情，或是在一個角落，等你心情好一點之後，再跟媽媽說。」

有很多父母會因為看到孩子有情緒，就勾起自己過去面對衝突時的負向經驗，或是太害怕孩子在過程中會受到傷害，使界線有所動搖，甚至退讓：「好啦、好啦，再給你玩五分鐘就好」，如此一來反而會讓孩子學到：「如果我大哭大鬧，就可以得逞。」

因此父母需要清楚地意識到，當孩子無法如願玩手機時，勢必會不開心、會失望的。但這個不開心，是孩子自己要去消化且承擔的。

說得更清楚一點：父母要讓孩子能夠清楚地意識到：「今天不能玩 iPad 的失望感，是自己昨天沒有遵守共同訂定好的規範結果」，而不是「可惡的父母不讓孩子玩」。如此一來，孩子才能去承擔昨天違反規定的責任，遵守跟父母的約定，練習自我控制。

順帶一提，網路成癮的孩子，父母往往有「界線不清楚」，容易在討好與過度嚴格之中擺盪。又或者是父母的標準不一致，導致孩子容易在父母界線不清楚之處「鑽漏洞」。因此溫和而堅定地抓好界線，是父母在面對孩子網路成癮時最重要的態度！

♥心理師與父母的暖心互動

在網路成癮這個議題上，就我實務現場上所觀察到的現象，父母其實是非常痛苦的！

除了會去擔心孩子的眼睛、身體，也擔心孩子沒有辦法去面對那些他該面對的「正事」、脫離社會的常軌。使得父母經常體會到一種巨大的失控感：好像不管怎麼說、怎麼做，都沒有辦法讓孩子聽自己的話、讓孩子停下來。父母有時候很難瞭解：「究竟一個小小的螢幕，怎麼能夠對孩子產生如此巨大的吸引力？」

然而這還不是最可怕的。

「他一直看著手機，好像根本沒有把我放在眼裡！」有個父母曾經跟我這樣說。彷彿手機就像是第三者一樣，介入了孩子跟父母之間的關係。

我猜，對父母而言，更深的恐懼是：「我好害怕，我對孩子而言，根本一點也不重要！」這種失控感、害怕自己不重要，都會讓父母想要花更大的力氣、用更強硬的方式，責罵、管教、限制孩子，彷彿要爭回一點「父母的面子與重要性」，而陷入權力相爭的局面。

當父母開始跟孩子對抗，孩子心中自然會興起：「如果我照你的意思去做，那我就輸了！」的心情。那麼孩子除了要面對自己現實生活中的挫折、面對自己總是「做不到」的挫敗感、感覺不快樂且被孤立之外，而且還要花力氣跟父母戰鬥。於是對孩子而言，要「回到正軌」的生活，當然是一件難上加難的事情。

所以，當孩子陷入「成癮」的失控感時，父母同時也在經歷著，自己無法把孩子從手機或遊戲裡拖出來的失控感。或許先意識到自己管教背後的焦慮心情是如何影響自己的，然後學習安頓自己想要跟孩子開始「爭輸贏」的心態，不跟孩子陷在同一個困境裡，才是真正幫到孩子脫離網路成癮的第一步。

4 關於「千禧世代在職場上到底出了什麼問題？」影片，可至youtube觀看（https://www.youtube.com/watch?v=KsGiDrt5U2c&app=desktop）。

5 關於「你對上癮的所有認知都是錯的」影片，可至TED.com官網觀看（https://www.ted.com/talks/johann_hari_everything_you_think_you_know_about_addiction_is_wrong?language=zh-tw）。

|16| 總是哭不停的「分離焦慮」孩子

「為什麼孩子老拽著我不放，一放手就哭得好大聲」、「每天早上都在幼稚園門口演十八相送，孩子什麼時候才不哭呀」、「我看孩子哭得好傷心，心裡好痛苦，每天上班都有罪惡感。」到底是孩子分離焦慮？還是父母分離焦慮呢？

什麼是分離焦慮？

子晴有雙圓圓的大眼睛，從小就很有長輩緣，也總是被大家百般呵護。子晴的媽媽也是個盡責的全職母親，讓子晴得到最好的照顧，幾乎寸步不離地把子晴拽在身邊照顧。

但很特別的是，在子晴那雙大眼睛背後，卻有著一顆敏感的心，有時候很容易因為一些小事情而哭鬧了起來，但是當媽媽在旁邊的時候，就能很快地被安撫下來，所以媽媽倒也沒有太過在意。

但到了子晴快要上幼稚園的前一周，媽媽心中有一些不安及擔心，畢竟一直帶在身邊的子晴，上幼稚園會不會不能適應。

開學第一天，子晴彷彿也感受到媽媽的不安，一開始就說：「我不想去上學……。」媽媽雖然有些不捨，但還是跟子晴說：「今天是你第一天上學呀！應該要很期待啊！」子晴也只是呢喃地說：「我不要去上學…。」

到了幼稚園門口，幼稚園老師很有朝氣地跟子晴打招呼說：「嗨！小朋友！我是幼稚園的老師…。」子晴一聽到便：「哇！」地一聲就哭了出來。媽媽在一旁，又尷尬、又著急，頻頻跟老師說「對不起」。

過了五分鐘，媽媽見子晴在身邊沒有冷靜下來的趨勢，老師也說：「孩子總是這樣的，哭久了也就沒事的。」媽媽也就狠下心，直接離開了幼稚園。

但是到了中午，媽媽接到幼稚園老師的電話說：「子晴今天哭了一整天，完全沒辦法跟著同學進行活動，請媽媽先把子晴帶回家。」媽媽覺得有些困擾，但心中懸著的大石頭卻也稍稍放了下來。並在載子晴回家的路上，告訴自己：「或許接下來會好一些吧？」

沒想到，子晴的情況，不僅沒有減輕，反而愈來愈嚴重。每次哭，都會比過去更堅持、更激烈，讓媽媽實在不知道如何是好……。

分離焦慮會發生的時間點

分離焦慮，有兩個最常見的時間點：

第一個時間點是在嬰兒階段，大概是六～七個月開始，一歲的時候開始達到顛峰，到一歲半的時候會漸趨平緩。而對於這個階段的分離焦慮，媽媽心中其實要有一點點高興，那代表孩子開始會認人了：他認得出來「這是媽媽、這不是媽媽」。理所當然，孩子會比較想待在媽媽身邊；當不在媽媽身邊時，他會覺得不安、焦慮。

第二個時間點是在第一次上學那個時間點，有可能是幼稚園或小學。在以前的年代，父母根本沒有那麼多心力去「陪」孩子，所以孩子很快地就被「野放」，在還沒上學之前就會自己去外面探險，跟鄰居小朋友玩，很快就已經習慣了「沒有父母在旁邊的時光，其實是很有趣的。」

但是現在的孩子，因為少子化的關係，一個孩子周邊可能有四、五個大人在旁邊陪伴著，孩子其實很少有機會經驗到「沒有大人在身邊」的情況。所以很多孩子在第一次上學之前，幾乎是二十四小時待在一個一直有大人陪伴的環境裡。

所以孩子對「分離」的經驗是陌生的，自然也沒有機會去練習：當爸媽不在身邊的時候，自己該如何面對這種焦慮。

跟孩子的「天生氣質」有關

孩子與父母分離時，會產生強烈的分離焦慮，其實是跟孩子的天生氣質有關。

我曾經聽過一個母親說，不知道是不是他的孩子太有安全感，平常全天候照顧，也沒什麼離開媽媽身邊的經驗。但有一次孩子要跟著爺爺、奶奶出遠門一週，本以為孩子會很不適應，準備等他回來要好好安撫時，卻沒想到孩子不哭不鬧，簡直像是忘記自己這個媽媽一樣。雖然爺爺、奶奶帶起來很輕鬆，但在媽媽心中卻也有些失落感。

但也有的孩子，父母其實花了好長的一段時間幫孩子做心理準備，但在真的要分離的那一瞬間，孩子還是緊緊抓著爸媽的衣角，深怕父母會不見似的。

其實不論是天生氣質適應性高或低的孩子，離開父母多多少少都會有一些不安，因此不需要因為自己的孩子「比較沒有安全感」，而開始懷疑是不是自己「哪裡做錯了？」**只要父母能夠「協助孩子建立心中的爸媽」，並陪伴孩子。**

如何幫助「分離焦慮症」孩子？

然而，要怎麼樣降低孩子的分離焦慮，並培養孩子對關係的安全感呢？最重要的原則，就是：「協助孩子建立心中的爸媽。」

這是什麼意思呢？

前面的「06從依附關係中，建立親子間的安全感」章節裡提到，在客觀的現實環境中，有一個活生生、實體的爸媽，相處久了，漸漸地孩子會在心中慢慢形塑出一個內在的爸媽。以心理學的用詞，就叫做「內在客體」。平時爸媽跟孩子的互動若是良好，會幫助孩子在心中，建立一個「好爸媽」的形象。而孩子跟父母的連結，就像是一條隱形的臍帶連結著彼此，而「分離」就是要考驗孩子「在沒有看到爸媽的時候，心裡是否還是能夠相信：『即便現在爸媽不在，但過一陣子，爸媽會回來我身邊的！』」的想法。

每個孩子對於分離焦慮的表現都不一樣。有的孩子可能才一歲左右、過去總是二十四小時有大人在旁邊待命、沒有過獨立經驗，因此他們會在實體爸媽不在身邊的時候，覺得心裡那個內在的爸媽也跟著消失了，所以表現出很慌張、很害怕被遺棄、很害怕爸媽不會再回來的樣子。

能夠忍受並消化分離焦慮的孩子，有一個很重要的過渡期是：「現實生活中的爸媽不在，但我在心中，仍舊能夠感覺到，我的爸媽是陪伴著我的。我仍然能夠想起，那個昨天跟我玩在一起的爸爸；我仍然可以相信，當我在學校盡情地玩樂，放學後我又可以見到的媽媽。」而這份「相信」，對孩子來講是很重要的安全感培養。

有的孩子，還會自動發展出一些方式來陪伴自己，例如：隨身攜帶一條安全毯，或者出門一定要帶著娃娃或玩具，即便沾滿了口水、殘破不堪，也對這項東西不離不棄。這在心理學上，稱之為「過渡性客體」，也就是孩子會利用這些娃娃或玩具，稍微緩和爸媽不在身邊時，內在空洞或慌張的感覺。

甚至有的孩子，會發展出想像的朋友，或想像的兄弟姊妹。那就是孩子本能發展出來，以消化自己內在焦慮的方式，而這也是一個健康的發展過程，父母不必太過緊張。

不過，的確也有不少孩子，會需要父母做更多的協助。以下便提供幾個方法，能夠讓父母幫助孩子建立安全感。

一、玩「躲貓貓」訓練

對於一歲左右的嬰幼兒，父母可以透過玩「躲貓貓」的遊戲，運用「消失、再出現」的過程，讓孩子可以熟悉「爸媽短暫不在」的感覺。

二、不要「不告而別」

有些父母會對於孩子的分離或哭泣，感覺心疼，甚至罪惡感，為了不想看到孩子的難過，所以會躲起來，或者偷偷地跑走，覺得如果孩子沒有看到自己離開，就會覺得好過一點。但事實上，這反而會更加深孩子心中的恐懼：「現在我看得到爸媽，會不會下一秒，爸媽就消失不見了。」而讓孩子焦慮更深。

三、預先告知

而最棒的作法，是溫和地「預告」等等會發生的分離，讓孩子先有個心理準備。舉例來說，父母可以提前告知孩子：「等一下，媽媽可能會出門半個小時，你會看不到媽媽一下下，你就在家裡看故事書，不用擔心，媽媽很快就回來了。」而當孩子「挺過」這段分離的焦慮時，也可以適當地了解孩子的經驗：「你剛剛在媽媽不在的時候，都在做什麼呢？會擔心嗎？」並肯定孩子：「你在媽媽不在的時候，你有讓故事書陪你，有在家裡等媽媽，是嗎？」

如果是更長、更困難一點的分離，例如：第一次去幼稚園、長途旅行等，可以提前幾天，甚至幾週跟孩子說明，幫助孩子做好準備：「下個禮拜，爸爸會坐飛機去國外賺摳摳（錢），爸爸不會在家裡陪你，可是如果你想我的時候，你可以打（視訊）電話給我。」讓孩子在分離之前，就可以在心裡「針對分離做演練」。

而這種預告也非常適合用在，例如孩子看病，甚至開刀這種高焦慮的事件，讓孩子知道：

「等一下醫生伯伯會問你一些問題，也會用冰冰的東西碰到你的身體，如果你會害怕是很正常的，媽媽會在旁邊陪你。」

「遊戲」是孩子的「語言」。對於年紀小又高焦慮的孩子，也可以透過遊戲的方式，例如：透過扮家家酒的預告孩子在分離，或是在看病的過程中會經歷什麼：讓孩子挑選代表孩子、醫生、媽媽的玩偶，媽媽透過玩偶的擺放，協助「預告」孩子在開刀，或看病的過程中，醫生會做些什麼？或在分離的時候，爸爸跟孩子可能會經歷些什麼？等等，其實都可以幫助孩子降低焦慮。

四、將分離焦慮昇華為思念

我很喜歡這個能增進彼此情感的方式，就是教導孩子用圖畫或是書寫的方式，去表達對重要他人的感受，並將孩子的分離焦慮，轉化、昇華為「思念」，例如媽媽可以對孩子說：「我們可以畫一張圖送給爸爸，這樣他看到你的圖畫時，就會想到子晴正在想念爸爸。」

同理可證，父母也可以反過來，畫一張圖、準備一張小相片、一條有媽媽味道的小絲巾，放在孩子身邊，讓孩子想念爸媽的時候，可以隨時拿出來「充電」。

如果把爸媽當成是充電座，孩子是手機。手機充飽電了，就可以在外面忙一整天。當孩子感覺到爸媽的陪伴與溫暖時，就會更有信心地在外面探索，以及面對上學時那份「爸媽不在身邊」時的焦慮。

因此**跟孩子相處的時候，多擁抱、撫摸孩子，尤其是年紀小愈小的孩子，愈有幫助。**

五、高品質的陪伴以及溫柔而堅定的告別

面對年紀大一點的孩子，則是把握「依附關係」的原則，像是除了滿足生理需求外，平時就要建立「孩子，我懂你的心」的情感連結，培養孩子內在的安全感。

而在告別的時候，父母的態度必須溫柔而堅定。舉子晴的案子說明：當孩子還在自己身邊的時候，可以蹲下來看著孩子，堅定的以同理口吻對孩子說：「今天是你第一天上學，我知道你會有一點害怕，你也會很想念媽媽，媽媽也會想念你。如果你想念媽咪的時候，你可以怎麼做呢？」若之前有過充分的溝通，孩子可能會告訴你，可以看看爸媽的照片，或打電話給爸媽等等。

等到快離開的時候，媽媽可以很堅定的告訴孩子：「媽媽再過三分鐘就會去上班了或離開去買菜了，在這三分鐘內，媽媽都會在這裡。但是等等媽媽就要去上班囉或去買菜了。」一邊陪伴孩子的過程中，一邊幫孩子做心理準備：「還有兩分鐘喔！」

最後，在時間到的時候，給孩子一個擁抱，然後站起來，讓孩子自己離開去上學。如果孩子還是不走，父母也必須溫柔而堅定地轉身離開。

♥心理師與父母的暖心互動

有人會問：「可是那時候孩子哭得好傷心，這對孩子是否太殘忍？我要不要再多陪孩子久一點？孩子會不會看到我的離開而留下陰影？」

但我想問：「如果你一直待在原地沒有離開，真的有讓孩子變得比較有安全感嗎？或更願意去上學嗎？」

很多孩子就是知道，自己的哭泣可以慰留媽媽，所以才會盡情地放聲大哭。在學校也可以看到許多孩子，在父母離去之後，回到教室跟同學與老師相處下，快樂到暫時忘記父母離開的這件事。如果父母因為孩子的哭泣而真的折返回來，孩子除了學到自己的哭泣是「有用」的，同時在那個過程中，孩子也一定可以感覺到父母的不安，讓他覺得：「分離果然是一件很可怕的事情，否則爸媽怎麼會這麼煩惱。」

因此，回歸原點，與其說要處理孩子的分離焦慮，到頭來我覺得真正要面對的是，父母本身的分離焦慮。

父母的分離焦慮：孩子，你心中是否有媽媽？

孩子會思念爸媽，爸媽會捨不得孩子，都是正常的現象。但有的父母對孩子離開身邊，其實是非常不安、焦慮的，甚至腦海裡出現很多災難性的想像：「子晴不在身邊，會不會發生什麼意外？」而不巧的是，孩子也通常會很敏感地感受到父母心裡的感覺。

又或者是，有時父母會把孩子看得太過脆弱，只要孩子一哭，便會覺得孩子承受不起這種痛苦。但其實是父母聽不得孩子的哭，好像一哭，自己的心也被哭碎了，所以趕緊把孩子接回來自己身邊照顧。

再強調一次，孩子面對分離的焦慮是很正常的，不同孩子也有不同程度的焦慮。父母只要能夠穩穩地接住孩子的不安，孩子才能慢慢地培養出勇氣，跨出腳步，暫時離開父母身邊，探索這個世界。

|17| 老是愛吵架的「手足競爭」孩子

「為什麼孩子遇到一點小事也要吵」、「我兩個都處罰了，為什麼孩子覺得不公平？覺得我偏心」、「拜託，我已經夠累了，孩子們不要再吵架了！」身為父母的你，又怎麼看待手足競爭呢？

為什麼會手足競爭？

柔柔與強強是一對姐弟，彼此相差兩歲。媽媽平常在家，最常處理的就是這對姐弟的衝突。

柔柔常常會跟媽媽抱怨，媽媽對弟弟比較好。在還沒有上學之前，每次跟弟弟吵架，媽媽都會罵柔柔說：「當姐姐要懂事一點了，弟弟年紀還小，要讓著弟弟一點。」平常在家也需要做很多家事，弟弟卻總是在旁邊搗蛋，心裡好是委屈。

強強也會跟媽媽抱怨，媽媽對姐姐比較好，常常羨慕姐姐可以學很多才藝，自己想做很多事情時，卻一直被說年紀還小，還不能做。有時候強強也覺得很委屈，覺得姐姐很「恰北北」，動不動就對自己生氣。可是媽媽每次都沒有看到自己被姐姐欺負，只會大聲地罵著：「不要再吵了！」心裡覺得不平、又委屈。

而媽媽也覺得非常心力交瘁，每次自己已經盡可能地對姐弟「公平」，有時還試圖「好聲好氣」的規勸兩個孩子，可是怎麼努力，好像永遠無法讓兩個孩子滿意，心裡又是挫折、又是難過。結果最後，媽媽也不小心把這種煩躁與對自己的失望，轉為憤怒地丟到孩子身上。

因為「愛」的資源有限

「競爭」可以說是人類史上，永遠會存在的議題。

在原始社會，人類會跟動物，或其他部落的人競爭，佔領地、搶水源與食物。在現代社會，雖然資源豐富，不怕餓死，但是卻很缺「愛」的這項資源。

其實競爭就是在「資源有限的情況之下，無法妥善分配」而衍生出來的爭奪，只是手足之間要競爭的不是錢，而是父母的「愛」。**因為對孩子而言，父母的愛是最珍貴的，因此才會開始跟手足競爭。**

小至為了玩具而大打出手，吵著公不公平，吵著爸媽偏心；大至社會新聞上，知名集團發生兄弟相殘的血案，皆是如此。

「愛」的多寡，取決孩子主觀認定

只是愛要怎麼分配？愛能夠公平嗎？

很多父母說：「我對兩個孩子的期待是一樣的啊」、「他們都是我的孩子，我都愛啊」、「每次同樣的東西我都買兩份，難道做到這樣還不夠嗎？」

問題就在於，這裡所謂的「公平」，並不是父母客觀上的公平，因為愛的多寡，完全是由孩子本身主觀的理解及認定而來的。

很多父母在面對孩子手足競爭時，很容易陷入：「我到底要怎麼做，才能夠讓孩子感覺到公平」，或是「拜託，我已經夠累了，孩子們不要再吵架了！」的困境裡。

但在手足競爭這個議題上，尤其記得要「對人不對事」，也就是說，不要只是把力氣花在「怎麼做才公平」，**而是要把力氣花在：「如何去理解，在孩子的主觀世界裡，所謂的『不公平』。」**

「家庭星座」裡，手足所扮演的角色

很多父母會問：「我真的不懂，他們兄弟姐妹為什麼要因為這種『小事』而吵成這個樣子」、「我都用一樣的教育方式，為什麼孩子的個性差這麼多？」

其中一個部分，大概跟孩子的天生氣質有關，但另一個部分，也可以從阿德勒提出「家庭星座」的角度來理解孩子的主觀世界。

「家庭星座」這個概念，顧名思義，就是家庭裡的每一個人，就像是星星一般，散落在每個不同的位置。如果用來比喻手足關係，就像是每一個不同出生序的手足，很可能會因為他特殊的位置，扮演不同的角色，而有著不同的習慣與個性。

以下針對老大、老二、老么、獨子的心理去做一些探討。

老大：隕落的星星

老大在第二個孩子出生之前，是「獨佔」父母的愛。但是在第二個孩子出生之後，父母會照顧這個初生的新生兒多一點，而老大則會敏銳地感覺到，父母對自己的關愛，瞬間因為另一個「討厭的生物」（弟弟、妹妹）而銳減。

我聽過一個很生動的比喻：身為元配的太太，原本跟老公的感情非常甜蜜。突然有一天，老公從外面帶了另一個女人回來，然後告訴元配說：「這是我在外面認識的另外一個女人，從今以後我們三個就是一家人囉！我愛你們兩個一樣多，所以你們要彼此相親相愛唷！」

我相信很少有太太會接受這樣的事情。但這種看似荒謬的情境，被喧賓奪主的失落與憤怒的心情，正是老大所感受到的。於是會發生兩種情況：一是想要討回失去的愛，卻弄巧成拙；另一個是享有更多的權力與責任。

①討回失去的愛，卻弄巧成拙：面對這麼巨大的失落，身為孩子的老大就會用本能反應去表達他的抗議，但實際上是想要討回失去的愛。而最常見的幾個方式：退化及鬧脾氣。

退化反應，例如尿褲子，或者一些原本已經學會的事情，卻又變得不會做了。退化的目的是，老大認為當他們變得弱小或無能時，或許就能夠退回小時候，像弟弟、妹妹一樣被爸媽照顧。

另一種反應是開始鬧脾氣。因為孩子小小的心靈不知道該怎麼處理「被奪走愛」的感覺，就會開始對父母生氣、對弟弟、妹妹生氣，並且出現一些問題行為，例如：欺負弟弟妹妹、做出一些搗蛋的事情。但背後的心情是恐懼的：「我寧可父母罵我，也不要不理我。」

然而老大的這些「抗議」行為，通常會被爸媽視為「搗蛋」，而且會想：「我都已經那麼辛苦了，你還在跟我作對！」在爸媽身心俱疲的情況下，對老大也會慢慢地表現出有些不耐煩。

老大則會把父母態度的改變，當作是爸媽真的不愛自己的原因。於是，孩子便更容易地用問題行為去抗議自己失去的愛。

這時，若父母還是用指責或管教糾正孩子的問題行為，反而讓孩子更不安害怕，啟動親子衝突的負向循環。最後會在老大的心底，種下自己永遠不如弟弟、妹妹那般被疼愛的自卑感受。

其實面對失寵的老大，心中最害怕、也最想問的一件事情就是：「爸爸、媽媽，有了弟弟或妹妹，你們還會像過去一樣那麼愛我嗎？」

②享有更多的權力與責任：身為老大，除了會更在意秩序、細節，因此在性格上更為謹慎外，其實他們通常能享有一些權力，例如：能夠「帶領」弟弟、妹妹的權力感。如果發展得好，老大還可以當一個稱職的領導者，成為爸爸、媽媽的小幫手，並且成為一個很有責任感的人。

但同時，若父母的情緒或性格不夠穩定的話，老大也會感覺自己似乎必須承擔起更多情緒上，以及事務上的責任。例如：當爸媽有情緒困擾時，有的老大第一個反應是：「我該怎麼做，讓爸媽好過一點呢？」甚至在心理上，成為第二個隱形的爸媽，也是我們常說的「親職化」的小孩。這些小孩在成年之後，也會因為扛了太多責任而感覺壓力，但又「停不下來」，無法輕易地放鬆以及被照顧。

那也是為什麼，很多身為老大的諮詢者，每每談到自己很容易會被父母的反應給影響：

「我常常覺得，弟弟或妹妹好像都可以不用去理會爸爸或媽媽的情緒，很多事情好像都不關他的事一樣，可是我就是會被影響，必須去處理。」在口氣中，可以聽得出，他們一方面又羨慕、又嫉妒，弟弟或妹妹好像可以落得輕鬆。但另一方面，也會懷疑是不是「自己哪裡有問題」、「抗壓性比較低」，才會自尋苦惱。

我常會說：「那是因為身為老大的你，擋下或承接了很多父母的壓力。而你的弟弟或妹妹在你的保護之下，當然可以過得比較舒服、安心。是你用這種過度承擔的方式，保護了你的弟弟或妹妹。」

老二：被忽視的星星，永遠的「第二」

老二因為一出生，前面就有一個哥哥或姐姐，所以他們從來沒有享有過「獨佔」爸媽的經驗，所以即便有下一個小孩的誕生，失落感並不會像老大一樣那麼巨大。

但是老二從一出生下來，前面就有一個「老大」的存在，因此老大就會成為老二的前導者或模範，所以很多弟弟或妹妹會說：「我長大要變得跟哥哥或姐姐一樣」、「我長大要跟哥哥或姐姐結婚。」

但老二也可能一直把老大視為一個威脅或是競爭對象。如果老大的表現優異的話，對老二而言，心裡也會有一種自卑感是：「我的哥哥或姐姐，就是走在我的前面，不論我再怎麼努力，我永遠贏不過他。」這種即羨慕但又怨恨的心理，很容易地勾動自己內在的自卑感。

①夾在中間，不被看見：如果老二底下還有弟弟或妹妹，那種「不被看見」的不重要感，也會更加強烈。因為他不像老大一樣強壯，也不像老么一樣被疼愛，他就「只是個」不特別的老二。所以，有的老二會有一種比不過別人的自卑感，而選擇自我放棄，或是反向作用發展出另一種看起來誇大，也就是台語說「澎風」的樣子。

②察言觀色，以利生存：但老二也有一個很大的好處是，他可以「觀察學習」。也就是說，他可以看見哥哥、姐姐在自己前面，犯下什麼樣的錯，講了什麼話惹爸媽生氣，然後就「不做」這些不好的事。因為老二習慣站在一個比較觀察的位置，也比較不容易惹父母生氣，結果長期下來，就形成「老大總是調皮搗蛋，不像是老二總是乖巧懂事」的印象。

而這也是在家庭中很常見的動力：老大在前面，帶著那種被忽略的恐懼橫衝直撞，犯了很多錯被爸媽糾正；老二在後面，看著老大的犯錯與被責罵，很聰明地避開那些會被責罵的行為，變得很乖、很聽話。

老大氣爸媽總是罵自己、疼弟弟或妹妹；老二內心其實也不好受，因為他們也會擔心：「如果我沒有一直這麼乖、這麼聽話，會不會爸媽就不愛我了？」

老么：承擔最少責任與焦慮的寵兒

身為老么的我，常常被問到：「你是家裡最小的，爸媽一定很疼你吧！」的確，在老么這個位置，也存在幾個特色：

①在心理上，「放棄競爭」，改走別條路：因為從來沒有經歷過另一個小孩出生時的震撼與失落，比較沒有那份失落感；但也因為老么怎麼樣都追不上前面的哥哥姐姐，有許多老么其實會直接「放棄競爭」，改走別條路。以我為例，我就是在四個手足裡，唯一一個沒有回到老家，跟爸媽一起從商，而走出屬於我自己的心理諮商師生涯的路。

②就經濟與現實層面，享有豐富資源：大多數的父母在生到老么的時候，事業通常會發展到比較穩定的階段，老么在物質上也享有比較多的好處。所以很多人說老么很受寵，有很大一部分也是因為父母親的確在現實層面上能夠提供給老么比較多協助。

③跟父母的互動上，也會負擔比較少的情緒壓力與焦慮：有句話叫做「第一胎照書養、第二胎照豬養」。通常爸爸媽媽在生前面幾胎時的焦慮程度是高的，這種焦慮會不自覺地傳到孩子身上，導致老大多少也會容易焦慮；但生到老么的時候，因為前面已經養過好幾個孩子，父母內心會比較輕鬆自在一點，所以養成很多老么常常會有一種「什麼事情都無所謂」的感覺。

整體來說，老么通常不是那麼在意「競爭」這件事情，至少，不是「明著來」地在意。

④比較無法學會獨立、承擔責任：但老么也有個缺點是，因為前面總有人為自己遮風避雨，如果沒有適當的引導與訓練，其實無法學會獨立、承擔責任。發展得差，可能還會變得比較不負責任、無助、過度依賴的狀況。

當然，「耍賴」好好運用也是有好處的，例如：在家族關係中，比較願意被照顧。又像是我在跟孩子的互動上，常常覺得很輕鬆的原因是，身為老么的我感覺自己「懶得」承擔許多孩子應盡的責任，所以在很多事情上，我會讓孩子「早點學會，就能自己處理」，因為我絕對不會想幫他承擔，這樣我就可以落得輕鬆。所以我也在這個老么的位置上，深刻地體會到：「父母愈懶，孩子反而更有空間長大。」

獨子：缺少跟同儕相處的經驗，但更快社會化

獨生子女，則是處於一個「前無古人、後無來者」的狀態。所以他不曾有失寵的經驗，也不需要苦苦追趕著其他手足。

①更快社會化：因為獨子長期跟大人相處，所以他們會比起同年齡的孩子來得更早熟，更能表現出像是成年人的態度與行為。但獨子也因為缺乏跟同儕相處的經驗，如果沒有學會

如何與同年齡的孩子「合作」，當他們離開家庭，走入社會（例如學校），將會面臨嚴峻的挑戰。

②**不會跟同儕相處互動**：因為在學校不比在家中，獨子會發現自己不管再怎麼努力，都將不再是注意力的焦點，有的獨生子女會因此感到巨大的沮喪與挫敗。而跟同儕的關係，也因為缺乏跟同儕相處的經驗，所以也很難融入同儕的人群。

很多身為獨子的孩子就會告訴我：「其他人講話都好幼稚。」但他們想說的是：「我不知道要如何跟同年齡的朋友聊天？」他們心裡雖然慌張、不安，但又礙於面子問題，只好表現出看低其他人的樣子。而那是因為他們在家裡只有學到怎麼跟大人聊天的經驗。

怎麼「善用」初生序？

必須要提醒的是，阿德勒所提到的家庭星座，指的是「心理上」的位置。

以我自己為例子，我有三個姐姐，雖然我的出生序是老么，但跟最小的姐姐也相差了五歲。小時候因為三個姐姐全部出國念書的緣故，而我自己一個人留在臺灣，並沒有太多機會玩在一起，所以我除了老么的受寵，也帶有一部分獨子的性格。

在我印象中，我的很多記憶都是獨來獨往。在上大學之前，我幾乎是沒有什麼朋友的，也非常拙於跟同年齡的人來往。而在這部分，我的心理位置反而更像獨子。

又或者，有的孩子因為他的哥哥或姐姐，有身心障礙或體弱多病，需要多多被照顧的情況，所以雖然排最小，但是必須負擔起更多的體諒，或者照顧哥哥或姐姐的責任，而在心理位置上，有著老大的責任感或照顧者的特性。

因此，我要強調的是家庭星座不是絕對的結果，因為在成長過程中，有太多事情會影響一個孩子的個性，只是出生序是其中重要的考量因素之一。

而回到阿德勒心理學所強調「目的論」，強調是「使用的心理學」，也就是說，每個孩子都有不同的個性與特質，而每個初生序也有它的特色。

因此重點在於，**當父母意識到自己或孩子的出生序時，可以怎麼樣去鼓勵與欣賞這個出生序的優勢，並補足與學習在這個位置所缺乏的經驗。**

以下，就以家庭星座裡的老大、老二、老么、獨子來舉例說明，如何善用其個性特色，平緩手足之間的衝突。

老大：感謝自願照顧弟妹的貢獻感，以及重溫「受寵」的感覺

父母可以去感謝老大總是承擔起比較多的責任：「謝謝你今天照顧妹妹，真是幫了媽媽

好大的忙！」或是給老大機會：「你要不要試試看，推一下妹妹的推車、幫媽媽照顧妹妹？」身為老大的孩子，會從中感覺到貢獻感，感覺自己是能幫上父母的忙。這對老大來說，是個非常大的成就與鼓舞。因為老大是「不可能」再變回過去那個獨佔爸媽所有愛的身分，但是「我能夠幫忙爸媽」的貢獻感，是他能夠用「老大的身分」與爸媽重新連結的經驗。

當然，這裡提到孩子的貢獻，是要在孩子也自願的情況之下去做的。否則會變成「我都失去了爸媽的愛，現在還要我做這些事！」心中豈不是更委屈了。

此外，老大在地位上「失寵」，都還沒失落、難過完，卻還要一夕間長大去照顧弟妹，心裡又擔心害怕父母已經不像是過去一樣寵愛自己，所以父母有時候必須讓老大重溫一下當孩子那種「獨一無二」的感受。

舉例來說，有時候我會偷偷跟當哥哥的那個孩子說：「因為你已經夠高了，所以你按得到電梯的按鈕了！弟弟還要過兩年才會長得像你一樣高，到時候你就可以教他怎麼做囉！」

或是父母有時候可以搭配好，讓其中一位先照顧一下弟弟，把弟弟支開，然後另一位帶哥哥出去晃個五分鐘、或塞個小糖果給哥哥：「不要讓弟弟知道唷！」讓孩子偷偷享有一下當初「受寵」的感覺，都會有奇佳的效果。

老二：避免相互比較，改以欣賞不同孩子的各自發展與成就

老二跟老大的競爭意識是強的，為了得到父母的認同，會引發很多比較、自卑、嫉妒等心情。因此父母應該盡量避免將孩子的表現拿來做比較。

很多父母會想用激將法的方式，例如說：「你看哥哥可以做得到，你為什麼不行？」這樣很容易得到反效果，反而使兄弟之間的糾紛不斷。

因此最好能尊重老二的意願，以及欣賞不同孩子各自的發展與成就，例如：「哥哥他籃球打得很好，你也想一起嗎？還是你想做別的事情呢」、「哥哥籃球很擅長，你的鋼琴也彈得很不錯，各有各的長處呢！」

這能夠協助孩子，不要一直把焦點放在跟另一個人比較，而是能夠往自己的自我成長與實現的方向邁進。

老么：練習從「被照顧者」到「照顧者」＋感謝所得到的

老么的致命傷，大概就是容易被寵溺，扛不起責任。因此父母最好有時候能夠讓老么適當地承擔一些責任，從中體會完成事情的成就感也是重要的。鼓勵老么完成「在他這個年紀，能夠做的貢獻」，例如：幫忙哥哥或姐姐端個水，**讓老么從「被照顧者」的位置，偶爾也能**

移動到「照顧者」的位置。

其實「能夠自在地接受照顧」也是很重要的事情。老么或許在客觀情況下無法做得比哥哥、姐姐多，但至少要讓他知道，不應該把其他人對自己的疼愛與付出，視作理所當然的照顧。因此如何讓老么意識到，自己其實是「受照顧」的，並且打從心底，由衷地感謝哥哥、姐姐，或其他人的付出，也是很重要的學習。

因此我也常常會「做球」給兩個孩子接，例如我會跟妹妹說：「你看，姐姐幫你拿了那個杯子（或是幫你拿東西、陪你一起玩），姐姐很疼你呢！可以跟姐姐說謝謝嗎？」一方面是訓練妹妹知道自己是「被幫忙」而不是理所當然，同時也是間接肯定姐姐的付出。

我還記得有一次學習完阿德勒的課程，老師將所有的同學分成不同的出生序組別，鼓勵我們「老么組」回去跟哥哥或姐姐說話，我回去鼓起勇氣跟姐姐說：「你可能常常覺得爸媽比較疼我，說不定有些事情你也受了委屈，但我很謝謝有你這個姐姐，很多時候都是照顧我、替我承擔很多事情。我很開心你能當我的姐姐。」而我跟姐姐原本疏離的關係，也慢慢地暖化、變得比較親近一點。

獨子：創造跟同儕相處＋傳遞「分享」概念

獨子很早就學會跟長輩、權威相處，是一個很棒的優勢特質，也值得被好好肯定。但同時，父母也要花心思去補足，獨子跟同儕的互動，讓孩子有一些與別人合作、分享的經驗。

例如：父母可以多創造一些孩子跟同儕相處的機會，鼓勵孩子跟鄰居或親戚的小孩一起玩，讓獨子也有機會去面對跟同儕之間的衝突與分享事情的喜悅。

另外，利用日常生活中傳遞「分享」的概念，例如：將一顆蘋果分成三份：爸爸一份、媽媽一份、孩子一份，並藉機告訴孩子：我們每個人都有屬於自己的份量。即便父母不真的想要吃這麼多蘋果，也可以在孩子還很想吃蘋果的時候，跟他說：「這一份是媽媽的蘋果，但看到你很喜歡吃，我可以把我的這份蘋果分享給你。」盡量避免養成獨子「總是獨佔」的心態，從平常生活中學習如何與其他人合作、分享。

父母的價值觀如何影響孩子對手足態度

除了出生序，孩子也會因為他的天生氣質、特殊遭遇、成長經歷等，而產生不同的個性。而父母也有自己的「價值觀」，多少會對不同性別、個性的孩子產生不同的偏好。

被價值觀綁架，產生手足紛爭

以性別來說，在傳統社會裡普遍存在「重男輕女」，或是「女生要幫忙多做一點家事」的觀念。有趣的是，媽媽常常是重男輕女觀念下的犧牲者，卻用同樣的方式，要求那個跟自己同樣性別的孩子：「女孩子要乖、要聽話」，如同最開始柔柔的例子：「平常在家也需要做很多家事」而覺得自己不被公平對待，「弟弟為什麼不用做家事，一定是媽媽比較疼弟弟」的想法似乎也是滿合情合理的。

又或者，父親會對於男孩有更多的期待。我就聽過父親跟小男生說：「你是男生，不應該哭哭啼啼，要堅強一點。」父親的價值觀成為小男生心裡的枷鎖，因此也容易對「爸爸比較疼妹妹」感覺不平衡。

你是真的愛你孩子原本的樣子嗎？

在個性方面，孩子因著不同的天生氣質與出生序，會展現完全不同的樣貌。父母要注意的是，個性沒辦法大改，但能夠微調。因此父母所要做的事情，並不是讓孩子「完全變成我們心目中的樣子」，應該是「**順水推舟**」，**讓孩子依照他的天生氣質去發展成最好的樣子。**

然而，大多數的父母，其實不容易把自己的「價值觀、期待、需求」與孩子的「樣貌」

區分開來，反而針對不同個性的孩子輕易下判斷，展現出不同的教養態度，最後形成負向循環，而導致家庭紛爭。

舉例來說，一個個性比較嚴謹、細膩的媽媽，可能會比較認同心思比較縝密的妹妹，而會管教那個大而化之、真性情卻帶點莽撞的姐姐。於是，姐姐會覺得媽媽對妹妹比較好、覺得不公平，而常常用憤怒來表達抗議，而媽媽就更容易因為姐姐直腸子所說出來的話受到傷害或被冒犯。長期下來，就演變為媽媽跟姐姐的衝突，而妹妹則在一旁扮演那個「乖巧、懂事、體貼父母」的乖女兒，相較之下，姐姐則變成「壞小孩」。

在意成績的父母或許會太用力讚賞那個專心、表現優異的哥哥，而弟弟則會用盡力氣，想要爭取媽媽在成績上的認同，但又害怕，如果自己表現不好，媽媽就會不愛自己。長期下來，弟弟因為給自己太大的壓力，反而容易在課業上表現更差，甚至開始懷疑、討厭自己，也覺得自己永遠比不上哥哥。

有需要透過孩子去「感覺自己是重要」的父母，則會把依賴性比較強的弟弟拽在身邊，而姐姐看到媽媽與弟弟那麼親近，感覺自己似乎不被疼愛，反而開始搗蛋，希望引起媽媽的注意。但反而讓媽媽把姐姐當做調皮搗蛋的壞小孩，覺得弟弟乖巧懂事。

手足競爭最開始往往是最「微不足道」的小事情來的，但是家庭是一個系統，很容易在家中啟動負向的互動循環。其實不同個性的孩子，他們可以有不同的優勢與發展，但演變到最後，很容易變成：**「符合父母個性與價值觀的那個孩子，會跟父母啟動正向循環；而不符合父母個性與價值觀的孩子，則會開始惡性循環。」**在蝴蝶效應的影響之下，同樣生長在一個家庭的孩子，會發展出完全不同的樣貌。

而要打破這個負向循環的關鍵點在於，父母是否能夠意識到：「我的個性、我的成長經驗，是否讓我比較容易認同或不認同某個孩子的樣貌？」唯有當父母意識到，或許不是孩子不好、不聽話，而是自己的價值觀在隱隱作祟，才能更客觀地看待手足問題。

孩子討愛的背後，是恐懼不被愛

事實上，有安全感的孩子、感覺被愛夠的孩子，是不需要花很大的力氣，去確保自己是能夠被愛的，更不需要去跟另外一個手足去比較、競爭的。

我記得在網路上看過一篇短文：

一位阿嬤因為年歲已高、安詳過世，三個孩子很難過，但他們都能感受到阿嬤對自己很深的愛。有一天，他們聚在一起，一同懷念著過去阿嬤對自己所做的事情，重溫這些溫暖的記憶。

在聊天的過程中，哥哥突然露出一個尷尬的笑容，然後跟弟弟、妹妹說：「有件事情……，我不知道要不要告訴你們。」在催促之下，哥哥說：「我覺得阿嬤是最愛我的。」弟弟、妹妹一邊笑鬧著哥哥怎麼那麼自戀，一邊問起哥哥原因，哥哥就說：「因為每次放學回家的時候，阿嬤都會塞一顆糖果給我，然後跟我說，這個糖果只有給你，偷偷藏起來吃掉，不要告訴弟弟、妹妹，知道嗎？」

弟弟、妹妹聽了之後，非常驚訝地說：「阿嬤也跟我說過一模一樣的話！」

原來，阿嬤說了一個善意的謊言，卻讓三個孩子都感覺到：「我在阿嬤心目中，是獨一無二的！」而記憶中的糖果，則成為三個人心中最暖的回憶。

再回到「家庭星座」中，不同出生序的孩子，都在問著同一個問題：「我在父母的眼裡，是不是重要的？是不是被愛的呢？」這時的父母必須發揮獨有的創意，讓孩子感受到自己的重要性，感受到：「孩子啊！不論你做什麼、或不做什麼，你就是我的孩子，我就是會愛你的。」那麼孩子自然而然就不需要花很大的力氣，用問題行為來跟其他手足競爭，或是乞討父母的愛了。

如何面對孩子之間的爭吵與競爭

談了很多父母如何理解孩子的心情、讓孩子感覺到父母的愛，孩子就不會汲汲營營地去討愛，並用搗蛋的行為，抗議自己得不到愛的心情。

然而，手足之間總還是會彼此爭執與吵架，當孩子擠到你面前告狀：「媽媽！剛剛姐姐搶我玩具」、「媽媽！剛剛弟弟推我！」時，父母內心如果有個「想要趕快化解衝突」的煩躁感與焦慮感升起，進而扮演「法官」說：「兩個人都不要吵了！姐姐，你都這麼大了，就讓著弟弟嘛！弟弟，剛剛你有沒有推姐姐，趕快道歉！」那麼這兩個孩子可能會感覺不公平，情緒不斷高漲而更爭論不休。搞到最後，爸媽只會說：「兩個人都有錯！趕快跟對方道歉！」結果雙方都要吞下自己的委屈。但這些委屈不會消失，而會轉變成為下次爭吵的引爆點。

因此在這個部分，**我建議爸媽：「不要當法官，而是多多鼓勵孩子們之間的對話。」**

所以想要平息手足之間的紛爭，我建議父母最好抱持這三個步驟原則：不評價的聆聽、同理性的回應、鼓勵孩子對話。

第一步：不評價的聆聽

在這個情境裡，父母可以說：「剛剛發生了什麼事？有誰要說給我聽的？」這時兩個人可能會搶著說話，於是父母又可以說：「一個一個來，你們兩個人都很重要，我都會仔細地聽。」

第二步：同理性的回應

而當兩個孩子表達完自己的意見之後，父母就可以陳述事實、並且回應孩子的心情，例如：「弟弟，你想要跟姐姐玩，所以你就拿了姐姐的玩具。可是姐姐你覺得那是你的東西，所以你就很生氣地把玩具搶回來。可是你太急了，所以對弟弟比較兇，弟弟被嚇到、也很生氣，所以推了姐姐一把。最後兩個人都很不開心。是這樣子嗎？」

第三步：鼓勵孩子對話

而當兩個人都有感覺到自己所說的話有「被聽懂」的時候，孩子的情緒會很明顯地降下來，這時候父母可以說：「可是我不希望你們兩個人吵架，結果大家都很不開心。這件事情，各自都有一些做錯的地方，你們說說看自己哪裡不對」、「如果下次又遇到類似的事情，你們可以怎麼辦？」

在這個過程中，父母不帶評價地引導孩子去思考，更鼓勵孩子為這個問題情境負責，試著解決問題，都有幫助孩子「用自己的力量」去面對這個手足競爭，化危機為轉機，反而是個很好的機會教育。

♥心理師與父母的暖心互動

有的時候，我會建議父母可以主動創造出，讓手足間彼此溝通對話的機會。

我的大姐與二姐各有一個小孩，年紀非常相仿，彼此像是一家人一般會互稱哥哥、妹妹，但兩人常常會因為搶彼此的玩具，爭吵著誰得到的好處或愛比較多，而鬧得不可開交。有時候光是為了誰先按下電梯的按鈕，或是誰可以坐在舅舅（我）的腳上，就可以鬧上半個小時，將大家捲入一場情緒風暴。

身旁的大人，無一不戰戰兢兢，做任何的選擇、買任何的玩具，都要考慮到「公平性」，例如同一份東西都要買上兩份，只是「公平」也是人主觀定義出來的，大人的公平與孩子的公平可能也非常不同。

有一次我打算送他們一套全實木做的軌道車組，但因為只有一套，我也不想花錢買另外一套，又不想引起他們的「公平之爭」，所以我就在我把玩具拿回家的時候，決定跟兩位小朋友好好談談：

「舅舅今天要送禮物給你們！」我說。「耶！」兩位孩子非常興奮與期待。「可是舅舅有一件事情很困擾，你們願意幫我的忙嗎？」我提出我的問題。「什麼事情？」孩子似乎被我引起了好奇心。「舅舅想要送禮物給你們兩個，可是這裡只有一套玩具。我很擔心你們兩個會因為玩具吵架。」這時兩位孩子說：「不會啦！」

孩子為了想要玩具，當然會會這樣回答，所以我就開始打預防針：「如果哥哥想要玩的時候，妹妹也想玩，那該怎麼辦」、「如果哥哥已經玩了一段時間，哥哥還想玩，然後妹妹說：『哥哥你已經玩很久了，我也想玩！』那該怎麼辦」、「舅舅想要兩個人都可以玩玩具玩得很開心，不想看到你們因為玩具吵架，你們可以幫我想辦法嗎？」我提出了我的幾個疑惑或挑戰，並且請他們幫我想辦法。

這時妹妹開口說：「我年紀比較小，那我先玩，哥哥再玩！」我心裡想著，這應該不是太好的方法，但也不急著反駁。我問哥哥：「你覺得這樣好嗎？」哥哥在那當下果然沒有答應。所以我又問：「那哥哥你有什麼想法呢？」哥哥也說：「我是男生，所以我玩軌道車，我可以把我的玩具給妹妹玩。」而妹妹也不是很同意這樣的作法。

後來我說：「看來兩個人都想要先玩，可是我這個玩具是買給你們兩個人的，希望你們兩個人都可以開心地玩，那應該怎麼辦呢？」暗示他們的方案需要兼顧到兩個人的需要。

慢慢地，兩位孩子慢慢地討論出他們都可以接受的遊戲規範。哥哥說：「那我可以跟妹妹一起玩！」妹妹感覺到哥哥的善意，也說：「如果哥哥很想玩，我可以先玩我的玩具，等哥哥玩完，我再玩。」

保險起見，我還是問：「如果你真的很想玩的時候該怎麼辦呢？」妹妹說：「我有很多玩具，我可以先玩別的！」哥哥聽妹妹這樣說，他也不遑多讓想表現出他的大氣地說：「我玩具也很多，那我也可以給妹妹先玩！」

這次的經驗讓我看見，當我們相信孩子，給孩子一個對話的平台，父母只需要在旁邊簡單地提醒孩子要找出「雙方都能夠接受的結果」，不要做任何判斷與介入，而鼓勵他們繼續對話。因為兩個孩子都感覺到被尊重，感受過被尊重的人，才能夠尊重別人，因此兩個人反而能走到父母們希望孩子做到的「互相禮讓」。這是一件多麼美的事情啊！

18 關閉心房，拒絕跟父母溝通的孩子

「為什麼孩子都不跟我講心事？」這時候就要父母捫心自問：「你是個願意跟別人講心事的人嗎？」如果是的話：「那個願意讓你講心事的人，會讓你有什麼感覺？」如果你不跟別人講心事的話，「那又是為什麼呢？」

你會不會評價我？教養與陪伴的雙重角色

「我的孩子每天一回家，都把自己關在房間裡。只有吃飯的時候才會出來，而且吃飯也只是一直看著手機。想跟他聊天，他也愛理不理的。」

「我也只是想要好好了解他，沒什麼惡意啊。只是我也不知道現在的孩子在想什麼？也不知道要跟孩子說些什麼？為什麼孩子都不跟我聊心事……。」

「我孩子對我愛理不理的，不知道他眼裡還有沒有我這個父母……。」

所謂的「講心事」，就是代表你願意把心中一些真正困擾、脆弱的事情講出來。就像家

裡小貓、小狗會翻起最脆弱的肚子給主人撫摸一樣。但這個舉動，是會冒著「受傷」的風險。

如果對方在我們表達脆弱的時候說：「你幹嘛想這麼多」、「是你自己有問題，才會把事情搞成這個樣子！」感覺好像是在我們翻起脆弱的肚子時，又被對方重重地踩了一腳。

「你會不會評價我」，其實是一個人「是否願意講心事」，最核心的關鍵點。

只是教養這門課，父母必須同時扮演兩個角色：「教養」與「陪伴」。但有時角色間的切換，卻不容易。因為一方面要擔心著大大小小的生活瑣事與議題，另一方面又在「管教」過程中，怕拿捏不好時會有許多的壓力與衝突存在。大人如此，小孩也一樣，因為要怎麼整合「嚴厲」的爸爸媽媽，與「溫柔」的爸爸媽媽，其實也是個很大的挑戰，尤其是在面對親子關係的「親密時刻」。

因此，如果父母想要孩子跟自己講心事，最重要的關鍵是，讓孩子可以感覺到：談論這些事情的時候，是安全的、不會被輕易評價的。

父母要小事不管，孩子遇到大事才會來找你

子茜的媽媽，是個愛孩子但又很沒安全感的媽媽。幾乎子茜生活的大小事，包含幾點睡覺、吃什麼東西、穿什麼衣服、選什麼科系等，每件事情都需要經過媽媽的同意。

子茜在跟媽媽的互動過程中，常常感覺到很生氣以及委屈，她很氣媽媽為什不能給自己多一點的空間。但媽媽聽不見子茜的抗議，只覺得孩子怎麼年紀愈大，愈不聽話。

有時候媽媽也想放軟身段，會想關心一下子茜的生活。但子茜一聽到媽媽的聲音，雖然知道媽媽是關心自己的，但內心卻常常有股莫名的煩躁。

升上高中，子茜覺得在家壓力好大，所以會往外跑，跟一些她知道媽媽不會認同的朋友廝混，到三更半夜都不想回家，媽媽愈看愈是擔心。子茜在這些反抗、逃家的過程，像是在表達：「我不要再被你控制了！」但是在外逃家的過程，心中時常會湧起一股哀傷是：「我到底什麼時候，才可以回家？」

我的恩師國立台北教育大學心理與諮商學系教授兼副校長曾端真曾說：**「面對孩子，要『小事』不管，當他們遇到『大事』才會來找你。」**

很多父母會在孩子出了一些狀況之後，跟我說：「為什麼發生這麼重大的事情，我的孩子都不跟我講？」然後很生氣、心疼、懊悔。

但回過頭來看，其實孩子的選擇也是很有道理的。如果父母在生活小事上，例如：洗衣服、做功課、幾點回家，都斤斤計較、緊迫盯人，那麼親子平時關係就會陷入一種緊張狀態，也就沒有時間跟機會，去跟孩子表達與培養一些重要的正向情感。

因為孩子會認為：「平常那些雞毛蒜皮的小事情，都會被罵到臭頭。如果這件事情再跟我爸媽講，豈不是死路一條。他們一定又會罵我一頓，那我還是自己解決好了。」

這是因為孩子平常在跟父母的相處經驗中，理解到：「父母不是『安全』的」。因此心裡已預測父母不會接納自己的錯誤，孩子當然會選擇自己扛。

所以我強烈建議，父母在「陪伴」這門學問上，最好先維繫跟孩子的良性關係。在「管教」這門學問上，將對孩子的高壓管制，改為相信孩子並帶著尊重的心態讓孩子自我管理。**重點是：父母要抓好自己的底線：只要不是真的危害到孩子的身心或安全，只要不是有「不能承擔的後果」，都可以盡量給孩子彈性與空間去嘗試。**

我記得有個父親曾經說過：「如果能夠讓孩子遇到困難的時候，第一個想起的人是我。那我這個做爸爸的，就沒有遺憾了。」

保持距離的相信與尊重，也是一種愛

再來，我想放入一個「發展階段」的議題。

我猜許多父母會問出「孩子不跟我講心事」的議題，可能也是感覺到一種「落差感」吧！

那個落差感是：孩子小時候總愛「媽媽、媽媽」的叫，雖然有時候覺得孩子好煩，但父母卻有種被需要的感覺。當孩子進入國中、高中階段，似乎一下子開始有自己的生活，便不再需要爸媽。就像我媽常說：「出去好像不見，回來好像撿到（台語）。」其實這對父母而言，是種很大的失落感。

但父母要記住一件很重要的事情：**「在青少年階段，孩子的反抗、與父母保持距離、表達跟父母不同的意見，都是孩子個體化的歷程，也是孩子人生中的必要階段。」**所謂的個體化，白話來說，就是「轉大人」。

試想，孩子原本就是透過一條臍帶，跟媽媽緊緊綁地在一起，當孩子出生的時候，這條臍帶被剪斷，但是父母與孩子之間，還是有條隱形的臍帶在連結。

到了青少年階段，這條隱形的臍帶會再次被剪斷，而這個「斷開連結」的過程，對孩子而言，是具有革命性的意義。代表孩子可以練習長大：「如果我不要靠父母，能夠靠著我自己活下去嗎？」甚至我常半開玩笑地說：如果到了青少年還整天跟爸媽「黏」在一起，沒有跟父母衝突個幾句話，那才需要擔心——這孩子是不是長不大呢？

如果父母能夠挺得住孩子的挑戰，孩子便會在跟父母吵架的過程中，發現父母不會因此而被擊垮。孩子也會在「跟爸媽保持距離，有些事情我想要自己來面對與處理」、「我有一些屬於我自己的祕密」的過程中，有機會看到自己其實是有能力做一些事情的，例如交朋友、挺過一些挫折等，而對自己信心大增。慢慢地，孩子便會相信，自己其實也是一個可以獨當一面的大人。

當然這只是一個歷程，不是一瞬間的事情。而父母若能意識到這個必經過程，並且給孩子犯錯的空間，則是一件非常重要的事情。我曾經聽過一個例子：

一位爸爸聽到她的女兒升上高中，要去跟朋友跨年。雖然爸爸平時跟女兒關係不錯，那群要出去的朋友也是認識的，也相信女兒有足夠的判斷力能照顧好自己。但是第一次讓孩子自己單獨在外面遊玩超過十二點，沒有大人陪伴，對爸爸而言，那晚他焦慮到完全睡不著覺。但爸爸並沒有把焦慮，變成對女兒的責罵，而是自己消化著那晚的心緒——孩子「第一次離家」的焦慮，直到隔天女兒平安的回家。

這位爸爸的擔心非常合理，但令人敬佩的是，這位爸爸選擇自我承受並消化這份「焦慮」，也願意給女兒一份「信任」。我認為，這份「信任」就是爸爸送給這個女兒的另一種「愛」的展現。

表達「兩難」，請孩子一起分擔父母的焦慮

當然，父母或許會說：「我不可能不擔心啊！如果孩子『判斷錯誤』，讓自己身陷危險該怎麼辦？」

我想，擔心是合理的，但是與其擔心，還不如讓孩子從現在開始練習為自己的選擇負責。因為父母不可能永遠陪伴在孩子身邊，永遠替孩子把關，倒不如趁孩子年紀還小的現在，練習犯錯。畢竟年紀愈小，所犯的錯還不至於大到不可彌補。

如果父母還是很擔心，我建議父母可以適時地向孩子表達父母的「兩難」，請孩子一起分擔父母的焦慮。以前面女兒跟朋友跨年的例子：

爸爸可以說：「我知道你很想跟朋友出去玩，可是你知道爸爸也會擔心你的安全。關於這件事情，你有沒有什麼想法？」

如果孩子說：「不用擔心這麼多啦！」

父母可以具體地引導與討論：「我知道你會照顧好自己的，但是我還是會擔心。我沒有不讓你去，但你有沒有什麼方法，可以讓我對你的安全比較放心呢？」

讓父母的這個焦慮不是被壓抑下來，甚至轉變成過度嚴格的衝突與限制。而是變成父母請孩子幫忙，讓孩子為父母的擔憂想點辦法。同時也讓孩子有一種能為父母分憂解勞的成就感。

要打從心底相信：你對孩子是重要的

我在「自序」裡提到：我的外甥因為我要回台北而抽泣地哭著，希望我不要離開的那個畫面嗎？那時候我心中覺得好暖、好不捨，心中也有一種「我對於孩子而言，原來這麼重要啊！」的感覺，心中也會湧起一種很想疼惜眼前這個小生命的情感。這種互相覺得彼此是重要，並在彼此生命中留下一定分量的美妙感覺，其實也就是之前所提到的「依附關係」。

親子依附關係的改變與調適

這種親近的依附關係，在孩子還小的時候，父母會感覺特別強烈。因為在嬰幼兒階段，父母雖然老是為孩子把屎把尿，但看到他們吃飽後甜甜睡去的表情，總讓父母心頭暖暖的。尤其是聽到那個講話還有點不清楚的小不點，不管什麼事情都跑過來跟自己說：「媽媽或爸爸，你看！」雖然有點煩，但覺得可愛，並也確信自己在孩子心中的是很重要的。

而這種關係，很美、很動人。

只是，這種關係，不會一直持續下去。

因為隨著孩子的年紀成長，父母會需要更多管教及約束孩子的部分。又或者是當孩子進入青春期時，孩子會透過表達不同的聲音，來找到自己的定位。這常常會讓父母感覺：「以前那個可愛的孩子到哪去了呢？怎麼現在變了？」

這是個令父母非常煎熬、不安的階段，但也是一條必經的過程。

而且每個家庭及父母，因為背景環境不同，走過這個不安階段的速度也大不相同。

如果親子之間相處比較有安全感，並能深深感覺得到自己對孩子是重要的父母，比較能夠去看見：「其實那就只是青春期，孩子也大了，就讓他自己來吧！」然後快速地度過這段難熬的時期。

如果對自己比較沒有自信的父母，就比較會衍生出很多行為，以降低自己的焦慮與不安。但這反而會讓事情變得更加糟糕。例如當孩子漸漸地想要多花點時間做自己有興趣的事情，或是出門跟朋友接觸互動，或有心儀的對象想要談戀愛時，父母就會說：「不准出去！現在好好念書就好，不要想這些有的沒的事情」、「每天一直玩電動」、「你每天往外跑都忘記回來了是不是？」而導致孩子跟父母的心愈來愈遠，而漸漸不想跟父母說話、互動。

孩子跟父母保持距離或吵架，是成長必經之路

當孩子往外跑，感覺重心總不在父母身上的時候，所導致父母會過於高壓的控制，其實是反映著父母內心深處有一種：「我不夠重要」的害怕。而這種感覺，很有可能是在原生家庭中被忽略的傷。

那個傷，或許是傳統重男輕女的觀念，或許是爸媽自己的原生家庭中，沒有辦法給自己足夠的照顧與關注，所以從小對於「我不重要」會變得特別敏感。而父母就會把自己「我不重要」的恐懼，丟到孩子身上，開始指責孩子那些看似脫序，實則是發展自己力量的「長大」；或是有種補償式的心態，去給孩子過多的愛。

回過頭來，父母期待孩子能夠跟自己講心事，跟自己感情好，可以成為孩子生命中很重要的人，其實也是人之常情。但開個玩笑，孩子再怎麼樣跟自己疏離，父母對孩子而言，鐵定是非常重要的啊！不然怎麼那麼多來做心理諮商的人們，都是在談與爸爸或媽媽的關係？孩子又怎麼會那麼輕易地因為你的一個眼神、一個舉動，就如此傷心難過、憤恨不平？

孩子跟父母保持距離、甚至跟父母衝突與吵架，有可能是他在長大的過程中，必經的路；也有可能是孩子太過在乎父母，但一時之間不知道要怎麼拿捏跟父母的距離，所以只好先「保持距離」以策安全。

但請各位爸爸媽媽們一定要相信：「你對孩子而言，絕對是非常重要！」

所以，在面對跟孩子衝突時、在孩子想要保有自己空間時，身為父母的你一定要讓孩子知道一件最重要的事情，就是：「爸爸或媽媽仍舊在乎你，仍舊愛你。即便你有些事情，會讓我生氣、讓我難過、讓我失望，但你永遠都是我的孩子，不論遇到什麼，我也不會放棄你。」

♥心理師與父母的暖心互動

其實會寫下這一節章，是從許多父母及家長們口中聽到的困擾。尤其是我平常當心理師時，多半聽到許多孩子跟我說他們的心情，但卻沒有太多機會聽到家長或父母的反應，所以聽到當下，才發現原來「我的孩子不跟我談心事」被這麼多人關心著，其實我是有點驚訝的。

但事後靜下心去想，我是很高興的。這代表許多父母開始想要且願意學習去聽孩子說話。同時也促使我開始去思考，這怎麼會變成許多父母的困境呢？

我發現現在整個社會的氛圍影響下，很多父母改變過去權威式的教育，並愈來愈願意放下父母的身段，與孩子對話。再加上少子化的關係，讓父母很容易把重心放在孩子身上，因此才會有很多父母期待「孩子能跟我談心事」，甚至希望孩子能夠跟自己「無話不談」。

別把「希望被懂」的渴望，投射到孩子身上

只是父母（尤其父親）過去原生家庭的經驗，導致完全不知道要怎麼跟孩子談話，最後演變成高壓統治，或者敬而遠之。因為在上一輩父母的高壓權威管教下，其實這一代的父母「被上一輩父母好好溝通」的經驗並不多，所以他們的內在有一個很深很深「被懂得」或「被理解」的渴望，是匱乏且沒有被滿足的。

隨著年紀長大，開始慢慢會有更多成人的能力，例如：能夠賺錢養家、能夠跟別人進退應對。可是內在那個孩子，那些被懂得的渴望，其實不會消失，成為每個人心中的小男孩、小女孩。

於是有些父母，會把這種「希望被懂」的渴望，投射到孩子身上；又或者是帶著一種「補償」的心態，認為：「既然我的成長過程中，缺少陪伴與理解，那麼，就讓我來做個不一樣的爸媽吧！」

其實父母想要懂孩子是好事，但是如果這份想要懂孩子的心，是源自於父母自身的投射——想透過孩子來安撫自己內在「希望對孩子有些重要性」的焦慮，或是藉此證明自己是能夠幫得上孩子的忙，不致於太無能為力。

只是「愛」常常是體驗式學習：如果父母的上一輩父母不是能夠慢下來跟自己好好說話，

或是在情感上表達對孩子關心時，不帶太多評價聽我們說話，當我們成為人父人母時，大多數也只能依樣畫葫蘆，而坐困愁城的。

反思父母內心：真的想「成為孩子的朋友」嗎？

只要過去傳統的高壓式管教影子還在，新一代的父母，即使閱讀大量的親子教養書籍與演講，再怎麼貼近孩子的心、怎麼教孩子的新舊知識交替下，會讓許多父母措手不及的。

在行為上，有些父母可能選擇無止盡地給予與付出的這條路，但這個「給」，卻沒有給在孩子的需要上。又或者是，想要扮演心目中那個溫柔、體貼、善解人意的好媽媽形象，但內心仍有很多評價存在，所以很容易出現「看孩子不順眼」、「這件事情怎麼又沒做好、那件事情怎麼又來了」的評價性語言，或焦慮又會冒出來。

在想法上，父母希望自己能夠「成為孩子的朋友」，想要「幫」孩子；可是我覺得，許多時候，父母的「幫」孩子、「懂」孩子，其實是自己內在那個「我不重要」的匱乏聲音在作祟。

當父母會幫忙得很用心、用力，實際上是在說：「你有看見我是一個很努力的好媽媽嗎？」但當孩子出現拒絕、反彈，或是鬧脾氣的時候，心中那份「我都做了這麼多，但你怎麼還是不領情」的委屈，也會湧出來。

因此當父母告訴我說：「如果孩子什麼事情都不跟我說，那我怎麼幫他？」雖然帶著父母對孩子的疼愛與關切之意，但我認為，這句話的根源，還是來自於父母自身內在小孩的恐懼，恐懼著：「我（在孩子心中），是不是重要的？」

所以，如果想要孩子對父母敞開心胸，最重要的一件事是：愛自己內在那個也想要被懂、害怕自己不重要的內在小孩。

父母可以試著相信：「我對孩子而言，一定是非常重要的存在。我，是非常重要的！」當父母有這樣的信心支持自己時，那份「想要懂孩子」的心，是不會變成害怕自己不重要，或沒有幫上孩子忙的焦慮，而成為強迫孩子「跟我講心事」來安撫自己。

而孩子也會在他真正需要的時候，自動找父母聊聊，分享生命中的喜怒哀樂。

19 過度管教容易教出「以暴制暴」的孩子

父母還沈迷在「棒下出孝子，嚴師出高徒」、「不打不成器」的想法下教孩子嗎？其實用高壓或暴力的方式管教，雖然看起來好像很快見效，但仍是有很大「風險」的，甚至會給父母及老師帶來更多的麻煩。

關於暴力

「我永遠無法忘記，那是一種怎樣無助的感覺。當我被呼喚到父親身旁，準備被揍的那一刻，是我十二歲之前的生活中最大的恐懼與夢魘。不管我到底犯甚麼錯，我永遠感覺到我所受的痛苦比我犯的錯誤可怕十倍以上。我至今仍不時憶起，一個弱小怕痛的孩子，瑟縮的站在憤怒的大人身旁，大人高大，強壯，有力氣，憤怒而青筋暴怒，手上揮舞著恐怖的工具，隨時可能往你身上擊來。那可能是一條皮帶，一根掃把，一根籐條，一個巴掌。不管甚麼，都會造成肉體巨大的疼痛。而且，我的父親不准我逃跑或反抗。他說，我愈這樣他會打得愈重。我只好哀求，放棄自尊的不斷哀求，用顫抖的小手，不止的淚……我唯一的目的就是，希望父親放了我，不要用棍子打到我身上。可是我常常失敗……在被打的那一刻，我有股被天地遺棄的感覺，我會痛恨自己為甚麼要生下來，為甚麼要有感覺與生命……這已經是十多年前的往事了。可是，當時那種恐怖與絕望感，至今想起來仍心有餘悸。」

——《兒童虐待小論。作者自述》

暴力vs.過度管教

先拋開現在社會上的言論，請捫心自問你的內在真實想法：「你認為可以打孩子或罵孩子嗎？為什麼？」

我聽過很多老師或父母說：「我真的很受不了，現在政府都說不可以打小孩，連罵都不行，結果現在養出一堆沒大沒小的小鬼頭，那到底要怎麼教小孩，都被孩子騎到頭上了」、「我從小被打到大，也沒有怎麼樣啊！」

我可以理解老師與父母的為難與痛苦，好像一旦不打罵，孩子就會肆無忌憚。尤其現在驕縱的孩子太多了，使得老師或父母不知道「還可以怎麼教或怎麼做」，感覺很無助。

但我認為，用高壓或暴力的方式管教，雖然看起來好像很快見效，但仍是有很大「風險」的，甚至會給父母及老師帶來更多的麻煩。

從內政部警政署防治組的「近年來通報家庭暴力的案件數」統計數據中可以發現，家庭

台灣近年來通報家庭暴力的案件數

年別	通報家庭暴力案件數（件）
100 年	37,512
101 年	43,380
102 年	48,119
103 年	51,105
104 年	57,239
105 年 1-10 月	56,281

（資料來源：內政部警政署防治組）

暴力的數字其實是上升的。我猜大部分原因是，在政府反家暴的推廣下，原本以「犯罪黑數」[6]存在於檯面底下的家暴案件，慢慢浮現到檯面上來。

其實「家暴」跟「合理管教」是一線之隔。而這兩者之間，並沒有明確的分野，端看父母在過程中是否足夠理智，清楚自己在做什麼，以及是否符合倫理與道德的規範。

我遇見大多數的父母，其實對孩子的管教，與印象中的家暴是有差異的。但很多是踩在家暴與合理管教之間的「過度管教」這條模糊地帶上：在孩子違反規定的時候，會罵孩子；若情緒比較激動時，很可能會「教訓」一下孩子。這樣的「教訓」，父母好像都可以說出一些道理，並強調自己「並沒有失去理智」。例如：要讓孩子「記取教訓」。

暴力的風險

但即便如此，我認為在過度管教的情況之下，或多或少還是會對孩子產生一些負面影響。很多孩子在長大以後告訴我說：「我知道我那時候真的是太調皮了，爸媽才會這樣對我。可是……，我一想起來那個畫面，還是讓我好害怕。」

透過打罵來「管教孩子」，父母當然不會說：「我在家暴孩子」，而會說：「我是在教孩子。」但值得思考的是，父母「這麼用力」地管教，孩子學到的是什麼？

家暴與合理管教的模糊地帶

暴力用各種型態，造成刻骨銘心的傷

我跟很多曾經被暴力對待的孩子或成人談過，儘管有些人會「諒解」父母：「我知道他們是為了我好。」但是當他們回想起被暴力對待的那個場景時，仍舊會瑟縮著身體、淚眼婆娑，像是回到孩童時，父母高高舉起手，落在自己身上與心上的痛。

身體的傷會好，而心理的傷，那些恐懼與害怕，是刻骨銘心的。

我看到許多孩子一直到長大成年之後，因為小時候遭受的暴力、辱罵，對人常產生很深的恐懼：總是帶著害怕、焦慮與自我懷疑，甚至過度類化到其他人際關係，擔心眼前這個對自己好的人，會不會有一天突然就變臉而開始傷害自己；或者讓自己變得「沒有感覺」，武裝起自己，不再去相信另外一個人。

因為暴力教會孩子唯一的事情，就只有「恐懼」、只有「恨」、只有「拳頭比較大的人就可以讓另一個人聽話。」

其實暴力不只是以體罰、毆打的形式出現，還有很多言語的暴力，例如貶低、輕蔑、否定。例如：「我養你有什麼用」、「怎麼會有你這麼笨的女兒？」

另一個很容易被遺忘的暴力形式是「忽略」，包含視而不見、遺棄，例如：「你這麼不乖，那我不要你了，我不要一個不乖的小孩」、「我們家沒有你這種女兒。」或是在孩子不聽話的時候，不給孩子飯吃、或把孩子關在門外。

這些行為對孩子造成最大的影響，就是讓孩子深信：「我是糟糕的／沒有價值的／不重要的」。

這對孩子的人生來說，無疑是最大的挫敗。因為當一個人，打從心底地相信，自己是沒有用的，那他怎麼相信自己是有辦法面對人生中的挫折，能夠安心地與一個人建立關係，能夠善待別人、做出對自己或這個社會有幫助的事情呢？

短期有效vs.長期更難管教

有的父母會說：「我在教孩子，從來就沒有失控過，我只是在教他規矩。」也有很多父母說：「懲罰真的有這麼嚴重嘛？我自己從小被打到大，我現在也過得好好的」、「我打我的孩子，並沒有像你說的，受到很大的創傷，我們現在感情還是很好啊。」

也就是說，父母並不認為，自己對孩子的這些作為會造成傷害，而且堅持：「懲罰是有用的！」

因為很多父母，看不到孩子在心裡上承受了些什麼。只是很明確地感覺到，懲罰的確能夠對孩子產生一定程度的效果，能夠「警惕」孩子，馬上讓孩子「聽父母的話」。

但從實務現場，以及心理學的研究都指出：**懲罰的效果是非常短暫，它可以讓孩子「因為感覺恐懼，而不去做那些，你不希望孩子做的事情」，但它卻沒有辦法「教孩子如何判斷，哪些事情該怎麼做。」**

於是，孩子會跟父母玩起「警察捉小偷」的遊戲，表面上聽話乖巧，私底下會想盡辦法，不讓你看到他所犯的錯誤。因為承認自己有錯，太過痛苦了，所以會把過錯推到別人身上，而變成父母最討厭的推卸責任、辯解。

另外，孩子如果長期在責罵、懲罰、暴力的教育底下成長，很容易讓孩子對自己的「犯錯」，造成非常巨大的恐懼。這個「恐懼」，不僅讓孩子沒有勇氣去面對生活的挫折與挑戰，更會讓孩子進入「戰、逃、呆」的反應，造成孩子開始跟父母衝突、逃避責任，或是在高度焦慮與恐懼下發傻、發楞。

而孩子的注意力集中在如何防範自己被父母責打，而非思考把事情做好，於是在面對那些父母要求的事情，就更容易出錯，形成惡性循環。

其實孩子在被父母懲罰的時候，心裡是很痛的。因為太痛了，所以孩子需要讓自己「不要那麼痛」。所以最好的方式，就是淡化自己的痛苦，告訴自己：「我不要那麼在意這些懲罰，我只要不在意，我就不會那麼痛苦。」於是，孩子會用一種「我不在意」、「屌兒啷噹」的方式展現，但在爸媽眼裡的解讀卻是：「一定是我懲罰得不夠用力，才會讓孩子學不到教訓。」當父母跟孩子陷入「父母愈來愈兇，孩子愈來愈反抗，或自我放棄」的負向循環裡。

是教育，還是發洩？還是父母的無助？

不過老實說，暴力另一個非常大的用處，不是對孩子有用，而是對父母有用。能夠讓父母感覺到：「我『好像』沒有那麼無能為力。」畢竟舉起棍子的那一個瞬間，能夠感覺自己是巨大的；面對吵鬧或頑皮的孩子，也可以「立即讓孩子停下來。」

但我必須很誠實地說，會拿起棍子的父母，其實內在是無助的：「因為我不知道，除了拿起棍子，用這種強硬的方式對待孩子，我還有什麼其他的方法？」

懲罰責打孩子，是因為在氣頭上？或方便行事？

通常我問父母，為什麼要懲罰孩子呢？父母會說：「我只是想要教孩子一些事情」，那麼我就要問：「教孩子事情，只有懲罰、責打孩子這個方法嗎？如果不是的話，為什麼你只用這個方法呢？」

其實細細觀察會發現，父母在管教孩子的那個當下，自己大多也是在氣頭上。因為父母感受到一種被冒犯、不被尊重、我怎麼做都沒有用的挫敗感，而這些感覺，也讓父母感覺很痛苦，找不到方法去宣洩自己的痛苦，所以就用暴力或懲罰的方式，來對待孩子。

另外，也有一種父母，並非情緒「失控」才動手，反過頭來，他們是非常「冷靜」的，之所以選擇「懲罰」的這個方法，是因為這比較「方便」。但同樣地，這也是父母在逃避自己內在有一種「我不想要花心思，慢下來跟孩子一起想辦法」的焦慮，或是逃避內在對於「孩子的情緒與失控」的恐懼。

但更深的恐懼是，這些父母其實內在是很缺乏「愛」的經驗，因此對於跟孩子「連結、建立良好的關係」，有很深的恐懼感。所以才會用這種最簡單、不帶情感的方式，對待孩子。因為，這樣就不會被勾動起自己內在對於愛與情感的恐懼了。

暴力是會遺傳的，父母需要去療自己的傷

有一天我匆匆忙忙地趕上班，並在某個路口等著紅綠燈，我看到路邊有一台汽車停在路邊。有個看上去三十歲不到的年輕的小伙子從駕駛座走下來，左手背用大捆大捆的紗布粗糙地包裹著。他氣沖沖地走到了汽車後座，打開車門之後，就開始罵著那大概才幼稚園的小女孩。我聽不是太清楚，但隱約聽到：「你哭什麼！剛剛……，現在還哭。」一邊說話，一邊大力推著小女孩的頭。而女孩就只是害怕地哭著，而且還逼自己不能哭出聲來。

因為要上班，所以等到綠燈我就騎車離開。但離開之後，我的心其實很痛，也很後悔，想著在那個當下，我是不是應該要停下來，做些什麼？

我不確定這對父女，是否有我不了解的前因後果，才會造成剛剛的互動。但我想起了那個爸爸手上的傷，猜想這位爸爸的生命是否也有很多麻煩跟困頓，所以他也無力承擔起這個小女孩生命中的脆弱。

但我也很清楚，如果孩子長期在這樣子的情境下，是會留下很多心理的傷、對人的恐懼。但因為我無法為那對父女做些什麼，感覺很無能為力，也很難過。

但，暴力是會傳承的。

在網路上，有一張來自墨西哥防治受虐兒的廣告宣傳，上面寫著：「救救我們的下一代，數據報導70％受虐兒長大成人後會變成施虐者（Save Our Children, 70% of abused children turn into abusive adults.）」。

搭配的圖片非常寫實，是一個家庭，有五個不同年齡的人。這五個人排成一個圈圈，年紀小的那位，往站在面前那位年紀比自己略大的人走去，象徵著一個人的年紀漸長。這個圈圈的頭尾相連，其中年紀最大的那個人，看似爸爸，正拿著棍子打著年紀最小的那個孩子，而這個孩子，瑟縮起來、非常害怕。而隨著年紀變大，孩子慢慢收起他的害怕，長出他的盔甲與刺，開始對所有事物變得不耐煩。最後繞了一圈，孩子長大了，也變成那個拿起棍子打小孩的爸爸。

當我遇見一個對別人有暴力行為的孩子時，我通常會問：「在你家裡，誰會打你？」幾乎所有孩子都會講出一個在家施行暴力的對象。

因此，我必須很嚴厲地說：「我不認同父母用暴力傷害孩子。」但在同時，我除了一方面心疼孩子，另一方面也心疼父母。

在我的經驗裡，會使用暴力的人，在他的生命歷程中，往往也經歷過大大小小的暴力，體會到非常不堪的種種經驗。

也就是說，在我眼裡：「會使用暴力的父母，他們心中也都住著一個，曾經沒有被好好對待，深深受傷的孩子。」而我認為這些暴力，都不應該發生。

也因此，如果你是一個會對孩子使用暴力的父母，我想對住在你心裡那個受傷很深的孩子說：

我想說：「那不是你的錯。」

我想說：「你要相信，你值得被好好地對待。你是值得被愛的。」

我想說：「我相信你內心深處，一定也希望自己能夠當一個很棒的爸爸媽媽，但因為你不知道該怎麼做，因為你太少有機會體會到，怎麼樣被好好對待。所以要重新學習，是非常困難的。但是我知道你想當一個不一樣的父母親。」「但請你在當一個好的父母親之前，請你先試著，照顧你心裡面，那一個受傷的孩子。好嗎？」

♥心理師與父母的暖心互動

在教養的過程中，我十分反對責罵或打小孩，因為對我來說，用這種高壓的方式對待孩子，不只孩子心理受傷，最後麻煩的還是自己。

因為孩子學不到你想教他的那些正確地待人處世的道理，他只學到是害怕、是恨、是誰拳頭大就可以讓別人聽話，學到怎麼用各種方式逃避責任，與父母權力鬥爭。

想要父母一時之間放掉這個「速效、好用」的管教方法，似乎很難。但如果開始意識到一些孩子在高壓管教下的後遺症，我會誠懇地邀請父母回過頭參考本書的「11 了解情緒的引發及運作，才能跟孩子好好溝通」及「12 如何協助孩子管理情緒，不暴走！」單元，練習去管理與調節自身的情緒，以及用引導的方式，讓孩子學會如何為自己負責。

如果父母也意識到自己有一些情緒管理或暴力的傾向，想要改卻改不了，也鼓勵你可以去尋求心理諮商的資源來幫助自己。

6「犯罪黑數」是犯罪學上的一個專有名詞，簡單說，因為被害人沒有報案，或是警察吃案等因素，致真正的刑案發生數量與官方的犯罪統計案件數據有明顯的差距。

父母反思小練習

教養本就不是一件容易的事情，更何況想要用「速成」的方法，教出一個負責任又有擔當的小孩更難。因為教養本是循序漸進的。如果你是個習慣用高壓的懲罰、責罵、打小孩的方式，教育孩子的父母，邀請你靜下心來，好好思考以下五個問題：

一、你希望透過懲罰、責罵、打小孩，讓孩子學到什麼？孩子能因為你的作法學到你想教他的事情嗎？能夠讓孩子學到如何自己判斷是非錯嗎？

二、參考前面的內容，試著想想懲罰、責罵、打小孩，會有什麼「風險」？孩子是用「戰、逃、呆」哪個反應，面對你的懲罰？

三、你是從哪裡（誰身上）學來這些高壓、嚴格教孩子的方式？

四、你還記得你被懲罰、責罵、被打的經驗嗎？對你的影響是什麼？

五、請你跟你的孩子聊聊，他怎麼看待他被你懲罰、被罵、被打這件事。

Chapter 4

因為孩子，才學會當父母

或許父母會反應說：看過哪麼多親子教養書，為什麼效果不好？或是實際跟孩子互動時容易暴走呢？恭喜你有機會走一場「自我探索」的療癒之路，幫助你跟孩子、家庭、人際關係的提昇。所以，趕快來看看父母常常被卡住的議題，以及如何自我覺察及照顧、反思去做探討。

20

從分離課題，認清父母與孩子都是獨立的個體

什麼是分離課題？簡單來說，就是把父母與孩子當成各自獨立的個體，當教養問題發生時，要去釐清是誰的課題？誰去處理？而不是把情緒與課題混在一起。但身為父母的你，清楚什麼是你的課題嗎？

什麼是課題的分離？

媽媽叨念著：「下個禮拜就要段考了！你怎麼還在玩遊戲？」

一開始強生聽到媽媽這樣說，想當耳邊風，假裝沒聽到。

媽媽見狀，忍不住又多念了幾句：「你再不好好念書，你之後就沒有好學校可以念，那你未來該怎麼辦？」

強生最後終於忍不住爆氣回：「你管那麼多幹嘛，沒有好學校念也是我的事！這是我的人生，不用你管！」然後就碰的一聲把門甩上。

被關在門外的媽媽，又生氣、又傷心。但也忍不住想：「我，是不是真的管太多了呢？」

如果要我說，在父母跟孩子的關係裡，最重要的一件事情是什麼？我想我會說「課題的分離」。

「課題的分離」這個詞是在《被討厭的勇氣》這本書裡被提出來的；如果以心理學的用詞是「界線要清楚」；用比較白話的方式去解釋，就是所有的事情，都必須要以「父母與孩子是各自獨立的個體」這個立場去思考。

也就是說，父母與孩子是獨立的個體，所以父母會有父母的價值觀、習慣、人際模式等。而孩子在長大的過程中，也會慢慢地發展出屬於他自己的世界、價值觀與個性，而這些部分跟父母可能是截然不同的。

但絕大多數的人卻陷在「關係」中的困擾，可能源自於：「我過度干涉了，不屬於我的課題。」或是「明明是我自己的課題，卻被干涉了。」借用《被討厭的勇氣》這本書裡的比喻，那就像是踩著泥巴，走進去別人家裡一樣地不舒服。

而且在我們社會文化裡，其實是不太允許「課題的分離」這件事情。

我在學校任教的這幾年，光是看「讀書」這件事情，就可以見微知著。幾乎所有的父母都擔心自己的孩子考不好。每次升學資訊出來，就有很多家長，比孩子還著急。關於入學管道，比孩子還想要清楚千萬倍。

又或是每當電視新聞報導出了某個重大犯罪事件，民眾們就會像是打落水狗般，追討問著：「他的爸媽是誰？怎麼會教出這樣的小孩？」彷彿孩子的錯，是父母的失職。

這會讓很多父母，把孩子的成就當成是自己的成功，把孩子的失敗當成是自己的過錯。一發現孩子的表現不如自己預期的時候，尤其在別人的眼光與議論下，自己會很快反射性地反應：「我是不是做錯了或做得不夠好，別人會怎麼看我這個做爸爸或媽媽的？」

但這不完全是父母的界線不清楚，很多時候是整個社會也期待父母要為孩子負起一定程度的責任。而這個社會文化的聲音，也很容易成為父母身上的枷鎖。

怎麼判斷這是誰的課題？

所以，既然要「分離課題」，就要去判斷，這是誰的課題。

但要如何判斷這是誰的課題呢？最簡單的方式就是問自己：「**做了這個選擇，最後是誰需要承擔這個後果的？**」

以讀書來說，成績好壞，影響到的是孩子的未來，所以這是孩子的課題。

如果有父母說：「可是考那麼差，丟我們家的臉。」或是「我會覺得很擔心，也很心疼他過得不好。」這種怕丟臉的感受、自己對孩子的不安，其實是父母內心的焦慮與心情，就是父母自己需要去處理的課題。

當然也有一部分，或許不是那麼快能區分開來的。例如：孩子髒亂的生活習慣，會影響到生活在同一屋簷下的其他人。但就這個例子來說，我的觀點是，爸媽可以拿起自己那部分的發言權說：「你在客廳把環境弄髒了，沒有收拾乾淨，但這是大家一起生活的空間，所以你需要把你弄髒的那部分整理乾淨。」接下來，孩子如何收拾房間，則應該由他自己決定。

只是，孩子最終是否真的如同父母所期望的去打掃客廳（這是爸媽的課題），這仍舊是孩子的選擇（孩子的課題），父母不該強迫孩子去做。父母如果把：「因為他總是把我的話當耳邊風，所以我才會那麼生氣，才會罵人」，那就是父母把這些需要自己消化的情緒與課題，丟到孩子身上，代表課題沒有分離、界線不清。

而這也是為什麼我們一直在前面篇章裡，不斷地提醒父母：「除了看到孩子的問題行為之外，也試著想想，為什麼自己在面對孩子的時候，會有這麼大的情緒？父母被勾動了什麼議題？被踩到了什麼痛點？跟自己的價值觀或過去成長經驗有什麼關係？」幫助父母把自己這部分的責任釐清，並找回屬於自己的課題。

倘若，父母真的能認知到：「我知道這個是孩子的選擇，身為父母的我，不能夠替他做決定」的時候，就會發現，其實父母在心理上會讓渡出一個很大的空間，那就是：「如果我決定要幫忙我的孩子，那是我的選擇。如果在幫忙的過程中非常辛苦，我也會比較甘願；即便我不幫忙，那也沒有關係，不代表我就是個不負責任的父母，因為這本來就是孩子的責任。」反過來說：「如果我的孩子表現得很好，我會替他開心。即便他做得不好，那也不是我這個做爸媽的錯，甚至我可以站在爸媽的立場去『協助孩子面對自己的困難』。」

這麼一來，父母就不會一發現孩子有狀況的時候，馬上「跳進去」幫孩子解決一切的問題。因為**當父母馬上跳下去解決孩子的問題時，真正解決的，其實不是孩子的問題，而是自己的焦慮。**

「我是為了你好？」是父母的需要？還是孩子的需要？

「可是我做這麼多，是為了你好啊！」很多父母站在「替孩子著想」的立場上，要幫忙孩子，卻被孩子拒絕時，常常會冒出這句話。

這時父母不妨去思考：到底誰需要去承擔這個選擇的後果，來判斷是誰的課題。

另外也可以回過頭問父母自己：「我為孩子做這件事情，到底是我的需要？還是孩子的需要？」這個「為了你好」的「好」，是爸媽眼中的好？還是孩子心中的好？

還記得這句話：「用孩子的眼睛去看，用孩子的耳朵去聽，用孩子的心去感受。」如果當孩子對父母的所作所為，已經有了強烈的反感，這裡的「為了你好」，反而會成為另外一個衝突的來源。

當父母一直強調著：「書要好好的念，以後上了好大學，才能夠有好的工作跟未來。我是為了你好，才會這樣要求你。」事實上，這些話本身並沒有太大邏輯上的錯誤，但這是父母的價值觀與期待，而父母卻有沒有看見：這不見得是現階段的孩子最想要的。甚至父母也有沒有看見：孩子在這過程中，必須承擔多少來自父母期待的壓力？

如果父母真的覺得應該提醒孩子一些很重要的事情或概念，例如：念書會影響未來。爸媽仍是可以告訴或提醒孩子，但要記住，在最後告訴孩子說：「這是爸爸或媽媽的看法，給你參考。你可以自己決定該怎麼做。」

不要把孩子當成是完成父母人生遺憾的工具

阿凱的父親是個收入不算差的中產階級，在事業上其實也有一番不錯的成績。但是父親最常說的話是：「你們現在的孩子，真的很好命，不像我們那個時候，那麼辛苦」、「所以我給你很好的環境，你一定要好好念書，當一個醫生，好光耀門楣。」

而阿凱每天在爸爸的期待之下，覺得壓力非常得大。他並不是沒有能力念書，但每次阿凱在成績上做不到父親理想中的那個「優秀的兒子」時，爸爸會說：「這次怎麼又考差了？」而爸爸的失望，對阿凱而言，是最沈重的負擔。漸漸地，阿凱內心深處也形成一個對自己的信念：「我只有表現優秀，爸爸才會肯定我，才會愛我。」

隨著年紀愈來愈大，阿凱也的確表現不算差，甚至考上爸爸口中的第一志願。但阿凱卻常常覺得自己好不快樂。那種不快樂，有點難以言喻，好像是自己的成就，非常不踏實。「好像，我過的，不是我自己的人生。」

我聽完阿凱的故事，然後問：「那是誰的人生呢？」

阿凱遲疑了一下，然後在我面前，留下無聲的眼淚。

客觀地說，阿凱父親的話，有錯嗎？或許當個醫生，也不是一件壞事。但去深入了解阿凱父親的想法，會發現這裡面其實混雜了爸爸對兒子真切的期許，但也是對自己過去人生的一種補償。

仔細去看阿凱父親的成長背景：阿凱父親從小家裡窮困，本來考上第一志願的高中，卻因為自己是家裡的老大，而不得已休學，提早出來面對人生的考驗，賺錢貼補家用。在成長過程中，其實有很多的遺憾與犧牲。

所以那種：「因為我人生的窮困，而犧牲掉我最想要的選擇及自由」是父親的自卑、痛點。但父親並沒有看見的是在他現在的人生中，也是有一番成就。於是，當阿凱的父親無法真切地肯定自己，那痛點也就一直都存在著。

父親沒有面對與處理自己的這些痛點，甚至把這份遺憾轉嫁到孩子身上，變成對孩子的期待。孩子雖然感覺到有一些壓力，但父親一句：「我是為了你好」，讓孩子把父親的期待硬吞了下來，並且終其一生努力地完成父親的期待。

阿凱犧牲了自己的人生去滿足父親的期望，如同父親當初因為家裡的窮困而犧牲掉自己的夢想。於是「犧牲掉自己的人生」這個劇本，在這個家族中被傳承下來，其實是一件非常悲傷的事。

孩子需要去找到屬於自己的人生，去建立起自己跟父親的界線，而不是把父親的失望當成對自身價值感的否定。如果身為父母，也能夠在自己這一關守著，**提醒自己：「我的遺憾，不該由我的孩子來承擔。」那對孩子，或許是一種更大的祝福。**

從管教到相信

面對「過度涉入」這個議題，父母最重要的功課，其實就是「畫界線」。如果父母跟孩子各自是一個圈圈的話，界線就是這個圈圈的邊緣。

好的界線，不是僵硬不變、完全不受彼此影響，而是有彈性的。當父母與孩子的關係好時，兩個圈圈靠近的時候，邊緣是會交融的，是能適度地影響彼此，有情感的交流；不會因為與對方太靠近，而失去了自己的聲音與位置。當然也不會為了防範對方，而把自己包得滴水不漏，過度保持距離，不讓對方跨過自己的地盤任何一步。分開的時候，又能夠彼此獨立，安心自在地過著自己的生活。

我認為過去傳統的教養方式，父母對孩子總是「手把手地帶大」，是一種很偉大的愛，但有時候在這過程中，很容易失去一些父母與孩子之間的界線。

因此，在教養過程中，我喜歡另一個詞，叫做「相信」。

無論孩子是什麼樣子，父母都願意愛他。

無論孩子遇到什麼問題，父母都相信他有能力去解決。

也相信孩子，即便失敗了，他仍舊是一個有價值的人，是父母最愛的那個孩子。

當孩子被這樣子愛、被這樣子相信的時候。他自然會感覺到，他自己是一個有價值的人，是個有能力可以解決所有困難的人，即便這一路上會遇到很多風風雨雨，很多挫折。但孩子能走得過，因為有父母的愛與相信。

如果父母想要再做更多一點，就僅僅只是「引導」：「你想聽聽看我的意見嗎？爸爸或媽媽認為，這件事情對你的影響是……，但我知道你不一定會同意我的看法，看我仍舊想提醒你……。但最後要做決定的，還是你自己。」

父母或許能提醒、指引孩子未來的路。但是要記得，最終做出決定，並且承擔責任的，還是孩子。

♥ 心理師與父母的暖心互動

最後，說個小故事。我還記得，在上研究所之前，我跟我媽，為了要念臨床心理還是諮商心理，要念師範大學還是國立台北教育大學，討論（爭執）了半年多的時間。

在某一天晚上的溝通中，媽媽對我說：「其實不論你做什麼決定，我都會很痛苦。因為，如果你做了你想要的決定，我會覺得我的意見不被重視，所以我很痛苦；如果你做了我想要的決定，我知道你是勉強自己去迎合我，看到你不快樂，我也覺得痛苦。」

聽到她這樣說，我想了想，然後鼓起勇氣對媽媽說：「我知道你很關心我，也很重視我。我有聽見、也很重視你告訴我的這些話。其實我也不確定我的決定是否正確，但我很需要你在我身邊，我希望在我做錯決定的時候，在我跌倒的時候，你還願意在旁邊扶著我站起來。因為你對我來說很重要。」

在對話結束之後，媽媽終於肯放手讓我去做我想要的選擇，於是我如願進了第一志願——國立台北教育大學心理諮商研究所。而我很喜歡那次的交談，因為促使我跟我媽的關係轉變。尤其之後的幾次溝通，媽媽一樣會告訴我：對她而言，覺得怎麼樣的選擇對我來說是比較好的，但在講完她的意見之後，會說：「不過媽媽的意見，僅供參考，我相信你不管走什麼路，都會是個學習，都沒有問題的。」

而我在媽媽這個「相信」的背後，感受到一份很深刻的愛，不同於「介入」我生活的愛。

在這次的經驗中，我更加確信：當孩子年紀愈大，愈需要父母的「相信」。孩子也必定能在父母的相信下，成為一個更有自信與勇氣的孩子。

父母價值觀的自我覺察學習單

父母要跟孩子「課題分離」，首先需要知道：雖然很多時候，某些原則或堅持是有道理的，但是「太過堅持」時，往往是因為孩子挑戰到自己的價值觀。但如果父母沒有意識到那是自己的價值觀，不是孩子的，而強加在孩子身上，很有可能會引爆家庭內的戰爭。因此，我在這裡誠摯地邀請身為父母的你，跟著以下的引導，做一點簡單的自我探索：

一、請寫下至少五個「我應該」、「我一定」、「我絕對不可以」為開頭的句子，例如：

①我應該讓所有的人滿意。
②我絕對不可以向別人低頭。
③我絕對不可以生氣。

二、再寫下至少五個，你期待自己面對孩子時，你心中的「孩子應該」、「孩子一定要」、「孩子絕對不可以」為開頭的句子，例如：

①孩子一定要孝順。

②孩子絕對不可以說謊。

三、如果第二題不知道怎麼寫，也可以從在家裡頭，最容易有「情緒點」的事件往回想：「我怎麼這麼在意這件事」、「裡頭有什麼我加諸孩子的價值觀？」

四、這些價值觀，對於你、你跟家人的關係，以及教養孩子，有什麼影響？例如：

①我不可以生氣，這會讓我不敢與先生起衝突。

②孩子一定要有出息，會讓我看到孩子偷懶的時候，特別無法忍受。

五、這些價值觀，是從哪裡來的？例如：

①我的爸爸曾經外遇，讓我媽媽很傷心，所以讓我對於「說謊」、「不負責任」，非常無法忍受。

②我的媽媽總是情緒很失控，讓我面對衝突的時候，總是躲得遠遠的。我不希望像我媽媽一樣，所以我絕對不可以生氣。

|21| 父母照顧孩子時，請先照料自己的內在小孩

什麼是「內在小孩」？什麼時候父母的內在小孩會被釋放出來，為親子關係帶來混亂？到底自己要怎麼做？才不會讓自己在教養孩子的過程中，容易陷入突如其來的負面情緒呢？

看見自己內心深處的內在小孩

昱廷平常話不多，對待朋友挺溫和友善的，朋友都稱他「好好先生」，但是在結婚生了小孩之後，有時候昱廷發現自己很容易對小孩動怒。

有一次孩子又開始頑皮搗蛋，昱廷出言提醒，但孩子還是依然故我。突然之間，昱廷的肚子升起一把火來，對孩子大吼：「你到底有沒有把我的話聽進去啊！你是不是以為我好欺負？」孩子被爸爸突如其來的大吼大叫嚇得開始大哭，媽媽急著跑去安撫孩子。

事後，昱廷的太太問：「你真是很奇怪，孩子比較調皮沒錯，但他是你兒子，你是你是他爸，他是要怎麼欺負你啊？」

這時昱廷也才驚覺，自己竟然會因為孩子的不聽話，感覺自己「被欺負」。想到自己被欺

負，昱廷聯想到小時候因為爸爸過世，常常被鄰居的孩子嘲笑：「你是一個沒有爸爸的人！」想到這，昱廷突然有一種很深的難過湧上來……。

詩涵是個認真盡責的媽媽，女兒婷婷也是個活潑可愛、天真爛漫的孩子。但不知道為什麼，詩涵看見婷婷很多時候是非常「做自己」的：遇到不開心的事情會生氣，遇到難過的事情會哭泣。在那個時候，詩涵常常會有一種「複雜的感覺」。

詩涵一方面知道這是孩子正常、健康的情緒表達，但另外一方面，又常常會有一種煩躁感，更奇怪的是，還會有一種「想哭」的感覺。

有一天，婷婷又在鬧脾氣，詩涵生氣之下說出：「你不要以為只有你可以這個樣子！」突然詩涵被自己的這句話給嚇到了。事後她想了一下，感覺婷婷很像小時候那個也很任性的自己，可是當時詩涵因為父母工作忙碌的關係，必須忍著這些委屈，趕快變成一個成熟懂事的孩子。同時，她也一直把這個成熟懂事的自己做得很好。

所以，當詩涵看見婷婷任性時，心裡感覺很煩躁，因為「任性」是詩涵不允許自己有的樣子，所以下意識會排斥婷婷的鬧脾氣。更深一層的是一種「嫉妒」，詩涵好希望自己也能夠像婷婷一樣「做自己」；但心理卻又很「害怕」，想著：「為什麼她可以，我卻不行……。」於是詩涵覺得自己承受了好多「委屈」，卻沒有人知道，好孤單……。

每個孩子都會長大成大人。
每個大人都曾經是個孩子。

我曾經提過，自己的小時候常常是孤單的，而這種孤單的感覺，一直到我長大，都還是存在著。

我認為每一個人內心深處，都有一個孩子。而這個孩子，是在我們小時候，遭逢許多困境時，留在心裡面。

在不斷長大的過程中，要學習社會化，學習怎麼當一個「大人」，甚至戴上面具，去呈現別人可能會喜歡的樣貌。但心裡的小孩，並沒有消失，而是會被隱藏在心裡面，我會稱之為「內在小孩」。

而這個內在小孩，平常乖乖的沒事。但是當身為大人的我們感到壓力、被威脅的時候，就會被召喚出來。這時會覺得自己變得很「情緒化」，好像因為一點小事就有很大的反應。

又或是，父母會在孩子身上，看到自己內在的某些「陰影」。可能是自己被壓抑下來的某一些個性，甚至是害怕的某一些特質，因而被引出更多莫名的悲傷或憤怒。

在那片刻，我彷彿看到父母通過時光隧道，瞬間「退化」成一個孩子。例如：在孩子哭鬧、鬧脾氣的時候，有的父母也會跟孩子「拗起脾氣來」，跟孩子僵持起來，就像退化成小時候跟爸媽賭氣、討愛的自己；有的父母會害怕衝突，會急著討好孩子，就像是回到小時候看見父母爭吵時，害怕父母離婚的小孩子；有的父母會掉進去「我什麼事情都做不了、我是個沒有用的爸爸或媽媽」的無助深淵裡，像是退化成小時候，面對爸媽離婚時無能為力的自己。又或是故事裡，昱廷被孩子勾起「被欺負」的自卑感，而詩涵則是痛恨，但又嫉妒著女兒的「任性」，而這都讓他們湧起某些情緒。

這些**情緒不是現在才有的，而是從小時候就遺留在自己身上，但還沒有被看見與處理的感受。**

避免把內在小孩的匱乏，投射到孩子身上

如果忽略自己的內在小孩，只會讓自己在許多時候產生莫名情緒而不知所措，甚至有時候，父母也會把內在小孩的匱乏，投射到自己的孩子身上。

玉婕是個非常用心的媽媽，會花很多時間去陪著孩子念床前故事、去遊樂園玩，給孩子的東西都是最好的，對孩子講話也總是輕聲細語，常常告訴孩子：「你有什麼事情，都可以跟媽媽說喔！」孩子好像也總是黏著媽媽。有時候，身邊的人都會告訴玉婕：「你太寵孩子了！」，可是玉婕心裡覺得很困惑、很焦慮，總覺得自己做得還不夠。可是這種「還不夠」的感覺，也

會讓玉婕一直做、一直做。

有一天，玉婕忙了一整天，筋疲力盡地躺在沙發上，突然有種很深的難過湧現。看著旁邊的孩子開心地玩著，覺得孩子長得好像自己。這時玉婕才赫然發現，原來她會那麼害怕孩子沒有得到照顧、擔心孩子不跟自己講心事，是因為從小到大，玉婕一直渴望被父母照顧、希望有人可以聽聽自己說話，但父母總是太忙，無法陪在自己身邊。所以，當她陪著自己的孩子時，有某部分也是想要拯救那個好渴望有人陪的自己。

其實玉婕能夠陪著孩子，是一件很好的事。但是當這份陪伴，不是源自於孩子真正的需要，而是玉婕內在的匱乏之時，孩子也會接收到父母潛意識的影響，變得「很需要這位媽媽」，甚至讓自己長不大，去回應媽媽那份內在的匱乏。

父母能為孩子做的事情並不多。因此不妨回過頭去「看見」自己心裡面的那個孩子，然後試著去聽見他的需要、去照顧他。

千萬別忘記，身為父母的我們曾經也是小孩，雖然現在已經是個大人。但可以練習帶著這個長大的自己，溫柔地回過頭問問自己心裡面的那個孩子，試著跟他說：「嘿！我現在已經不一樣囉！我更有能力保護你、照顧你了！那你，過得還好嗎？」

父母內在小孩自我照顧的學習單

以下的活動，你可以自己閱讀，用自己的方式，完成下面的指示。也可以邀請你非常信任的朋友或伴侶，請他唸著以下的指導語，讓你可以跟隨著指導語完成。

現在就請你找一個舒適、不會被干擾的時間及地點，調整自己的位置與坐姿，讓自己可以舒服地待著，但又不會睡著的放鬆狀態。輕輕地閉上眼，回想一下，你從小到大的這個「家」。

你還記得你小時候的房子嗎？你還記得你最常待的地方嗎？你還記得你房間的樣子嗎？房間的擺飾？床單的花色？

讓自己回到小時候的場景裡，在每一個你曾經待過的地方，走一走、晃一晃、感覺一下那個地方曾經發生過的事情，像是會跟誰說話？做什麼事情？那些人最常有的動作與表情？

好，再把腦海裡的畫面，轉回到自己身上。

回想一下，小時候的你，是什麼樣子？那時候你幾歲呢？多高？多重呢？穿著怎麼樣的衣服？剪著怎麼樣的髮型？最常有的表情是什麼？最常做的事是什麼呢？

如果有一個畫面，你覺得這個小男孩／小女孩，會在哪裡？做著些什麼呢？你看得見他的表情嗎？好，試著讓畫面定格，然後看著這孩子的眼睛，試著跟他說說話。或許有一些話，是他從來沒有告訴過別人的心聲。

接下來，請帶著自己的感受，回答下面的問題：

一、如果有一句或幾句話，是這個小女孩或小男孩裡頭最真實的心聲，你覺得他會說些什麼呢？

（例如：「我覺得我好孤單，都沒有人陪我。」）

二、如果有一件事情，是他最害怕的，又會是什麼呢？

（例如：「我覺得很害怕，我好害怕爸爸會不會永遠不再回來。」）

三、如果有一件事情，是他最想要的，會是什麼呢？

（例如：「我只希望現在有人可以摸摸我的頭……。」）

四、現在，想像一下，讓自己慢慢地走在這個孩子的身邊。而你是最了解他的一個大哥哥、大姐姐、叔叔、阿姨。你願意不願意，在他的身邊，告訴這個孩子一些話，能夠讓這個孩子，感覺自己被了解、被懂？

（例如：「我知道你很害怕，可是你也很勇敢，很努力當一個大姐姐，還去照顧弟弟妹妹！」）

五、你願意不願意，告訴這個孩子一些話，讓他感覺到被支持、被肯定、被欣賞？

（例如：「你是可以害怕的，如果你覺得害怕的時候，那都很正常。」）

六、你願意不願意，用你的方式告訴這個孩子，讓他能夠感覺到：你會在他需要的時候，永遠陪伴著他？

（例如：「當你感覺害怕的時候，我會陪你！」）

七、在這個過程中，如果有一些情緒，都是正常的。現在，請慢慢地，用你的速度，慢慢地睜開眼睛，或是回到這個房間。最後，問問自己：在過程中，我體會到了什麼？有什麼發現？

22 父母的關係是合作，不是仇敵

夫妻之間的關係，會大大影響孩子的身心健康，是無庸置疑的。因此如何跟另一半有良好的互動？不會因為教養孩子而導致夫妻吵架？或是在夫妻產生衝突時，如何讓孩子釋懷？還有面對單親家庭，又如何教養孩子？

從家族治療，探討親子與夫妻之間的關係

先生拖著疲倦的身軀回家，想起今天案子不順利，被客戶投訴，老闆也在全部同事面前數落自己，就覺得自己壓力好大。下班去跟同事喝了酒，想把一些煩惱丟在腦後。一回到家，看見孩子與太太坐在客廳，看著太太的表情，胃不自覺地又抽痛了起來。

「你又去哪裡了！」太太冷冷地說。

「沒啊！去跟同事應酬。」先生想淡化自己晚回家的這件事，所以輕描淡寫的帶過。

「現在都已經幾點了？不是跟你說過，小孩不能太晚睡。你有想過小孩的感受嗎？他隔天還要上課耶！」太太想起今天孩子在學校又出狀況了，跑到學校，還要看老師的臉色。回到家

裡，突然悲從中來，懷疑自己是不是真的做得不好，但家裡又沒有人支持自己，有種非常無助的感覺，而那種無助，也轉為憤怒，氣眼前這個男人不懂自己。

「我又沒有叫他等我！倒是你勒？家裡弄得那麼亂，有時間還不如好好整理一下！還有勒，小孩子怎麼現在還沒睡，你這個媽媽怎麼當的？」先生感覺一直被挑剔，覺得很沒面子，開始防衛了起來，所以也開始對太太反擊。

「你還有臉說我？小孩也是我在顧、家也是我在掃，你還有要這個家嗎？你有用心在我們母子倆身上嗎？」太太心裡好委屈，希望先生可以多關心自己一點，但是不知道為什麼，話講出口，聽在先生耳裡，又是一個「做不好」的指責。

「我在外面多辛苦你知道嗎？」先生本來想要講出自己在公司所受的委屈，但害怕又變成被攻擊的把柄，所以又把這些話吞忍下去。「算了、算了！娶到你，算我倒楣！我只是想要一個平靜，這有很難嗎？」先生門一甩，徒留太太跟孩子在客廳。

太太聽到，默默流下眼淚，想起好多過去被遺棄的感覺，然後轉身跟孩子說：「沒關係，爸爸不要我們，還有媽媽在。媽媽永遠不會離開你……。」

孩子在旁邊，被父母親的爭吵嚇得一愣一愣，看見媽媽的眼淚，覺得好難過，覺得爸爸好像是壞人。可是當媽媽抱著自己的時候，又覺得壓力好大、好窒息。同時也想著：「是不是我哪裡做錯了？如果我再努力一點、再乖一點，是不是爸媽就不會吵架了？」

再重申一次，我在學習家族治療的過程中，體會最深刻的一件事情是：「**要把整個家庭當成是一個『系統』來看待。**」而這個系統裡的每一個人，都用自己的方式生存著，並且與彼此達成一個「動態平衡」。

在一個家庭裡的每個人，都會很有默契地分配好各自的任務。如同之前所提到的親子關係：有個太過勤勞的媽媽，就可能會養出一個依賴、懶散的孩子；夫妻關係裡，有個情緒常常失控的太太，就可能會有一個永遠想要保持距離、隔離情緒的先生。

而爸媽的互動，是合作或互相攻擊，也會影響到孩子的身心健康。

在傳統的親子教養觀點裡，父母學的是如何「整治」孩子、「處理」孩子的問題，彷彿父母是「沒有問題」的；但在家族治療的觀點裡，並不是要指責父母有問題，而是更宏觀地去察覺及觀看「父母的關係，如何影響到孩子？」甚至是：「父母跟孩子，要如何共同維持這個互動的循環？」因此雙方都有一份責任的。

有的父母會說：「孩子這麼小，教養是我們大人的事，孩子真的懂嗎？」

「是的，孩子絕對懂。」我非常肯定地說。因為，就算孩子說不出口，但他們都能感受得到。

致力於華人家族治療與家庭實務工作督導已有數十年經驗的李維榕博士，就曾經做過一項名為「希希的故事」試驗[7]：當父母在討論一些未達成共識的分歧時，在一旁的孩子，雖然看似事不關己地做著自己的事情，但是透過精密的電腦儀器觀察，卻可以監測到孩子的生理反應，例如：心跳、手汗分泌，並發現此時孩子的情緒其實非常高漲。

因為孩子雖然看起來絲毫不受影響，但卻非常注意父母的一舉一動，只要有任何風吹草動，他們都很容易受父母的情緒影響。

我在實務現場上也常常發現，若用家族系統的角度來看孩子的問題，會發現孩子許多難以理解的行為，其實真實地反映出家庭裡的一些困境，尤其是父母互動上的矛盾，促使孩子使用「問題行為」來表達他的抗議與求救。到底孩子是怎麼樣捲進父母之間的分歧與矛盾？

父親、母親、孩子糾結的三角關係

家族系統理論的發展者 Bowen 指出家庭是一個「成團的情緒體」，當兩個家人的焦慮程度升高（通常是父母），就會將容易受傷、自我分化的第三者拉進來（通常是孩子），以稀釋兩人之間的焦慮。雖然這可以暫時緩解焦慮，但反而更難面對原本問題的根源。

以下將探討家庭裡常見的幾種三角關係：孩子成為父母爭吵的戰場、父母與孩子的「代間結盟」、孩子把父母其中一方當做「靠山」、把自己當成祭品獻祭給家庭。

一、孩子成為父母爭吵的戰場

如同前面的故事，媽媽對晚歸的爸爸說：「現在都已經幾點了？不是跟你說過，小孩不能太晚睡。你有想過小孩的感受嗎？他隔天還要上課耶！」以及爸爸回答：「小孩子怎麼現在還沒睡」等，都是很典型的例子。

夫妻彼此有怨恨時，雖沒有直接向對方表達感受，而是把孩子推到彼此前面當箭靶，看似在替孩子出氣，但實際上卻是不負責任地把孩子當成武器在攻擊對方。

在這種情況下，孩子很容易變成父母的戰場。

但最糟糕的是，導致孩子很容易誤認為：「我，是不是害爸媽吵架的原因？」於是壓抑自己的感受，用「過度地聽話與乖巧」，以及「避開情緒」等方式來因應這些情緒，反而產生情緒困擾。

二、父母與孩子的「代間結盟」

如同故事最後，媽媽流淚抱著孩子哭泣，彷彿那眼淚直接流到孩子的心中。

很多父母很容易將沒有消化完的情緒，透過眼淚或是抱怨，讓孩子承受，使孩子成為爸媽的情緒垃圾桶：「你知道媽媽是個如何糟糕的人」、「我們不可以讓爸爸看不起我們」等等。其實是父母處理不了自己的情緒與焦慮，而把這些情緒與焦慮丟到孩子身上。

於是，當孩子感受到依靠自己身上媽媽的痛苦，是如此地真實，也心疼媽媽，可是媽媽所抱怨的「爸爸」，對自己而言也是很重要的。但孩子是父母結合之下的產物，基因裡有一半的爸爸跟一半的媽媽，若要孩子認同其中一方，對孩子而言，等於是背叛另外一方，內心像是被切成兩半一樣地分裂，於是會陷入痛苦的深淵。因為孩子很難消化內在那個「爸爸明明沒有這麼壞，可是在媽媽口中的爸爸卻如不堪，那麼平常對我也還不錯的爸爸是誰？」的矛盾感受。

此外，孩子都是在意父母的，但當他看到媽媽這麼痛苦，便很想為媽媽做一些事情，會想要「拯救媽媽」。

如果孩子無法拯救那個憂鬱的媽媽，會覺得是自己的責任，而陷入自我挫敗：「都是我不夠好、不夠努力，才會讓媽媽繼續這麼痛苦。」這種自我否定很真實，可是孩子並不知道，媽媽的情緒本來就應該是媽媽自己要處理的。只是一開始，孩子被誤導，以為媽媽的情緒是孩子要處理的事情。

如果孩子真的能夠「稱職」地當起媽媽的垃圾桶，甚至承擔起另外一個雙親的責任，成為媽媽的「情緒配偶」，在心理學上稱之為「親職化」的孩子，就會產生另一種痛苦——沒辦法好好做自己。

我常會對親職化的孩子說：「你是個一百分的垃圾桶，你做得太好了，沒有人可以做得比你好。」因為孩子在這個位置上是矛盾的，一方面好像真的拯救了父母，但另一方面卻犧牲了自己當孩子的任性、撒嬌權利。而孩子也會一直背負著那些「幫不了父母的挫敗」、「無法離開父母」以及「無法做自己」的罪惡感長大。而且當自己長大之後，對必須離開父母身邊去獨立生活，也有著很深的罪惡感。

但這一切都不是這個孩子的錯，或是必須承擔的問題。

三、孩子把父母其中一方當做「靠山」

爸爸：「你還在玩手機？」

孩子：「……（默默不語）」。

爸爸：「你有沒有把我的話放在耳裡啊？孩子的媽，你平常是怎麼教的？」

媽媽：「我有跟他講過了啊！孩子玩一下有什麼關係？如果孩子不玩手機，你會陪他玩嗎？你知道顧小孩有多累嗎？」

爸爸：「我沒有說你不累，我只是覺得孩子玩手機對眼睛不好啊！」

孩子：「……（默默地繼續玩手機）」。

有一種結盟，是孩子被爸爸或媽媽拉下水，去承擔父母親的情緒；但也有一種結盟的方式，是孩子把父母其中一方當做「靠山」，像是站在爸爸或媽媽的肩膀上，變成無法無天的小惡魔或小霸王。

孩子會依賴父母之間，權力比較大的一方，而這個權力的大小，有時候難以定義。例如：爸爸是一家之主，一板起臉孔來，全家人都閉嘴。但實際上，平常花很多時間在孩子身上的媽媽，才是家中真正的掌權者。因為長期在外工作的爸爸，在外可能呼風喚雨、是公司的總裁、大老闆，權力很大。但回到家裡，因為不擅長情感表達，跟家庭成員長期疏離，變成那個沒有發話權的「影子爸爸」。

不過，這樣的家庭不一定起爭執與衝突，主要還是父母之間缺乏良性的對話與溝通，於是孩子會在沒有共識的父母之間，尋找有權力的一方幫自己撐腰，並從中找到「縫隙」耍賴、求生、鑽漏洞。因此想要解決這個問題，主要還是要回到夫妻之間，有沒有建立妥善與足夠的對話與共識。

四、把自己當成祭品獻祭給家庭

也有一種狀況是，孩子在父母關係變得很疏離、吵架到快要離婚，或是已經冷戰到冰點時，讓自己變成一位「狀況百出」的小病人，例如：在學校出狀況，要爸媽一直跑去學校解決；或者賴在家裡不去學校；或是身體出現一些檢查不出原因的疾病，甚至出現一些莫名的心理問題。

而孩子所出現的這些問題，是因為在家庭潛意識動力裡，父母為關心孩子的狀況，會放下彼此之間的爭吵，跑回來或不離婚了。但當孩子的問題「被解決了」，父母又吵著離婚，於是孩子又「不得不」出些問題，讓父母把注意力放在自己身上，如此惡性循環著。

前一陣子很火紅的台灣電視劇《通靈少女》裡，就有一個孩子「小凱」，便是用「被鬼附身」的方式，讓爸媽可以停下爭吵。但在大多數的家庭裡，孩子並沒有那麼重的心機，只是在家族系統理論裡，當父母關係出了問題時，孩子被自然而然地推上去扮演這個出問題的角色，以維持父母的婚姻，整個家庭的平衡。

夫妻關係應優於親子關係

總歸一句，孩子的問題行為或困境，其實與父母之間的相處有很大的關係。**父母若能好好地針對彼此歧見，進行互動溝通與對話，是非常重要的。**

一直強調夫妻關係應該優於親子關係，因為我發現很多時候，父母因為對另外一半原本就有積怨，但在沒有意識到的情況下，把孩子的問題攪進來，或因「護子心切」替孩子講話，導致很容易跟另一半起衝突。結果夫妻一吵起架來，就更沒有力氣或理性地去討論孩子的事情。

所以，夫妻間的對話是一門大功課，因此建議父母可以藉用與孩子溝通的大原則：**「先談彼此的感受，再談是非對錯」**。

先談情緒，再談作法

因為在親子教養這個主題上，父母之間很容易陷入溝通的僵局，這是因為在面對孩子的問題上，大多數的父母容易產生高焦慮的情緒，因此會很想「趕快找到一個解決方法」。但每個人的個性與價值觀又因各自的成長背景大不相同，加上夫妻之間原本就有一些溝通不良的關係體質，於是就會陷入爭執：「到底要用誰的方法才是對的」的困境裡，甚至變成各持己見、誰也不讓誰。

因此建議父母彼此在針對孩子問題溝通時，其實可以有個共識：「我們雙方有各自的價值觀，誰也不可能改變對方，就像我也不可能完全放棄我的價值觀，去迎合對方一樣。而對話的目的，也不在於『認同』對方，而是去聽懂對方為何這麼在意這件事情。」

甚至可以把這樣的立場，直接告訴另一半說：「我知道我們現在都很急，想為孩子找到最好的方法。我會表達我的想法，但我也願意聽你怎麼說。希望你能夠了解，我並沒有要否定你的意思，我是很在乎你感受的。」並時時提醒自己：「我們雙方都想要幫助孩子過更好，這是為人父母良善的初衷。也是彼此願意繼續對話下去的理由。」

夫妻之間是戰友，而不是敵人

只要把另外一半當成是「一起為孩子努力的戰友」，而不是「要證明誰對誰錯的敵人」，會先消解自己對於另外一半的敵意，對話也會變得比較容易一些。

在溝通上，同樣也可以「用我訊息陳述事實，搭配表達兩難」的方法進行，並以尊重的立場向對方表達：「我知道你很擔心孩子的未來，所以你對孩子講話難免會比較急一點，可是我很擔心這會造成反效果。因為我看到孩子一聽到你大聲講話，他反而嚇到不敢動，而且更害怕做錯。我觀察到這件事，不知道你的想法如何？」

避免「婚姻末日四騎士」的發生

但有時候父母並沒有辦法那麼快地達成共識，即便如此，父母也應盡量避免在孩子面前貶低另一半。用白話來說，就是留點面子給另一半。因為另一半其實是你的戰友，如果你在孩子面前打壓另一半，豈不是在「滅我方陣營的威風」。

如果真有一些不認同的作法，除非是立即造成孩子的危害，例如：過度地辱罵或毆打孩子，否則父母可以在當下做一點暗示要另一半緩一緩，然後在私底下與另一半進行溝通。

但也不是說，不能在孩子面前爭吵。如果只是意見不和的討論，或者有一些爭執與衝突也無傷大雅，因為有時候在衝突之中，反而能夠講出彼此的心聲，也可以讓孩子體會到，父母的關係也不會因為一次的衝突而真的破滅。只是父母要注意，當夫妻有爭執時，最該避免一不小心，演變成一種彼此貶低、攻擊、辱罵，甚至具有傷害性的言論出現。

至於哪些溝通的模式可能是具有傷害性的，應該謹慎小心，甚至避免呢？我建議可以參考婚姻關係專家：約翰・葛特曼（John Gottman）所提出「婚姻末日四騎士」的概念。他在「愛情實驗室（Love Lab）」的研究裡，發現有四種互動模式對婚姻極為不利，甚至可以準確地預測未來的離婚率，分別是：批評、防衛、侮蔑、築高牆。

婚姻末日四騎士之一：批評

批評（Criticism），指的是對人不對事，完全衝著對方進行人格攻擊。例如：你這個人就是懶散、不爭氣、你真的很沒品味！等等。

婚姻末日四騎士之二：防衛

防衛（Defensiveness），是指在對方攻擊自己時，振振有詞、煞有介事地為自己的言行辯解，甚至為了保護自己，而反擊回去。例如：難道你就不是這樣子嗎、不要只有說我，你自己也沒有做得多好！等等。

婚姻末日四騎士之三：侮蔑

侮蔑（Contempt），即語帶輕視的說話，包括揶揄、謾罵，甚至反唇相譏，流露出對配偶的鄙夷，根據約翰・葛特曼的研究，這是最危險的一個末日騎士。

例如：「哼！你還有臉說這種話？真是可笑！」一邊說話，一邊拉起臉部的嘴角，還一邊翻白眼。

婚姻末日四騎士之四：築高牆

築高牆（Stonewalling），也就是常說的「冷戰」，當雙方關係持續惡化，為了避免自己受傷，而採取「保持距離，以策安全」的策略。或是把沉默和無視對方，當成打擊對方的武器。而這也是一種被動攻擊，如果持續這樣的互動太久，將會對婚姻予以終極的傷害。例如：「算了，算了，跟你講也只是白費力氣！」或是雙手交叉放在胸前，表情冷漠，回應極少，避免做目光接觸等。

並非出現以上這些行為就要宣告婚姻危機，其實也有「五：一」的比例理論：**五個好的互動，例如微笑、擁抱、表達善意，可以抵過一個翻白眼或冷戰的殺傷力。**

也因此，當自己快要陷入以上這些具傷害性的衝突時，記得趕快懸崖勒馬，否則未來要花更多力氣修復關係，實在得不償失啊！

夫妻衝突時，要如何處理孩子情緒？

再回到夫妻因為教養孩子問題而導致衝突或口角的問題，其實我也常常看到一個現象：父母其中一方並不認同另一半的作法，可是又害怕孩子會留下壞印象，就會安慰孩子。舉例來說，爸爸用很高壓的方式罵孩子：「你怎麼那麼笨，連念書都不會」。媽媽怕對孩子造成打擊，因此對孩子說：「爸爸那麼兇，也是為了你好！」甚至說：「爸爸會這樣對你，其實也不是他願意，他也有苦衷。」這時候孩子會感覺很委屈，感覺自己不但被爸爸罵，媽媽也不懂自己的感覺，而內心產生困惑跟矛盾：「如果爸爸是對我好，那為什麼我剛剛聽到爸爸罵我，我會這麼不開心。那會不會是我的問題？」導致孩子對自己的感覺感到混淆、錯亂。

而媽媽也會變成夾心餅乾：對另一半有很多的怨氣跟不認同，同時孩子因媽媽不站在他那邊而生氣，到最後反而兩邊不討好。

不要安慰孩子，只要同理孩子

會用這種安慰的方式對待孩子的父母，通常是害怕衝突或關係緊張，又或者是自己在平常受到傷害時，習慣性地安撫自己、淡化那份不舒服的方法。

安慰是好事，但若是那個「安慰」孩子的心態，是出自於對衝突的「害怕」時，反而會變成一種欲蓋彌彰的行為，不但不會緩和親子之間的關係，所帶來的衝突與不舒服感，更會變成關係裡的暗流。

在這樣的情境下，我建議媽媽只需要同理孩子的心情：「我知道你被爸爸罵，你很難過，但媽媽有看到你很努力地在念書。」

同理孩子，讓孩子的感覺可以被接住，同時也不會否定或貶低另一半的作法，才不會對孩子產生混淆。若事後對管教孩子的作法有些歧見，可以再找時間跟另一半討論。

教孩子正面看待夫妻間的衝突

雖然夫妻的衝突會影響孩子，但我也不鼓勵，夫妻是用「掩飾」的方式，創造一個「沒有衝突」的環境給孩子。

一來，孩子其實是很敏銳的，大多數都可以感覺得到空氣中那些「掩蓋起來不對勁的氣氛」。二來，孩子從父母身上會學到，原來面對衝突與憤怒，是必須被壓抑的，使得孩子心中容易放大「衝突」的破壞性。三來，那些沒有被談論的「不對勁」會留在孩子的心中，並用自己的方式去解讀，甚至誤讀。

其實重點在於教孩子如何面對衝突，並讓孩子知道，父母即使衝突，也不會輕易毀掉家庭關係。甚至進到孩子的主觀世界裡，跟孩子討論怎麼理解父母之間的衝突：「剛剛爸爸、媽媽有一些意見不合，有一些情緒，會不會嚇到你？」然後聽聽孩子的說法，關心孩子的心情，如此一來，反而能夠將衝突轉為正常化。

同時，對孩子而言，能說出自己的心情，其實也是幫助他「消化」那份面對父母衝突時的不安。因為孩子有時候會「想偏」，是因為對父母的爭執「不明所以」。於是在模糊的情境下，孩子會用自己個人的方式（阿德勒稱之為「私人邏輯」）去解讀，如同在開頭的故事裡，孩子會認為：「是不是我的問題，才導致父母吵架？」真正傷害到孩子的不是父母的爭吵，而是腦中偏離事實的想像。**因此讓孩子的「猜測」檯面化，是減少孩子在夫妻衝突時被傷害的重要方法。**

從「爸媽」回到「夫妻」的獨處時光

我覺得很多時候夫妻的衝突，是在結婚之後才慢慢產生。畢竟孩子的出生，帶給父母許多身心壓力。那份壓力，有時候會讓父母忘記當初兩人相識成為情人的甜蜜時光。

因此，我建議父母有時候可以稍微「卸任」一下，例如：請保母或朋友幫忙顧孩子一個晚上，然後夫妻兩人跑去約會、散步、看個電影。或者是在孩子睡覺之後，放下手機、放下工作，幫彼此按摩，有一些身體的接觸，為夫妻創造一些簡單、平凡但重要的甜蜜小時光。

如此一來，當夫妻之間產生爭吵或衝突時，可以試著停下來問問自己：眼前這個常常跟你吵架的「仇人」，是否也曾經帶給你愛與安全感的「戀人」？

如何扮演好「亦父亦母」的單親角色

談了很多父母如何合作的重要性，但也有很多家庭，因為種種關係而變成「單親」或「偽單親」家庭。以單親而言，父母其中一方因為一些意外或疾病而過世，或是夫妻相處真的有困難而走不下去，選擇離婚。而偽單親的情況，多半發生在因為工作關係，另一半必須長期駐守在外地，或者因為某些原因，導致父母的其中一半長期不在孩子的身邊，沒有辦法發揮父母原本應該有的功能。

無論是單親或偽單親，那個留下來照顧孩子的那一位家長，有時需要承擔起更多的責任與壓力。

以離婚的單親家庭來說，很多父母擔心離婚後，一個不完整的家庭會對孩子產生負面影響，使孩子少了另一個性別角色可以學習，或是少了一個人可以「管教」等等。

父母的擔心是合理的，的確離婚會對孩子造成情緒壓力，但有時我也想反問：「有個『勉強』的婚姻，讓孩子看到父母總是吵架，有比較好嗎？」

事實上，我認為每個人身上都會有著「父」跟「母」這兩個角色，任何人可以同時是爸爸，也可以同時是媽媽。因此無論是單親或偽單親家庭所要做的，只是去認識內在那個「父」、「母」兩個角色，並且有意識地在適時展現。

例如：以傳統的性別角色而言，媽媽會明顯感受到孩子的情緒（母性的特質），而不敢設下界線，甚至怕一不小心寵壞孩子。因此單親媽媽就必須扮演好屬於爸爸的角色，為孩子訂定「溫和而堅定的規範」。而大多數的男性對情感往往是相對陌生的，因此單親爸爸也需要多花一些時間，發展內在象徵女性的角色，學習用溫柔的態度走進孩子的心。

我看過許多溫柔且堅強的單親爸爸或媽媽，把孩子帶得很好，讓我帶著非常敬佩與欣賞的心，去傾聽他們一路走來的艱辛。因為在那份不被打倒的勇氣底下，所擁有的力量與韌性，反而是孩子最佳的學習榜樣！

♥心理師與父母的暖心互動

其實理想的家庭關係，必須事先建立起強健、穩固的水平夫妻軸線，而孩子則會跟父母各自建立一條安全的垂直親子軸線。所以，如果夫妻關係不好時，孩子就會被逼迫跳進去處理父母的問題。

但孩子的心裡，有一半是爸爸、一半是媽媽，當孩子被逼迫要選擇或認同某一方的話，會導致孩子的內在是分裂的、痛苦的，在未來出社會工作或友交，也沒有辦法妥善地在不同角色，或與不同人在人際關係上保有彈性。

因此當夫妻有問題時，記得把重心回到自己身上，回到夫妻的關係上，別推到孩子身上，這對孩子而言，才是最大的保護！

7 李維榕博士在二〇一一年為「開心家庭網絡」攝製了「家庭治療篇——希希的故事」，是難得一見的家庭治療實況，錄影片段可以在以下網址看到：http://www.familycouncil.gov.hk/tc_chi/edu/edu_family_therapy.htm。

23 找回父母自己的名字，才能對孩子「放手」

你會「過度干涉、介入、控制孩子生活」？你會覺得你在為家庭或孩子犧牲你自己的生活嗎？或你正在面臨「衝事業」，還是「顧家庭」的兩難選擇嗎？不妨先想清楚你想要的是什麼？怎麼找回自己？

你是「失去名字」的父母嗎？

我很喜歡宮崎駿電影《神隱少女》裡，白龍對千尋的提醒：「不要忘記自己的名字，如果忘記了就找不到回家的路。」

在家族治療裡，我常常看見一個現象是：「過度干涉、介入、控制孩子生活」的父母，除了本身擁有比較高的焦慮性格之外，我發現很多時候，是因為父母「缺少自己的重心」，甚至有一些生命中的缺憾，而把期待、重心，甚至壓力都放到孩子身上。

而「缺少自己的重心」這件事，容易發生在「媽媽」身上。這不是因為媽媽比較容易心軟、放不了手，我認為很大原因，是因為整個社會環境對男女性別角色的期待不同所致。

我常常開玩笑地説：台灣的女性，在結婚之後，某種意義上就失去自我。從原本自己的本名，在結婚之後被冠上丈夫的姓氏，變成陳太太、王太太。生了小孩之後，就變成「孩子的媽媽（或是某某媽媽）」，連 Line 的匿稱，都為了要方便與學校聯絡，換上孩子的大頭照與名字。

即便這幾年一直提倡性別平等，但我認為整個社會，還是根植著「孩子是媽媽要顧」的觀念。孩子就像是父母的延伸，而媽媽更是被期待著要「丟掉自己、犧牲自己」去成就家庭、成就先生、成就孩子。

爸爸們雖然也有這種狀況，像是被叫「孩子的爸爸（或某某爸爸）」。但「男主外、女主內」的傳統觀念下，一般大眾對於爸爸因為衝事業而忽略家庭的接受度比較大。光看每年參加親子教養課程的成員，大概八～九成來的都是女性，便可以略窺一二。

包夾在舊新時代之間的年輕媽媽內心矛盾

當然，現代社會在某種程度上的確有些改變：看到愈來愈多家庭主夫，或者女性願意在職場上爭取一席之地等等。但我認為，這反而讓現代小家庭的夫妻們，陷入另外一個現代社會的困境。

這困境是，原本傳統思想中的「男主外，女主內」，因受到西方個人主義的影響，認為每個人都是獨立的個體，使得女性也被鼓勵去追求自己的事業、理想與生活。再加上台灣因為經濟環境的關係，促使大多數的家庭必須夫妻兩人外出工作，而形成「雙薪家庭」。於是在這樣的氛圍之下，許多原本在家相夫教子的女性，被迫必須出外工作。

思考清楚是被迫犧牲？或是自願？

但整個社會對於「女性需要照顧孩子」的期待還是存在的，再加上大多數的女性被這個社會期待所洗腦或根深蒂固化影響。因此當小孩出生之後，若夫妻沒有協調溝通好，很多女性等於是身兼兩份差：上班要賺錢、下班還要顧小孩。

對某些年輕媽媽而言，想要在孩子的教養上展現自己的自主性，堅持「我的孩子，要用我的方式來教育」，因此毅然決然地選擇辭掉工作、回家顧小孩。但心裡面卻也在為「出去外面工作」的選項掙扎著，甚至內心一直存在著「我是為家庭，犧牲或捨棄掉我的工作」的遺憾。

在這種情況下，媽媽會有一種隱性的預期是：「丈夫應該會體諒或感謝我的犧牲與付出吧？」並期待丈夫會在這個過程中，對自己更好一點。

事實上，如果媽媽沒有意識到自己在做這個選擇時，其實是帶有一點「用照顧小孩來證明我的自主性」，或是「為了丈夫或家庭犧牲」的味道，長久下來內心深處很容易會不自覺的累積一些「怨」。如果丈夫並沒有「如預期般地對自己更好一點」，心中的失望、不滿，會轉為更多的怨氣跟生氣，並暴發出來。

這時，先生也會覺得莫名其妙：「當初也是你說想留在家裡照顧孩子，怎麼現在反倒抱怨起來了呢？」

做出「不愧對自己」的選擇

回過頭來，我認為現代的媽媽，遭遇的其實是舊時代、新時代之間的包夾與衝突，而內在也會有兩個衝突且矛盾的聲音並存著。因為，那個「女性需要照顧孩子、為孩子犧牲奉獻」的傳統價值觀一直存在，並且太過理所當然，導致連女性本身，也會用「我是否有帶好孩子」來定義自己這個做媽媽的價值。

如果你正在面臨這種「做自己」，還是「顧家庭」兩難選擇，我強烈建議，要想清楚自己是為了什麼理由而做出這個選擇。

在過程中，可以試著覺察自己是否在內心深處偷偷期待著，透過自己的犧牲與付出，換得另一半或家庭的認同。如果是的話，**提醒自己能夠做出「不愧對自己」的選擇：不論做出什麼選擇，都可以知道這是「我的選擇」，盡量不要讓自己待在「犧牲、委屈」的位置。**

教母親犧牲自己，卻沒有教她怎麼找回自己

我是一位男性，但對於女性在這個社會裡的辛苦，或許真的沒有辦法那麼貼近或心有所感，卻還是想分享我的一個小小經驗，讓自己可以稍微體諒那些父母因為小孩而犧牲掉自己的處境：

我在家中排行是老么，所以在原生家庭中，沒有看過比我還小的孩子被呵護照顧的樣子。一直到我姐姐生下第一個孩子的時候，才第一次深刻地體會到，原來一個小嬰兒，需要父母親幾乎二十四小時不離身，父母甚至常常要犧牲部分自己的飲食跟睡眠時間，無微不至地照顧這個孩子。

我那時候還很天真地、帶著驚訝的心情問我姐姐：「所以你要這樣一直照顧他，都不能離開喔？只有在他睡覺的時候，你才能休息？」姊姊也只是苦笑著回應。

當時的我其實很震驚，因為我從來沒認真想過：一位孩子在媽媽的肚子裡時，是跟媽媽緊密相連的，而媽媽在這個時刻，連「身體的界線」都要被打破，讓一個生命住進自己的身體裡。

出生之後，父母（尤其媽媽）是需要大幅度地調整自己的生活作息去配合孩子，很難再漂漂亮亮地當個美麗的小姐；即便等他度過嬰幼兒階段，也有好一段時間，孩子跟自己幾乎是形影不離。而這樣母子高密度的相處，再去對比所謂當孩子十八歲成年禮那天，「要求父母馬上學會放手」這件事，突然覺得有一點殘忍。

這也讓我反省到，自己以前很不諒解，為什麼父母對孩子總是那麼難放手，並且站在孩子的立場覺得，父母總是「不相信我們、不放心我們」。

但現在，我似乎可以理解，對父母而言，孩子要長大、要離家、要自主的時候，雖然很開心，但同時內心也充滿著很大的失落感。

因為，那麼長的一段時間，父母（尤其媽媽），常常是犧牲自己，去照顧孩子、照顧整個家庭。而這種犧牲，在傳統價值觀底下，叫做「女人的本分」，好像是理所當然。

我看到這個社會教女人如何犧牲、奉獻，可是我卻沒有看到這個社會，教女人們怎麼「找回自己」。

因此我在家族治療裡，跟那些不斷對孩子付出與照顧的母親，談到要怎麼「放手相信孩子」，讓孩子自己長大時，更能同理母親那份「放手的難」：「我知道要放手，但是過去幾十年，已經太習慣不去想我自己。現在突然之間，孩子大了，要我放手、去過自己的生活……，這要我該如何是好呢？」

當孩子長大，父母也應該學習過過自己的人生

而這就是所謂的「空窗期」。當父母害怕自己面對這樣的感覺時，更會緊緊抓住孩子不放。因此，**這時我會回頭跟孩子說，即便長大了，也要偶爾跟父母撒撒嬌，讓他們覺得「在孩子的心目中，父母仍是很重要。」**

舉個例子，在我長大之後，我偶爾會跟媽媽撒撒嬌，請媽媽幫我縫縫壞掉的扣子。媽媽一邊縫的時候，我會一邊在旁邊說：「好厲害啊！我每次都學不會怎麼縫。」這時媽媽就會很得意地跟我說，她以前最厲害的可是這些刺繡、插花等手工藝品。在那一瞬間，我彷彿看到那個還是二十幾歲，還沒嫁給我爸爸的少女，安靜但專注地做著那些她喜愛的手工藝。

所以，我都會緊接著鼓吹媽媽說：「那你現在有空，也可以找回來做，當興趣啊！」這時媽媽就會有點落寞或退怯地說：「現在不行了啦，沒這個時間了啦！」

其實我很清楚，媽媽對於這些興趣的熱情還在，只是為了家庭、為了孩子，已經把那個有熱情的自己，遺落在過去的某個地方。媽媽說的「沒辦法」，彷彿也是在說，她不知道要怎麼找回那個年輕時候的自己。

有時我也問我爸爸、媽媽：「如果孩子都長大了，你們可以退休了，你想為自己做些什麼呢？」我父母會說，他們就可以悠閒、可以放鬆、可以過自己的生活。尤其我的媽媽，常常說要把自己工作辭掉，跑到某個鄉下種田。

但，那個夢想，會不會永遠只是夢想？

我想，如果可以的話，在孩子慢慢長大的過程中，當孩子愈來愈獨立時，父母能不能也慢慢地找回那個曾經因為家庭、小孩而被犧牲掉的自己呢？

當父母開始去做那些自己真正喜歡的事，去過屬於自己的人生，就像是找回自己當初遺落的名字。

而我認為，**找回自己的名字，其實也是通往每個人內心，那條「回家的路」。**

| 24 |

重新檢驗父母的人生，做自己的主人

對父母而言，原生家庭所帶來的影響是什麼？如果自己也重複了原生家庭的負面影響，又該怎麼辦呢？或許可以透過一點外在的幫忙，重新檢視自己的人生？找回做自己主人的主控權。

父母如何走出原生家庭，成為我自己？

美環的媽媽，是個「阿信型」的傳統女性。從小她就看著媽媽在家裡為了家裡的事情忙進忙出，幾乎要沒了自己的生活。所有生活的小事情，都是能省則省，能忍則忍，讓美環看得好心疼，但隱隱地也對媽媽有一點生氣，氣她怎麼總是把自己累得不成人形。

而美環的爸爸是典型的大男人主義。爸爸是家裡的經濟支柱，幾乎所有的重大決定，都是爸爸決定的，而且從來都不會跟家裡的人討論，全都是他一個人說了算。美環面對爸爸，常常有種敬畏且害怕的感覺。但有時候美環也很想了解，那個不苟言笑且充滿神祕感的爸爸，心中究竟在想些什麼。

美環在成年之後，認識了現在的老公志明。她第一眼就被志明看起來憨厚老實的氣質給吸引，似乎很容易親近。

但結了婚之後，才發現自己的老公與自己的爸爸愈來愈像，很多事情，志明都不說，美環需要一直猜，而且愈猜，志明就愈不耐煩，讓美環覺得志明是不是要生氣了？並對現在應該要做什麼，或是不該做什麼而不知如何下決定。

突然間，美環發現自己唯唯諾諾的樣子，跟媽媽一直委曲求全、害怕爸爸生氣的樣子，居然那麼相似！

更可怕的是，美環發現，自己女兒婉婉也跟自己的小時候一樣，時不時地會去黏在自己身邊。雖然什麼話都不說，但看見婉婉一雙不安的眼睛，一直盯著美環跟志明，就像是小時候那個，想幫上爸爸、媽媽一點忙，卻徬徨失措的自己。更想起童年時期，為了不想給爸爸媽媽添麻煩，而很多心思都忍下來，那個孤單的自己。想到這，美環突然感覺到有一股悲傷在胸口打轉著……。

佩芬是另外一個例子，她的家中有一個非常情緒化的媽媽，跟一個木訥至極的爸爸。每次媽媽總會哭喊著自己好可憐、好悲慘，怎麼沒有人來救救自己，佩芬轉頭看著自己的爸爸，總是看著報紙，或者直接轉身離去。

而佩芬在選擇伴侶的時候，決心要找一個「不木頭」的對象，所以就被老公俊豪的幽默風趣給吸引。但可怕的是，結婚之後，老公的風趣，竟然變成一種「隨便」，很多時候佩芬都覺得，俊豪並不真的在意自己所在意的事情，而每次提出問題，想要一起解決的時候，俊豪也都給不出自己要的回應。

有一次大吵，俊豪生氣地摔門離去，佩芬在房間裡頭失聲大哭，在那一瞬間，她驚覺，那個轉身離去的背影，竟然跟自己的爸爸好像。

而剛上幼稚園的小女兒，待在隔壁那一間精心設計的公主房，雖然都沒說話，但她耳朵很仔細地聽著自己的爸媽吵架情景，讓佩芬回想她小時候，在爸爸與媽媽的冰與火冷熱交戰之間，揪著一顆心……。

「代間傳遞」是指父母這一代的問題，遺傳到下一代，甚至是更下一代，這是一件非常可怕的事情。

有太多的例子，跟美環及佩芬的案例一樣，證明了自己的婚姻關係，在潛意識中複製上一代父母的關係。而自己與孩子的關係，也一而再，再而三地重複了原生家庭（指自己出生長大的那個家）中，父母與自己的關係。

有時候去**意識到「原來我用這樣的方式，重複我原生家庭的互動關係」，其實就是很棒的第一步。**只是光意識到，常常是不夠的。

唯有重新轉身面對恐懼，才能重生

如果身為父母的你正發現自己的家，似乎如著魔似地，不可自拔地開始重演原生家庭的戲碼。或許，你可以考慮好好地重新整理、審視自己這幾十年來的人生。最好的方式，或許找一個專業的諮商心理師或心理治療師，幫自己做一個比較完整的整理。

但這不是一件容易的事情，甚至是一件非常痛苦的過程。像是過去幾十年來，壓抑在你內心深處，一些不想看見的陰影、避而不談的恐懼、一碰就痛的傷口，必須轉過身來面對。在過程中，或許會看到，那些一直想忘記、想壓抑的自己，或許是一個被忽略了好久，需要逼自己長大的小女孩；或許是個很孤獨、沒有人懂的小男孩，甚至可能會重新經歷一種感覺整個人生都要被撕裂，接近那個已經遺忘很久的絕望黑洞。

不過，當你重新轉過身，面對那些恐懼，或許就會發現，恐懼不會消失，遺憾依舊，但身為父母的你會更有能力，去選擇想要過的人生，去做一個怎麼樣的父母。

只要你「選擇」了想要當一個不一樣的父母，想要重新地去對待、去愛孩子，都是令人欣賞，也值得肯定的。

因為，你永遠可以選擇你想要的樣貌，成為你想要成為的父母。

父母反思小練習

當父母們開始自我覺察，反思原生家庭對自己的影響時，會發現自己許多情緒表達、習慣、價值觀等，跟原生家庭中的父母是非常相似的。避免自己「重蹈覆轍」的第一步，就是開始覺察與反思，所以不妨先靜下心來，做以下的練習題，好好檢視自己：

一、「你跟另外一半的相處」，跟你原生家庭中「父母的相處」，有什麼相似之處？又有什麼不同之處？

二、「你跟孩子的相處」，跟你原生家庭中「你父母跟你的相處」，有什麼相似之處？又有什麼不同之處？

三、父母帶給你的影響中，哪些是你想要留在你身上？哪些是你想要調整或捨棄的？

四、如果你可以做一個小小的改變與調整，你會想要怎麼調整你跟另一半、孩子的互動？

|25|

如何運用父母的幽默感與創造性，化解危機

「認真當一個父母」其實是很累的一件事情，但如果教養孩子本來就沒有固定或絕對正確的方法，偶爾當個「孩子」，跟自己的孩子「玩」一下，或「耍賴」一下，又未嘗不可。

阿嬤傳統教育的說法VS.舅舅創意的遊戲教育

有一次，一輛小小的自小客車上，擠滿了我們家的人，有未滿五歲的孩子、孩子的爸爸與媽媽、阿公、阿嬤、舅舅（我）。

還不懂得控制音量的孩子，開心地唱著幼稚園學來的歌，整個身體像麵包蟲一樣不停舞動。擁擠的空間、用餐時間車陣的擁塞、孩子的飢餓感，加上阿嬤的管教，空氣中的情緒張力慢慢升高，於是出現以下的對話……

孩子：「（開心地在車上唱歌跳舞。）」

阿嬤：「某某（孩子的名字），要乖乖坐好，不要亂動。」

孩子：「（持續地扭動）吼！好無聊喔！什麼時候要到吃飯的地方？」

阿嬤：「等一等就要到了，你先乖乖的坐著。」

阿嬤安撫著孩子，但發揮不了太大的作用。因為孩子當下就是有一種想要「玩」的心情，因為自己被制止，所以心中有一股「無聊」的情緒，以及被大人制止的「挫折」。或許孩子心中知道阿嬤說得沒錯，但這些情緒沒有被身邊的大人給接住。

當孩子的情緒沒有被聽見的時候，他會用更強烈地方式，直到父母聽見為止。

「吼！可是我現在好餓！」孩子提高音量地說。

「可是等一下就要到了，你再等一下下就好！你先乖乖的。」阿嬤也開始有點不耐煩。

相信這樣的場景，很多家庭都有遇到過。身為父母的你會怎麼辦呢？

因為身體的飢餓，使得孩子也從原本的興奮，轉為失落、委屈、不滿——全車的人也都因為孩子的負面情緒而被影響著——大家更急著想要孩子冷靜下來、或安撫得更用力，試圖讓當下的情緒張力降低，但因為孩子的需求與不滿沒有被聽見，反而讓情緒累積得更快。

就在情緒一觸即發的這個當下，我決定試著跟孩子「玩玩看」。

我試著用非常戲劇化地聲音、表情與動作，大大地吸了一口氣然後嘆氣、聳了肩又往下墜做出失望的動作，誇張地說：「天呀！舅舅也跟你一樣，好餓！好餓喔！」

這時，我退到孩子的位置，不只是我的語言，我的整個身體也變得跟孩子一樣「幼稚」。

然後，整個劇情就改變了。

孩子突然傻愣住。然後我繼續誇張說道：「可是要怎麼辦？現在車子好多，我也好想要趕快到吃飯的地方喔。還是說，你會不會『瞬間移動』？不然我就快要餓死了啦！」

孩子這時候反而冷靜下來然後說：「舅舅，我不會瞬間移動啦，你也太誇張了吧！」

我看著他無奈的表情，心裡覺得好笑，然後我接著問孩子：「還是你有什麼辦法？可以讓我們馬上到吃飯的地方？」

孩子則是聲音變小、有點咕噥著說：「我也不知道……。」

這時我不理會他，我繼續說：「不然這樣好了，因為我肚子太餓，我看你的手手，感覺好好吃，給我吃一口吧！阿嗯阿嗯阿嗯（咀嚼的聲音）。」然後我作勢要咬孩子的手，並表演出一副非常美味的表情，雙手偷偷地在孩子的身體上搔著癢。

我繼續開玩笑地說：「還是要先來吃腳腳呢？還是屁股？」孩子一邊還在調適這個舅舅怎麼突然「壞掉了」的錯愣心情，一邊還要躲避我的搔癢攻勢，而開始呵呵呵地笑著。

這一笑，打破了原本空氣中僵持的氣氛，也翻轉了孩子的情緒。

在玩了一陣子之後，我繼續找些活兒給孩子做：「不然我們來數數好了，你數一到一百，到時候就可以吃到超級好吃的飯唷！」心想著，除了轉移注意力之外，也訓練他的認知發展與延宕滿足的能力。

而原本可能會爆發且蔓延超過二十分鐘車程的衝突，就在這樣的遊戲中被化解了。

為管教孩子找「樂子」的四步驟

從一開始架構這本親子教養書時，我就非常想要加入「幽默」這一個元素。

因為，我覺得教孩子，有感動、有喜悅、有回饋，但當孩子鬧起脾氣，身為父母的我們卻已經筋疲力竭、窮途末路的時候，真的需要找一些「樂子」。特別是當孩子很無理取鬧地「撒嬌」的時候，我就會跟孩子「任性」、「耍賴」一下。

於是會出現這些孩子氣的對話，我們前後大概花不了五分鐘，但效果卻出奇地好。後來回頭我再分析一下，到底在這過程中，做了些什麼呢？我大致分為四個步驟：

第一步：用同理心，接住孩子的情緒

首先我用同理的口吻，接住了孩子不滿的情緒：「你肚子好餓是不是？」——讀懂並接

住孩子的情緒，記得這裡並不一定要真正地幫孩子解決問題，只要回應孩子的問題，孩子的情緒自然會平穩。

第二步：表達身為大人的限制與困難

接下來，我跟孩子表達了身為大人的限制與困難：「我肚子也好餓」、「外面車子好多喔」、「如果有瞬間移動的話（可惜我們沒有）」——帶著孩子去觀察及思考目前父母與孩子共同遇到的困境。

第三步：給孩子思考可以解決問題的機會

因為這次的情境是個無法「馬上被解決」的問題，所以更大的目的，是讓孩子親自「體會」到「現實的限制」，同時也比較能知道自己要求的「不合理」。而父母也不是用說理的方式，如前面阿嬤傳統教育的說法，讓孩子明白現實、尊重現實。——當孩子能在現實之中，學會面對問題、思考問題、解決問題，就不容易被溺愛與寵壞。甚至會讓孩子練習去體會他人的心情，也就是「同理心」的訓練。

第四步：用輕鬆幽默方式轉化氣氛，轉移孩子注意力

然而，儘管孩子知道了現實的限制，但不滿的情緒仍在。所以後來我跟孩子用輕鬆、幽默、突破框架的方式互動：「我要把你的小手手吃掉」瞬間轉化了氣氛——轉化氣氛，也幫助孩子學到「等待」、「不開心」，並不是一件可怕的事情，也讓他下次會更願意學習等待，或是面對自己的負面情緒。

學習偶爾當個「孩子」，轉換教養情緒

但我也不得不說，這樣「一氣呵成」的管教及教養方式，並不是每一次都能夠做得到，剛好當天，我自己的心情也不錯，也有一種「頑皮」的感覺在我心中蘊釀出來，才能夠跟孩子這樣「玩」。

「認真當一個父母」其實是很累的一件事情，所以我覺得偶爾當個「孩子」，跟你自己的孩子「玩」起來，又未嘗不可。

其實教養孩子本來就沒有固定或絕對正確的方法，我認為只要能夠讓孩子有一種「頓一下」的反應，其實就是改變的開始。

身為父母的你想一下，原本孩子預期父母會開始說教、碎念或不耐煩地回應，但是父母

並沒有走向孩子預期的老套路，而是以一種「新鮮事」的方法呈現，其實對孩子而言，都是很棒的經驗。

|26| 請父母累積與孩子的珍貴時刻

如果父母跟孩子常常針鋒相對，或者因為日常瑣事而爭執不斷，現在就請身為父母的你回想一下：「還記得，那些跟孩子一起快樂、安心的片刻嗎？那張笑得很開懷、幸福的臉龐嗎？」

在「愛」裡相遇，珍惜與孩子的「珍貴時刻」

我還記得有一次跟家人出遊，我跟小外甥一起坐在汽車後座。當時他大概兩歲多，說要我陪他一起睡覺，我一直說：「這樣子會不好睡喔！」但孩子卻說：「沒關係」。上路沒多久，他躺在我凹凸不平的身體，當作是床，然後很努力地東喬西喬，最後終於找到一個勉強舒服的姿勢，漸漸入眠。

那時他年紀還小，我把手指放在他的小手旁邊，他無意識輕輕地用他小小的手掌抓住我。我聞著孩子獨有的乳香，感覺他身體的熱氣，陪著他沉沉睡著。我很開心，身為一個舅舅，我竟然可以給他那麼大的安全感，讓他願意信任我。

而這是留在我心中，我跟孩子的珍貴時刻。

中國人其實是個很不擅長表達「愛」的民族，但很習慣用擔心、過度保護來傳達父母對孩子的愛。很多時候，父母會說：「我現在這樣子對他，孩子長大之後，就會自己體會到，我是為了他好。」

只是更多時候，我在實務工作現場上遇到的家庭，孩子往往等不到「長大之後就會懂」的那一天，便誤以為父母是不愛自己的。而父母所說的長大就會懂，是因為連父母自己也不知道怎麼表達對孩子的愛。

這也是為什麼，前面要寫了很多教養孩子的技巧，但回過頭來，最深層的目的，其實是希望回歸到親子關係中，那份最為純粹的部分，就是「愛」。

「愛」，可以很簡單，卻很深刻

愛是什麼？

可以是一句話、一個畫面、一個眼神、一抹微笑。是一種發自內心，看著眼前的孩子，打從心底，湧現出來的一種善意，一種很想要好好疼惜孩子的心意。

在我的觀察與經驗裡，絕大多數的父母都是愛孩子的，只是愛孩子的心意，很可能因為很多價值觀、過去習慣與經驗的影響，而讓愛孩子的心意，變成了擔憂，幻化成像是「控制」的壓迫。

「愛」可以很深刻，但也可以很簡單。

我在學校任教的時候，曾經要學生寫一份「愛，原來如此」的學習單，要孩子寫下：「孩子的重要他人（例如：爸爸、媽媽、爺爺、奶奶、阿姨），曾經做過什麼事情，讓孩子感覺到很感動？」

大部分的孩子，寫下的都是一些很小、很小的事情，例如：

「平常都很嚴格的爸爸，突然有一天說：『沒關係，今天就早點休息吧。』」

「有一次，媽媽在我生病的時候，很慌張地帶著我去看醫生；我可以感覺到媽媽真的很在意我。」

這些片刻，都是父母很真誠地流露對孩子的關心。

這些「微不足道」的事情，反而最讓孩子記憶深刻的。

而在這份「愛，原來如此」的學習單裡，我也有另一個問題想請教父母：「請父母告訴孩子，孩子過去曾經做過什麼事情，讓父母親感覺到貼心、感動、溫暖？」

大部分的父母，記起的事情，也都是很小很小的……

「當我身體不舒服的時候，孩子幫我送上一杯熱茶。」

「有一次看我很累，主動地說要幫自己按摩。」

「他在幼稚園的時候畫了一張圖說：『媽媽，我愛你！』」

跟孩子起爭執時，請回想你與他一起的美好時光

我也曾經遇過一位母親，一開始花了很大的心力，還是很難很難地回想起孩子做過什麼令自己感動的事情。到了最後，這位母親想到了：

「當我很辛苦地生下了他（孩子），第一次將他抱在懷裡的時候……該怎麼說呢？好像他什麼都不需要做，光是在那，好好地活著，我就覺得我很幸福，我覺得只要他健健康康地，那就夠了……。」

我看著說完這句話的媽媽，那紅紅的眼眶。

如果身為父母的你跟孩子常常針鋒相對，或者因為日常瑣事而爭執不斷，現在就請你回想一下：「還記得，那些跟孩子一起快樂、安心的片刻嗎？那張笑得很開懷、幸福的臉龐嗎？」

不論你們的關係如何、記得或不記得；我都邀請爸爸、媽媽，完成下面這張「我們珍貴時刻的學習單」的問題；或邀請你的孩子，一起討論這些題目，分享彼此的答案。

♥心理師與父母的暖心互動

重點不在於一次回答出所有的問題，而是讓自己的「心」可以慢下來。當心慢下來，才有機會柔軟。當父母的心變柔軟的時候，才有機會讓孩子與自己相處變得平緩而美好，並不是進入「備戰」狀態。

有時候父母做了很多很多的事情，其實不一定是孩子所期待的，但比起盲目地嘗試，有時候倒不如直接問孩子：「皮皮，你可不可以告訴媽媽，我曾經做過什麼事情，讓你覺得很開心、很喜歡的？」藉此去了解孩子的珍貴記憶；或者是「阿弟仔，你可不可以幫爸爸一個忙，我們一起來想想看，有什麼小小的事情，是我們平常可以多做一點，讓我們兩個人都很『開心』

的？」甚至歡迎父母與孩子一起「創造」一些新的記憶。

當孩子的心被撫慰，當愛開始流動的時候。原本的困難、衝突、麻煩，也都會迎刃而解。

即便問題依舊，但彼此也能夠因為看對方的眼光變得更柔軟，而能夠給出更多的包容。

我們珍貴時刻的學習單

你有多久，沒有好好地看著你的孩子，感受著跟孩子「在一起」的感覺？你還記得那是什麼感覺嗎？現在，請你安靜下來。閉上眼睛，回想一下，從孩子出生以來，在你記憶中……

一、曾經有過什麼樣的經驗、畫面，是你非常珍惜的，會讓你想要反覆拿出來回味的？

二、孩子曾經對你做過什麼事情，是你非常感動、欣賞、驕傲的？

三、問問你的孩子，你曾經做過什麼事情，是讓他感覺得到：你是愛他、關心他的？

四、如果在未來，你跟你的孩子可以共同創造出一些回憶，這些回憶是你與孩子在十年、二十年後，想起來會在臉上泛起微笑的，那會是什麼事情？你在接下來的日子裡頭，可以多做／少做些什麼事情，去創造出你跟孩子的「珍貴時刻」？

與孩子談心

26堂與孩子的溝通課

作　　者　邱淳孝
編　　輯　李寶怡
校　　對　李寶怡、翁瑞祐
封面設計　曹文甄
美術設計　唯翔工作室

發 行 人　程顯灝
總 編 輯　呂增娣
主　　編　徐詩淵
編　　輯　鍾宜芳、吳雅芳
　　　　　黃匀薔
美術主編　劉錦堂
美術編輯　吳靖玟、劉庭安
行銷總監　呂增慧
資深行銷　謝儀方、吳孟蓉

發 行 部　侯莉莉
財 務 部　許麗娟、陳美齡
印　　務　許丁財
出 版 者　四塊玉文創有限公司

總 代 理　三友圖書有限公司
地　　址　106台北市安和路2段213號4樓
電　　話　(02) 2377-4155
傳　　真　(02) 2377-4355
E－mail　service@sanyau.com.tw
郵政劃撥　05844889 三友圖書有限公司

總 經 銷　大和書報圖書股份有限公司
地　　址　新北市新莊區五工五路2號
電　　話　(02) 8990-2588
傳　　真　(02) 2299-7900

製版印刷　卡樂彩色製版印刷有限公司

初　　版　2018年3月
一版二刷　2019年9月
定　　價　新台幣350元
ＩＳＢＮ　978-986-95765-8-1（平裝）

SAN YAU
http://www.ju-zi.com.tw
三友圖書
友直 友諒 友多聞

國家圖書館出版品預行編目(CIP)資料

與孩子談心：26堂與孩子的溝通課 / 邱淳孝著.
-- 初版. -- 臺北市：四塊玉文創, 2018.03
　面；　公分

ISBN　978-986-95765-8-1（平裝）

1.親職教育　2.子女教育

528.2　　　107000961

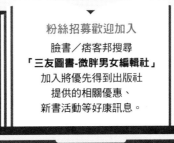

【黏貼處】對折後寄回，謝謝。

親愛的讀者：

感謝您購買《與孩子談心：26堂與孩子的溝通課》一書，為感謝您對本書的支持與愛護，只要填妥本回函，並寄回本社，即可成為三友圖書會員，將定期提供新書資訊及各種優惠給您。

姓名＿＿＿＿＿＿＿＿ 出生年月日＿＿＿＿＿＿＿＿

電話＿＿＿＿＿＿＿＿ E-mail＿＿＿＿＿＿＿＿

通訊地址＿＿＿＿＿＿＿＿

臉書帳號＿＿＿＿＿＿＿＿

部落格名稱＿＿＿＿＿＿＿＿

1 年齡

□18歲以下 □19歲～25歲 □26歲～35歲 □36歲～45歲 □46歲～55歲
□56歲～65歲 □66歲～75歲 □76歲～85歲 □86歲以上

2 職業

□軍公教 □工 □商 □自由業 □服務業 □農林漁牧業 □家管 □學生
□其他＿＿＿＿＿＿＿＿

3 您從何處購得本書？

□博客來 □金石堂網書 □讀冊 □誠品網書 □其他＿＿＿＿＿＿＿＿
□實體書店＿＿＿＿＿＿＿＿

4 您從何處得知本書？

□博客來 □金石堂網書 □讀冊 □誠品網書 □其他＿＿＿＿＿＿＿＿
□實體書店＿＿＿＿＿＿＿＿ □FB（三友圖書－微胖男女編輯社）
□好好刊（雙月刊） □朋友推薦 □廣播媒體

5 您購買本書的因素有哪些？（可複選）

□作者 □內容 □圖片 □版面編排 □其他＿＿＿＿＿＿＿＿

6 您覺得本書的封面設計如何？

□非常滿意 □滿意 □普通 □很差 □其他＿＿＿＿＿＿＿＿

7 非常感謝您購買此書，您還對哪些主題有興趣？（可複選）

□中西食譜 □點心烘焙 □飲品類 □旅遊 □養生保健 □瘦身美妝 □手作 □寵物
□商業理財 □心靈療癒 □小說 □其他＿＿＿＿＿＿＿＿

8 您每個月的購書預算為多少金額？

□1,000元以下 □1,001～2,000元 □2,001～3,000元 □3,001～4,000元
□4,001～5,000元 □5,001元以上

9 若出版的書籍搭配贈品活動，您比較喜歡哪一類型的贈品？（可選2種）

□食品調味類 □鍋具類 □家電用品類 □書籍類 □生活用品類 □DIY手作類
□交通票券類 □展演活動票券類 □其他＿＿＿＿＿＿＿＿

10 您認為本書尚需改進之處？以及對我們的意見？

＿＿＿＿＿＿＿＿

感謝您的填寫，

您寶貴的建議是我們進步的動力！

【黏貼處】對折後寄回，謝謝。